'좋은 사람'이 아니라 '나'로 살아가기 위한 심리학 수업

나는 왜 늘 참는가

박경은 지음

_____ 님께

말없이 삼켜온 감정들
억지로 웃었던 날들 속에서
당신은 이미 충분히 버텨냈습니다
이제는 그 마음을 꺼내어
당신을 먼저 안아줄 차례입니다.

가득이심리상담센터 **박경은** 드림

제대로 느끼지 못한 감정은 생각을 피해
행동이나 증상으로 튀어나오고,
감정을 피하기 위해 만드는 생각은
결국 진실에서 도망치는 방어에 불과하다.
진짜 나를 만나려면 생각하려 들기 전에
먼저, 있는 그대로 감각하고 느껴야 한다.

프롤로그
– 이제는, 괜찮은 척 하지 않겠습니다

저는 '진심'이 중요한 사람입니다. 그 진심에는 존중, 공평, 정의, 투명성이 포함되어 있습니다. 저는 진심이 왜곡될 때 억울했고, 괴로웠습니다. 때로는 그 속에서 깊은 상실감을 느낀 적도 있습니다. 인간은 사회적 관계를 맺으며 살아갑니다. 사회에서 만나는 사람들은 언제나 저의 가치관과 일치하지 않습니다. 그래서 때로는 불편한 관계가 생기기도 합니다. 저 역시 그런 관계 속에서 많은 감정을 억누르며 살아왔습니다. 그런데 요즘은 조금 다른 생각을 해봅니다. 말을 하지 않는다고 해서 반드시 자신을 억압하는 것은 아니라는 것입니다. 침묵이 억압이 아니라면, 오히려 그것이 저에게 맞는 방식일 수 있다는 생각을 하게 됩니다.

"나는 왜 괜찮은 척을 했을까?" 이 물음은 마음 깊은 곳에 조용히 자리하고 있었음을 묵인한 채 살아왔습니다. 고기를 상추에 싸 먹다 보면, 상추 뿌리 부분이 목을 스칠 때가 있었습니다. 그럴 때마다 뱉고 싶은 충동을 꾹꾹 눌렀습니다. 남들의 시선이 신경 쓰였습니다. 그래서 그냥 삼켰습니다. 마치 울음을 삼키듯, 감정도 그렇게 삼켜버렸고 그것이 제게는 너무 익숙한 일이었습니다. 참는다는 것은 단순한 인내나 감정 억제가 아닙니다. 그 안에는 사랑받고 싶은 갈망, 거절당할까 두려운 불안, 무너지고 싶지 않았던 관계를 지키려는 간절함, 그리고 누구에게도 꺼내지 못한 내면의 고요한 싸움이 담겨 있습니다. 참아온 시간들은 결국, 누군가와의 관계를 놓치고 싶지 않았다는 흔적입니다.

이 책은 그런 조용한 마음에게 처음으로 말을 걸기 위해 시작되었습니다. 우리는 왜 불안을 끌어안고, 분노를 삼키며, 슬픔을 감춰야만 했을까요. 그리고 어느 날, 감정이 몸의 증상처럼 터져 나왔을 때, 그것은 자신이 약해서가 아니라, 너무 오래 혼자 견뎌야 했기 때문이라는 말을 꼭 전하고 싶었습니다. 감정은 억제된다고 사라지지 않습니다. 살아 있는 한, 반드시 다른 모습으로 드러납니다. 감정은 억제해야 할 대상이 아니라, 이해받아야 할 언어입니다. 모든 감정에는 이유가 있고, 그 이유는 덮는다고 사라지지 않습니다.

그래서 이 책에서는 감정이 보내는 신호에 귀 기울이는 법(1장), 관계 속에서 나를 지키는 연습(2장), 부모와 자녀, 사춘기 아이와 어른 사이의 감정 흐름(3장), 지친 마음을 회복시키는 기술들(4장), 그리고 '나로 살아가기' 위한 심리적 태도(5장)를 담아보았습니다. 이 여정은 결국 '진짜 나'를 되찾는 길이었습니다. 그리고 그 길 위에서 저는 "에코이스트(Echoist)"라는 개념을 만났습니다. 타인의 감정에는 민감하면서, 자신의 감정은 숨기며 살아가는 사람들. "나는 괜찮아, 너부터 챙겨"라고 말하며 한 발 물러나는 이들. 그러나 그 마음 깊은 곳에서는 "나도 사랑받고 싶어요. 나도 괜찮지 않아요. 나도 솔직해지고 싶어요"라는 간절한 속삭임이 들려옵니다. 저 역시 그런 감정을 안고 살아왔고, 참는 감정은 결국 제 또 다른 얼굴이었습니다.

상담자이면서도 저 역시 에코이스트적인 태도에서 완전히 자유롭지 못했습니다. 상담자의 역할을 하면서도 흔들렸고, 억울함에 잠 못 이뤘으며, 누군가의 말 한마디에 오래 머물렀습니다. 감정을 어렵게 표현했을 때 돌아오는 당황한 눈빛과 차가운 반응은 저를 더욱 움츠러들게 했습니다. "왜 내가 피해자인데도, 마치 가해자처럼 느껴지는 걸까?" 이 물음은 오래도록 저 안에 머물렀습니다. 좋은 일을 하고도 '이게 뭐지?' 싶을 만큼 속상했던 날들이 많았습니다. 욕먹을 상황도 아닌데, 타인의 틀 안에서 평가되고 판단받으며 생긴 상처는 저를 지치게 했고, 점점 생각은 부정적인 방향으로 흘렀습니다. 그러다 깨달았습니다. 진짜 상처는 타인의 말이 아니라, 스스로 내뱉는 말에서 시작된다는 것을요. 그리고 저 또한 상처 줬다는 사실을요. 저는 어느새 내면의 비난자가 되어 스스로를 갉아먹고 있었던 것입니다. "왜 이것밖에 못 해?"라는 자기비난은, 감정을 돌보지 못하고 있다는 경고였습니다. 그때부터 저는 저 자신에게 다시 묻기 시작했습니다. "이 선택은 나를 위한 것이었는가?", "이 결정에는 내 진심이 담겨 있었는가?" 그렇게 질문을 거듭한 끝에, 그 속에 '나'라는 주체가 빠져 있었음을 깨달았습니다. 그 사실 앞에서 당황했고, 미안했고, 마음이 아팠습니다. 결국 가장 깊은 상처는 제 감정을 무시한 '저 자신'이었습니다.

감정을 부정하면 감정이 자신을 지배하게 됩니다. 그러나 감정을 인식하면 자신이 감정을 이끌 수 있습니다. 감정에 끌려갈 것인지, 감정을 이끌어갈 것인지. 선택은 언제나 자신의 몫입니다. '끓는 물속의 개구리'처럼, 감정도 계속 눌러두다 보면 스스로가 위험에 처해 있다는 사실조차 알아차리지 못하게 됩니다. 반복되는 상황에서 억눌린 감정은 자신을 무감각하게 만들고, 결국은 폭발할 수밖에 없습니다. 이는 정서적 학대이며, 동시에 자신을 스스로 보호하지 못한 결과입니다.

상담 교수님께서 이런 말씀을 해주신 적이 있습니다. "자신이 받은 상처를 잊어서는 안 된다. 그 상처를 잘 기억해야 반복하지 않는다." 그 말의 의미를 저는 시간이 한참 지난 후에야 제대로 이해했습니다. 상처를 무시한 채 넘기면 성장은 일어나지 않습니다. 그 상처를 만든 관계, 상황, 선택을 제대로 돌아보지 않으면 원치 않는 고통이 반복될 수밖에 없습니다. 자신을 돌보는 사람은 자신 밖에 없음을 간과해서는 안되는 것을 이제는 알고 있습니다. 또한 존중과 배려가 빠진 관계에서는 결코 심리적으로 괜찮을 수 없습니다. 겉으로는 괜찮다고 느꼈지만, 뒤통수를 맞은 듯한 순간들―그건 결국 존중과 배려가 없었기 때문입니다.

이솝우화 '두루미와 여우' 이야기가 떠오릅니다. 여우는 두루미를 초대해 납작한 접시에 국을 대접하고, 주둥이가 긴 두루미는 먹지 못하고 돌아갑니다. 두루미는 그 이후 여우를 초대해 긴 병에 음식을 담아 대접했고, 여우는 역시 먹지 못했습니다. 서로를 배려하지 않는 행동은 결국 자신에게 되돌아옵니다. 배려하지 않으려 한 것이 아닐 수도 있습니다. 단지 자신의 입장에서 최선을 다한 것일 수도 있습니다.(관점의 차이) 하지만 그럴수록 자신의 진짜 감정을 솔직하게 표현하는 것이 중요합니다. 겉으로는 괜찮은 척하면서 속으로는 '너도 당해봐라'는 마음이 자라난다면, 그것은 결국 자신뿐 아니라 관계에도 악순환을 불러옵니다. 때로는 상대가 자신의 상황을 충분히 고려했을 것이라는 생각을 무의식적으로 기본 전제로 깔고 있을지도 모릅니다. 그래서 '알아서 해주기를 바라는 마음'을 품는 경우도 있습니다. 어쩌면 이러한 마음은 타인에게 의존하려는 경향성을 반영한다고 볼 수 있습니다. 저 역시 그러한 경향성에 익숙한 채로 살아가고 있었던 것 같습니다. 그러나 요즘은 '알아서 해주는 것' 자체가 때로는 상대에게 무언의 폭력이 될 수 있다는 생각을 하게 됩니다. 오히려 요구조건을 명확히 표현하는 것이 서로를 존중하고 배려하는 길이라는 생각이 듭니다.

가정에서도 마찬가지입니다. 서로를 생각하는 마음이 부족하면 존중과 배려는 쉽게 놓쳐버리게 됩니다. 상대의 입장을 이해하지 않고 자기중심적으로 행동하거나, 무조건 "괜찮다"고 말하면 그 관계는 결국 금이 가게 됩니다. 그래서 저는 매일 저 자신을 훈련합니다. "지금 이 감정은 무엇인가?", "언제부터 시작된 감정인가?", "이 감정이 내 삶에 어떤 영향을 주고 있는가?", "나는 이 감정을 어떻게 표현하고 있는가?", "이 감정을 통해 나는 어떤 나를 회복하고 싶은가?" 감정을 들여다보는 시간은 결국 저를 더 깊고 진실한 사람으로 만들어주었습니다. 약속이 어긋났을 때, 관계가 틀어졌을 때, 진심이 왜곡되었을 때, 존중받지 못했을 때—저는 이제 더 이상 괜찮은 척하지 않기로 했습니다. 감정을 표현하는 것은 이기적인 행동이 아닙니다. 그것은 자신을 지키는 가장 건강한 연습입니다. 예전에는 "그래도 괜찮아"라며 손해를 감수했지만, 이제는

"내 마음도, 내 건강도, 내 삶도 소중해. 감정을 표현하는 건 나의 당연한 권리야. 겁내지 마. 서툴러도 괜찮아."라고 말합니다. 타인의 평가나 판단에 너무 흔들릴 필요는 없습니다. 그렇게 말하는 사람들 역시 완벽하지 않습니다. 결국 중요한 것은 내가 나답게 살아가는 일입니다.

이 책은 완벽하지 않습니다. 하지만 그 안에는 제가 숨기고 싶었던 감정, 그것을 드러내기 위한 용기, 그리고 무엇보다 진심이 담겨 있습니다. 그리고 조심스럽게 여쭙고 싶습니다. "앞으로 어떠한 삶을 괜찮은 척하지 않으면서 살아가고 싶으신가요?" 이 질문 앞에 서는 순간, 마음에도 새로운 탄생이 시작될 것입니다. "너는 왜 끊임없이 글을 쓰고, 그토록 쉽지 않은 여건 속에서도 책을 내는 거니? 그렇게 해서 과연 너를 진심으로 이해해 주는 사람이 얼마나 된다고 생각해?" 저는 제 자신에게 이런 질문을 던져봅니다. 그럼에도 글을 쓰는 이유는, 저 자신을 탐색하고 치유하며 성찰하기 위해서입니다.

저는 제가 얼마나 약한 존재인지 잘 알고 있습니다. 그래서 우리 아이들만큼은 엄마처럼 심리적으로 힘들지 않기를 바라는 마음으로, 삶의 무게를 견딜 수 있는 힘을 스스로 길러가길 바라는 마음으로 글을 씁니다. 넘어져도 다시 일어설 수 있는 용기있는 사람으로 자라나길 바라는 간절한 마음이 담겨 있습니다. 그리고 한 가지 더, 자신만이 아니라 타인을 진심으로 사랑할 수 있는 마음과 작고 소소한 것에도 감사할 줄 아는 마음이 습관이 되기를 바랍니

다. 그 습관이 결국 자신을 이끌어주는 삶의 태도가 됩니다

　마지막으로, 이 책이 세상에 나올 수 있도록 조용히 곁을 지켜준 남편 안광연님께 깊이 감사드립니다. 그리고 백령도에서 나라를 지키고 있는 아들 현균이, 기숙사 생활을 마치고 집에 돌아와도 따뜻한 밥 한 끼 챙겨주지 못해 늘 미안한 딸 지현이에게 사랑을 보냅니다. 사랑합니다. 그리고 감사합니다.

　　　　　　　2025년 6월, 초록이 짙어지는 날들 속에서
　　　　조금 더 단단해진 나를 다정히 안아봅니다 -경은

목 차

제1장 감정은 왜 나를 흔드는가

01. 불안은 왜 나를 괴롭힐까-증명 욕구가 키운 마음의 그림자 … 18
02. 분노는 두려움에서 시작되는 감정 … 25
03. 상처는 해석의 깊이만큼 남는다 … 31
04. 사과받지 못한 감정은 끝나지 않는다 … 36
05. 기대가 클수록 실망도 커진다 … 42
06. 상처를 준 사람 덕분에, 나는 나를 다시 만났다 … 47
07. 진짜 공감은 어디에서 시작되는가 … 56
08. 나는 나에게 얼마나 솔직한가 … 62
09. 고통을 이해할 때, 우리는 자란다 … 67
10. 말하지 못한 감정은 증상이 된다-감정에 이름을 붙이다 … 73
11. 사랑받고 싶은 두 마음: 나르시시스트와 에코이스트 … 84

제2장 관계에서 나를 지키는 심리 연습

01. 엄마가 미안하다. 네 마음이 그렇게 아픈 줄 몰랐어 … 92
02. 가까워질수록 불편한 사람들-반사회적 성향 … 100
03. 아이와 어른의 자존감, 그 뿌리를 찾다 … 105
04. 불편한 관계에서 피하지 않고 성장하는 법 … 112
05. 불편한 사람, 그 속에 숨어 있는 내 감정 … 118
06. 신뢰를 다시 배우는 법 … 123
07. 거절 못하는 나, 약점일까 강점일까? … 129
08. 억울함과 솔직함, 어떻게 건강하게 표현할까? … 135
09. 진정한 자율성은 책임과 배려의 균형에서 시작된다 … 140
10. 왜 같은 실수를 반복할까? 후회에서 벗어나는 법 … 146
11. 반려동물을 잃은 마음: 멜랑콜리와 애도의 심리학 … 152

목 차

제3장 사춘기 아이와 마음으로 연결되는 부모의 심리 수업

- 01. 청소년기, 부모가 알아야 할 진짜 성장의 언어   158
- 02. 사춘기는 반항이 아니라 성장이다   164
- 03. 나는 감정 쓰레기통이 아니다   171
- 04. 마음이 허기질 때, 무엇을 채워야 할까요?   177
- 05. 공황은 마음과 몸이 보내는 신호   182
- 06. 결정 앞에서 흔들릴 때 배려인가, 두려움인가   188
- 07. 부모와 자녀, 감정으로 얽힌 숙명의 관계   194
- 08. 나를 있는 그대로 받아들이는 연습   200
- 09. 남편의 공감은 어떻게 자라는가, 감정 언어를 배우는 여정   205
- 10. 손해보고 싶지 않은 심리, 내 것을 꼭 챙기고 싶은 마음   210
- 11. 경쟁의 그림자: 반칙이라는 이름의 본능   215

제4장 마음을 읽는 심리 수업

- 01. 상담은 약한 사람의 선택이 아니라, 성장하는 사람의 용기이다   222
- 02. 지문(指紋)으로 들여다보는 나의 심리지도   227
- 03. 색안경을 벗으면, 다른 세상이 보인다   235
- 04. 오해를 넘어 이해로: 관계를 단단하게 하는 연습   240
- 05. 마음을 도형으로 보다 - ○△□S 심리 분석법   247
- 06. 성격의 틀을 넘어 관계를 회복하는 심리 수업   255
- 07. 자존감, 나를 단단하게 지키는 힘   261
- 08. 산만함 뒤에 숨겨진 마음 - ADHD를 새롭게 이해하기   267
- 09. 감정과 쾌락, 사랑을 건강하게 다루는 법   272
- 10. 감사, 불 속에서도 피어나는 마음   277

제5장 나로 살아가기 위한 심리적 태도

01. 정신과 약, 먹어야 할까? 마음으로 견뎌야 할까?	284
02. 실수를 대하는 나만의 방식 바꾸기	290
03. 나를 용서할 수 있을 때 진짜 자유가 시작된다	295
04. 함께 살아가기 위해, 나를 지키는 연습	300
05. 오늘 하루가, 나의 역사가 된다	305
06. '나는 누구인가'라는 질문 앞에 선 나	310
07. 평범한 일상에서 발견하는 진정한 의미	316
08. 거울 앞에 선 나, 외모보다 마음을 마주할 때	322
09. 선한 마음을 가꾸는 심리적 태도	328
10. 그림자를 껴안을 때, 진짜 내가 보이기 시작한다.	336
11. 진짜 관계는 외로움이 아닌 진심에서 시작된다	343

■ 『나는 왜 늘 참는가』를 마치며   350

제1장

감정은 왜 나를 흔드는가

01
불안은 왜 나를 괴롭힐까
- 증명 욕구가 키운 마음의 그림자

우리는 어떤 순간에 가장 불안을 느낄까요? 시험을 보기 전, 중요한 발표를 앞두고, 혹은 좋아하는 사람 앞에 섰을 때, 우리는 마음이 조마조마해집니다. 왜 이렇게 불안할까요? 그 불안은 정말로 외부 상황 때문일까요, 아니면 우리 안에서 스스로 만들어낸 것일까요? 불안은 인간의 삶을 지배하는 아주 강력한 감정입니다. 불안이 '나'라는 존재의 가치를 의심할 때 가장 크게 드러난다고 생각합니다. 즉 인정욕구를 타인에게 기대한다면 그 과정에서 불안이 커지기 시작하는 것입니다. 상담 현장에서도 불안은 가장 자주 등장하는 주제입니다. 그러나 불안은 단순한 느낌 이상의 것입니다. 우리의 사고방식, 행동, 심지어 관계의 패턴까지 좌우하는 심리적 힘을 가지고 있습니다.

불안은 언제부터 시작될까요? 인간은 태어나는 순간부터 첫 번째 분리를 경험합니다. 탯줄이 끊어지는 그 순간, 세상과의 첫 단절이 시작되죠. 이후에도 우리는 끊임없이 분리와 변화를 겪으며 불안을 배워갑니다. 예를 들어, 어린 시절 엄마가 잠깐 자리를 비웠을 때 울음을 터뜨린 기억이 있지 않나요? 아이는 사랑받지 못할까 봐, 버려질까 봐 불안을 느끼기 시작합니다. 또한, 성인도 견디기 어려운 칼바람이 피부를 스칠 때, 아이는 그것을 마치 날카로운 도구로 피부를 긁는 듯한 공포로 받아들입니다. 그래서 우리는 아이를 그런 추위 속에 그대로 두지 않죠. 두텁고 따뜻한 이불로 감싸며 추위를 막고, 그렇게 아이를 보호합니다. 이처럼 아이는 불안을 느끼는 동시에 안전도 함께 경험합니다.

불안은 그렇게 관계의 틈에서 자라나기 시작합니다. 그렇다면 불안은 피해야 하는 걸까요? 불안은 우리를 괴롭히기도 하지만, 동시에 우리를 성장시키기도 하는 감정입니다. 중요한 것은 불안을 '없애려는 것'이 아니라 '이해하고 다루는 것'입니다. 불안은 왜 커질까요? 불안은 과도하게 자기 자신을 의식하려는 욕구에서 커집니다. 어떤 순간, 우리는 존재 자체를 의식합니다. 그리고 곧 타인의 눈을 의식하게 되죠. "나는 괜찮은 사람일까?", "저 사람이 나를 어떻게 생각하고 있을까?" 이런 생각이 들면 불안이 부풀어 오릅니다. 이는 실제 자신의 모습과는 상관없이 타인의 평가와 판단이 두렵다는 의미입니다.

A씨는 팀 회의에서 발표를 앞두고 며칠 밤을 설쳤습니다. 생각할수록 "내가 실수하면 어떻게 하지?", "팀장님이 나를 무능하다고 생각하면 어떡하지?"라는 생각이 커졌습니다. 사실 발표 주제는 A씨가 가장 잘 아는 내용이었습니다. 하지만 자신을 '증명해야 한다'는 압박감 때문에 불안이 계속 커진 것이었습니다. 이처럼 불안은 단순한 반응이 아니라, 우리의 깊은 심리적 메커니즘과 얽혀 있습니다. 또한 불안은 억압된 감정들이 무의식 속에서 충돌할 때도 드러납니다. 특히 중요한 관계, 예를 들어 부모와의 관계 속에서도 쉽게 불안이 만들어집니다. 어린아이가 부모와 잠시 떨어질 때 느끼는 두려움, 그 작은 기억들이 어른이 되어서도 영향을 미칠 수 있습니다.

자신을 타인과 비교하려는 욕구 역시 불안을 키우는 요소입니다. 사회 속에서 우리는 '잘해야 한다', '남들보다 뒤처지면 안 된다'는 압박을 끊임없이 느낍니다. 비교는 때로 동기가 되지만, 지나치면 스스로를 갉아먹게 됩니다. B씨는 SNS를 볼 때마다 불안했습니다. 친구들이 올리는 화려한 여행 사진, 승진 소식, 근사한 데이트 사진을 볼 때마다 "나는 뭐 하고 있지?"라는 생각이 들었습니다. B씨는 자신을 끊임없이 타인과 비교하며 불안을 키워왔던 것입니다. 불안은 이렇게 외부 상황이 아니라, 스스로 만들어낸 비교의 시선에서 더 커지는 경우가 많습니다.

자신을 끊임없이 증명하려는 욕구는 크게 세 가지 이유에서 비롯됩니다.

<u>첫째, 자기 정체성과 나르시시즘(자기애)입니다.</u> 모든 인간은 기본적인 나르시시즘을 가지고 태어납니다. 문제는 이 나르시시즘이 타인의 인정 없이는 견딜 수 없는 수준이 될 때입니다. SNS에서 '좋아요'를 받지 못하면 불안해지는 것이 대표적인 모습입니다.

<u>둘째, 부모의 기대와 인정 욕구입니다.</u> 어릴 적 부모로부터 "항상 최고여야 해"라는 메시지를 받은 사람은, 어른이 되어서도 끊임없이 인정받으려 합니다. 이들은 스스로에게 매우 엄격하고, 실패를 용납하지 못합니다.

<u>셋째, 사회적 비교와 도덕적 우월감입니다.</u> "나는 남들보다 더 성실해", "나는 더 정직해" 같은 생각도 불안의 또 다른 형태입니다. 겉으로는 우월감을 느끼려 하지만, 속으로는 끊임없이 남과 자신을 비교하며 불안해하는 것입니다.

불안은 사회적 요구와 개인적 욕구 사이의 갈등 속에서 커집니다. 내 안에 충족되지 않은 욕망이 있을 때, 그 빈틈을 불안이 채웁니다. 하지만 불안은 무조건 없애야 할 적이 아닙니다. 불안은 우리에게 계속 묻고 있습니다. "너는 진짜로 무엇을 원하는가?" 가장 중요한 것은 정서적으로 안전한 환경을 만드는 것입니다. 안전한 관계, 예를 들어 믿을 수 있는 가족, 친구, 상담가와의 관계는 불안을 완화시켜 줍니다. 믿을 수 있다는 것은 자신의 이야기에 집중해 주고, 공감해 주며, 말을 마친 후 집으로 돌아간 뒤에도 찜찜함이나 불안을 느끼지 않게 해주는 대상입니다. 또한 자신의 감정을 인식하고 표현하는 연습도 매우 중요합니다.

C씨는 작은 실수에도 심장이 터질 것 같은 불안을 느꼈습니다. 상담을 통해 C씨는 자신의 불안 이면에 '완벽해야 한다'는 강박이 숨어 있었다는 걸 깨달았습니다. 상담가와 함께 안전한 공간에서 자신의 감정을 조금씩 표현하면서, C씨는 점차 불안을 다루는 힘을 키워갈 수 있었습니다. 자신을 증명하려는 강박에서 벗어나려면, 외부의 평가가 아니라 자기 안의 기준을 세워야 합니다. 남과 비교하지 않고, 스스로를 있는 그대로 인정할 수 있어야 합니다. 타인의 기대에 휘둘리지 않고, 자신과의 관계를 회복하는 것. 그것이 진정으로 불안을 이겨내는 길입니다. 불안을 이해하는 과정은 곧, 자기 자신을 깊이 들여다보는 여정입니다. 그 여정을 통해 우리는 더 건강하고 균형 잡힌 삶에 가까워질 수 있습니다.

불안한 생각이나 감정이 올라올 때, 우리는 잠시 멈춰 서서 스스로에게 물어볼 필요가 있습니다. "지금 이 생각은 과연 사실일까? 현실적인 근거가 있을까?" 불안을 다스리기 위해서는 감정에 휘둘리기보다는, 논리와 현실성에 기반해 내 생각을 점검하고 조율하는 연습이 필요합니다. 이런 과정을 반복하다 보면, 내면에 자리 잡고 있던 비합리적인 신념은 서서히 힘을 잃고, 더 건강하고 현실적인 믿음으로 바뀌게 됩니다.

물론, 처음부터 쉬운 일은 아닙니다. 그래서 더욱 꾸준한 노력이 필요합니다. 내 마음의 평화를 지키기 위해, 우리는 불안을 다루는 법을 배워야 합니다. 감정은 사실이 아니라, 마음이 보내는 신호일 뿐입니다. 그 신호에 그냥 지나치기 보다는 그것을 해석하고 이해하려는 태도가 중요합니다. 감정은 사실이 아닙니다. 그것은 우리 안에서 일어나는 반응이며, 이해될 때 비로소 다뤄질 수 있게 됩니다. 지금 이 순간의 감정을 있는 그대로 바라보며, 한 걸음씩 내 마음과 친해지는 연습을 해보셔도 좋을 것 같습니다.

- "지금 이 생각이 과연 합리적인가?" 따져보기 (인지적 재구성)
- 불안을 없애려 하기보다는, "그래, 지금 내가 불안하구나" 하고 인정하기 (수용) → '반갑다, 불안!', '안녕!불안'
- 바꿀 수 있는 것과 바꿀 수 없는 것을 구분하기 (내재적 통제감)
- "내가 친구라면 뭐라고 말해줄까?"라고 스스로에게 묻기 (거리 두기)
- 과거도 미래도 아닌 '지금 이 순간'에 집중하기 (현재 수용)

02
분노는 두려움에서 시작되는 감정

　우리는 언제 화가 날까요? 누군가 나를 무시했을 때(존중과 배려가 없을 때), 약속을 어겼을 때, 기대했던 것이 무너졌을 때, 분노를 느낄 수 있습니다. 그런데 진짜 이유는 '내 말을 듣지 않았다'는 느낌 때문일지도 모릅니다. 분노는 단순히 화를 내는 감정이 아닙니다. 억눌린 두려움, 상실의 공포, 인정받고 싶은 욕구가 좌절될 때 나타납니다. 특히 수동-공격성은 분노를 직접 표현하지 못하고 삐짐, 무관심, 냉소, 이불킥, 자해 등으로 자신을 해(害)하거나 소심한 복수로 우회하는 방식입니다. 그 뿌리에는 자신의 존재 자체에 대한 '잃을까 봐'(상실) 라는 깊은 불안이 자리하고 있습니다. 사랑하는 사람에게 거절당할 것 같은 느낌을 받을 때, 자신이 소중히 여기는 무언가를 잃을 것 같을 때 우리는 분노를 느낍니다. 이는 곧 '나는 소중한 존재다'라는 본능적인 반응에서 비롯됩니다. 우리는 타인의 반응

속에서 자신이 중요한 존재임을 느끼는 구조를 지니고 있습니다. 하지만 우리는 분노의 진짜 원인을 제대로 인식하지 못하는 경우가 많습니다. 상대에게 화를 내거나, 반대로 스스로를 탓하면서 감정을 억누르기도 합니다. 분노는 자아가 위협받을 때 가장 먼저 등장하는 방어 반응입니다. 강해 보이는 분노의 이면에는 상실의 두려움이 숨어 있습니다. 가까운 사람의 부정적인 감정을 받아들이면서 분노가 내 것처럼 느껴질 때도 있습니다. 부모가 "너를 낳으려고 낳은 것은 아니었어. 지우기 위해 농약까지 먹었지만, 그럼에도 너는 태어났어."라는 말을 아이에게 했을 때, 아이는 존재 자체가 부정당하는 깊은 상처를 받습니다. 이 감정은 시간이 지나며 다른 사람을 향한 분노로 변할 수 있습니다. 존재에 대한 부정적인 말 한마디가 평생의 걸림돌이 됩니다. 이러한 말들이 결국 자신의 감정을 인정하지 못하고 타인의 탓으로 돌리기도 합니다. 이렇게 되면 감정이 왜곡되어, 결국 진짜 감정을 잃어버리게 됩니다. 분노를 유발하는 또 다른 요인은 자신이 '만만한 사람'으로 여겨질 때입니다.

다음 다섯 가지 경우가 '만만한 사람'의 대표적입니다.

<u>첫째, 진짜 착하고 순수한 사람</u>-해를 끼칠 의도가 없고 늘 배려하는 사람은 이용당하기 쉽습니다.

<u>둘째, 착한 콤플렉스를 가진 사람</u>-타인의 기대를 채우려 자신을 희생합니다.

<u>셋째, 열등감을 가진 사람</u>-자신감이 부족해 거절하지 못하고 상대에게 휘둘립니다.

<u>넷째, 사회적 보호가 약한 사람</u>-힘이 없을수록 무시당할 가능성이 커집니다.

<u>다섯째, 거절을 두려워하는 사람</u>-거절하면 미움받을까 봐 두려워 타인의 감정을 떠안습니다.

이런 사람들은 처음부터 만만했던 것이 아니라, 스스로를 낮추고 상대를 편하게 해주려다 그런 역할을 떠맡게 된 것입니다. 즉 배려가 배려가 아니었던 것이죠. 그러나 계속 이런 관계를 유지하면 상대는 점점 더 함부로 대하게 되고, 결국 억눌렀던 분노가 폭발하게 됩니다. 상대를 무시하거나 이용하는 사람들도 사실 감정적으로 취약합니다. 어린 시절 신뢰와 안정감을 충분히 경험하지 못한 사람들은 타인을 통제하거나 이용하는 방식으로 자신의 불안을 다루려 합니다. 결국 그들 역시 결핍과 두려움을 안고 살아갑니다. 분노는 억누른다고 없어지지 않습니다. 오히려 인정하고 다룰 때 감정에 휘둘리지 않고 자신을 지킬 수 있습니다.

이를 위해 다음 네 가지 방법을 추천드립니다.
<u>첫째, 감정 분리입니다.</u> 상대의 감정을 내 감정처럼 받아들이지 말고, '이 감정은 내 것인가?'를 구분하는 연습이 필요합니다.
<u>둘째, 분노의 근원을 분석합니다.</u> 지키고 싶은 '그 무엇' 때문에 화가 났는지 스스로 물어보아야 합니다. 예를 들어, 친구가 약속을 어겼을 때 단순히 화가 난 것이 아니라 '내가 존중받지 못했다'는 존재에 대한 상실감이 원인일 수 있습니다.
<u>셋째, 거절하는 연습입니다.</u> 상대의 감정을 지나치게 배려하다 보면 결국 내 감정을 잃어버립니다. '아니요'라고 말하는 연습이 필요합니다.

넷째, 자기만의 건강한 해소 방법을 찾는 것입니다. 운동, 명상, 글쓰기 같은 방법을 통해 분노를 건강하게 해소해야 합니다. 예를 들어, 답답한 일이 있을 때 30분 산책을 하는 것만으로도 감정 조절에 큰 도움이 됩니다.

그렇다면 수동-공격성 왜 생길까요? 수동-공격성은 겉으로는 순응하는 듯 보이지만, 속으로는 상대를 불편하게 만들거나 상황을 방해하는 방식으로 분노를 표현하는 것입니다. 중요한 일을 맡고도 일부러 늦게 처리하는 경우, 직접 화를 내지 않고 표정이나 말투로 불편함을 전달하는 경우, 자신을 향해 공격적으로 행동하는 경우(예: 벽치기, 물건 던지기) 등이 이에 해당합니다. 이러한 행동이 나타나는 이유는 다음과 같습니다. 감정을 억압하며 갈등을 회피하려는 경향, 무의식적 자기 방어, 낮은 자존감과 인정 욕구, 권력 관계에서의 통제 욕구 등 이처럼 수동-공격성은 감정을 해소하기보다 더 큰 갈등을 불러올 수 있습니다.

분노를 다룬다는 것은 억누르거나 외면하는 것이 아니라, 그 감정을 제대로 인식하고 조절하는 데서 시작됩니다. 감정은 억제한다고 사라지는 것이 아니라, 오히려 더 깊이 쌓여 우리를 지치게 만들 수 있기 때문입니다. 분노를 건강하게 다루기 위해 다음과 같은 연습을 해보시면 좋습니다. 먼저 이렇게 자신에게 말해보세요.

"나는 지금 화가 나 있어. 왜냐하면 내 소중한 가치가 무시당했다고 느꼈기 때문이야."

이처럼 자신의 감정을 인정하고, 그 근본적인 이유를 들여다보는 것이 중요합니다. 감정을 억제하는 것이 아니라, 솔직하게 표현하는 연습이 필요합니다. 단, 나 자신과 타인을 해치지 않는 방식을 선택해야 해요.

감정을 조절하는 방법도 다양합니다. 예를 들어 심호흡이나 명상, 가벼운 운동 등은 긴장된 몸과 마음을 진정시키는 데 큰 도움이 됩니다. 그리고 생각의 방향을 조금 바꿔보는 것도 중요합니다. '왜 나만 이런 일을 겪지?'라는 생각 대신, '이 상황에서 내가 배울 수 있는 건 무엇이며 나에게 어떤 의미를 주려고 하는 것일까?' 이런 식으로 생각의 패턴을 전환해보는 겁니다. 분노는 우리를 무너뜨릴 수도 있지만, 잘 다룰 수 있다면 우리를 성장시키는 강력한 에너지가 될 수 있습니다.

중요한 것은 감정을 억누르지 않고, 건강하게 마주하는 용기입니다. 그리고 그 감정의 뿌리를 정확히 이해하고, 자신을 지키는 방향으로 다루는 능력입니다. 우리가 의식하지 못한 감정은 우리의 삶을 지배하는데 그것을 '운명'이라 부릅니다. 이 말은 감정을 의식하게 되면 감정이 삶을 지배하지 않게 되고, 지배당하지 않는 삶은 자유로워질 수 있다는 것을 내포하고 있습니다. 그러니 분노를 두려워하지 마시고, 그 감정이 전하는 메시지에 귀 기울여 보세요. 그것이야말로 진정한 자기이해의 시작입니다.

03
상처는 해석의 깊이만큼 남는다

"상처는 어떻게 생겼을까요?"
"왜 우리는 상처에 의미를 부여하려 할까요?"
"같은 경험을 겪어도 어떤 사람은 빠르게 극복하지만, 어떤 사람은 오랫동안 아파합니다. 그 차이는 어디서 오는 걸까요?"

같은 상황인데도, 왜 어떤 순간엔 더 깊이 상처가 되고, 더 많이 아파질까요? 같은 말을 들었더라도 어떤 사람은 자신의 가치를 부정당한 것처럼 느끼고, 어떤 사람은 그저 지나가는 말로 넘길 수 있습니다. 이는 단순한 감정 차이가 아니라, 개인의 과거 경험, 애착 유형, 방어기제, 자존감의 상태, 현재 삶의 맥락이 어떻게 맞물려 있는지에 따라 달라집니다. 우리가 사랑하는 사람에게 받은 상처는 그 깊이가 더 클 수 있습니다. 상처를 준 사람의 의도와 상관없이, 우리는 그 상처를 통해 자존감이나 믿음이 깨진다고 느끼기 때문입니다. 하지만 중요한 점은, 상처를 주고받는 관계 속에서 반드시 한쪽만이 가해자가 되는 것은 아니라는 것입니다. 때로는 내가 상대방에게 상처를 주기도 합니다. 또한, 우리가 겪는 상처는 단지 현재의 사건 때문만이 아니라, 과거의 경험과 연결되어 더 강하게 느껴질 수 있습니다.

'믿음과 기대'는 상처를 깊게 만듭니다. 사람들이 "그 사람이 그렇게 할 줄 몰랐다"며 상처를 이야기합니다. 그것은 단순한 실망이 아니라, 깊은 믿음이 깨졌을 때의 감정적 충격입니다. 우리가 누군가를 믿을 때, 그 믿음 안에는 그 사람이 올바른 행동을 할 것이라는 기대가 담겨 있습니다. 그러나 그 기대가 어긋나면, 그 충격은 배신감으로 변합니다.

상처가 깊어지는 또 다른 이유는 과거의 경험과 연결된 감정들입니다. 어린 시절 부모에게 자주 비판을 받았던 사람은 성인이 되어 비슷한 말을 들었을 때, 그 피드백을 과거의 상처와 연결지어 더 깊이 아파할 수 있습니다. 또한, 우리가 상처를 받는 이유는 그 사건에 우리가 부여하는 의미에 달려 있습니다. 예를 들어, "너 요즘 힘들어 보인다"는 말을 들었을 때, 어떤 사람은 "나를 걱정해주는구나"라고 느끼지만, 어떤 사람은 "내가 무능하다는 뜻인가?"라고 해석할 수 있습니다. 또는 "내가 힘든 것이 아니고 네가 힘들다는 말 아니야."라고 받아치는 경우도 있습니다. 우리가 상처받는 이유 중 하나는, 바로 그 사건에 우리가 어떤 의미를 부여하느냐에 달려 있습니다. 의미를 주관적으로 해석할수록 오해나 왜곡이 생기기 쉽고, 감정의 수렁에 빠질 위험도 커집니다. 그래서 상황을 한 걸음 떨어져 객관적으로 바라보는 연습이 꼭 필요합니다. 사람을 괴롭히는 것은 사건 그 자체가 아니라, 그 사건에 대한 각자의 해석에서 옵니다. 때로는 그 해석을 점검해보는 것만으로도 마음의 짐이 훨씬 가벼워질 수 있습니다.

상처를 극복하려면,
<u>첫째, 자신의 감정을 인정하는 것이 중요합니다.</u> 예를 들어, "내가 믿었기 때문에 상처받은 걸까?"라고 자책할 필요는 없습니다. 믿음 자체가 잘못된 것은 아니며, 상처를 준 사람에게도 그 책임이 있을 수 있습니다. 그러나 중요한 점은, 때때로 내가 나를 속였거나 현실을 왜곡했을지도 모른다는 사실입니다. 이를 돌아보는 과정도 필요합니다.

<u>둘째, 결자해지의 원칙을 따르는 것이 중요합니다.</u> 결자해지란 자신이 맺은 매듭은 스스로 풀어야 한다는 뜻입니다. 다시 말해, 자신이 누군가에게 상처를 주었음을 인정했다면, 먼저 사과하고 용서를 구해야 합니다. 문제의 원인을 남에게 돌리지 않으며, 고통을 회피하지 않고 자신의 몫으로 책임을 수용하는 태도를 말합니다. 상처를 주고받은 관계에서, 그 문제를 해결하지 않으면 비슷한 문제가 반복될 수 있습니다. 해결되지 않은 문제를 무시하고 넘어가면, 결국 상처는 계속 남게 됩니다.

셋째, 상처를 의미 없는 것으로 바꾸는 것도 방법입니다. 결국, 우리는 자신을 인정하고, 감정을 직면하는 과정에서 상처를 극복할 수 있습니다. 자기 자신을 인정하고, 타인의 행동에 의미를 부여하지 않으면, 우리는 감정적으로 자유로워질 수 있습니다.

우리가 살아가면서 겪는 상처는 크고 작음을 떠나 모두 의미 있는 흔적입니다. 하지만 그 상처를 어떻게 받아들이느냐에 따라 삶의 방향은 달라질 수 있습니다. 믿음이 클수록 상처도 깊을 수 있지만, 결국 중요한 대상은 '자기 자신'입니다. 타인에 대한 믿음보다 자기자신을 신뢰하는 것이 우선입니다. 자신을 인정하고 감정을 직면하며, 스스로를 성장시키는 과정이야말로 상처를 극복하는 건강한 방법입니다. 상처는 단순히 한 번의 사건이 아니라, 우리가 그 사건에 반복적으로 부여한 의미 속에서 더 깊어집니다. 무의식 속에서 되풀이되는 해석이 우리를 더 아프게 만들 수 있기에, 감정을 정리하고 이해하는 작업은 매우 중요합니다.

감정은 억누른다고 사라지지 않습니다. 그러나 그 감정에 어떤 태도로 반응하느냐는 우리에게 선택권이 있습니다. 감정은 흘러가는 것이지만, 그것을 어떻게 표현하고 받아들이는지가 우리의 성숙을 결정짓습니다. 감정을 부정하지 않고, 있는 그대로 인정하며 자신을 돌아보는 태도는 진정한 회복의 시작입니다. 그렇게 우리는 조금씩 더 단단해지고, 자신에게 여유있고 너그러운 사람이 되어갑니다. 고통은 피할 수 없지만, 고통에 대한 태도는 선택할 수 있습니다.

04
사과받지 못한 감정은 끝나지 않는다

"상처받았던 기억 중에서 가장 오래 남아 있는 것은 무엇인가요?"
"그때 상대가 진심으로 사과했나요? 아니면 그냥 지나갔나요?"
"사과를 받았는데도, 감정이 남아 있었던 적이 있나요?"
"진정한 사과가 왜 그렇게 중요한가요?"
"진정한 사과가 과연 감정을 끝내는 열쇠가 될 수 있을까요?"

사과는 관계를 회복하는 도구일까요, 아니면 또 다른 갈등의 씨앗일까요? 사과는 말보다 마음을 움직이는 표현입니다. 그리고 사과는 감정의 얼음을 녹이는 유일한 불씨입니다. 때때로 '미안해'라는 말 한마디가 수십 번의 설명보다 더 큰 치유를 가져옵니다. 사과는 단순한 말이 아니라, 관계를 회복하고 감정을 정리하는 중요한 도구입니다. 그러나 모든 사람이 진심으로 사과하는 것은 아닙니다. 때로는 사과가 하나의 수단으로 이용되기도 하고, 반대로 사과를 받지 못해 억울함과 분노 속에 갇히기도 합니다. 특히 상대방이 잘못을 인정하지 않고, 오히려 자신을 피해자로 몰거나 책임을 회피할 때, 감정은 더욱 복잡해집니다. 시간이 지나면서, 우리는 깨닫게 됩니다. 어떤 관계도 한 사람의 일방적인 잘못으로만 이루어지지 않는다는 것을요. 관계는 서로의 감정과 경험이 얽혀 있는 복합적인 과정이며, 우리는 그 안에서 어떻게 감정을 조절하고, 어떤 태도를 취할 것인지 고민해야 합니다.

사과를 바라지 않는 연습도 필요합니다. 자책하는 습관이 있는 사람들은 자주 '내가 뭘 잘못한 걸까?'라는 생각에 빠집니다. 분명 내 잘못이 아님에도 불구하고 상대가 전혀 죄책감을 느끼지 않으면, 오히려 자신을 탓하며 감정을 억누르게 됩니다. 탓하기 전에 '돌이킬 수 없는 상처를 받기만 했을까? 나는 없었을까?' 자신에게 물어야 합니다. 물론 누구나 실수는 합니다.

그러나 우리가 한 실수가 상대를 극단적인 고통 속으로 몰아넣을 만큼 중대한 경우는 드뭅니다. 내가 잘못했다면, 그저 인정하고 사과하면 됩니다. 하지만 사과는 받아들이는 사람이 있을 때 의미가 있습니다. 상대가 내 사과를 받아들일 의사가 없다면, 더 이상 사과에 집착하지 않아야 합니다. 결론은 상대방의 사과를 기대하지 않고 감정을 정리할 수 있어야 합니다. 진정한 사과는 '네 감정에 진심으로 공감해. 너의 아픔과 고통에 대해 미안해'라는 메시지는 자아의 균열을 메우는 역할을 합니다. 그렇다면, 그들은 왜 사과하지 않을까요? 사과하는 순간 책임을 져야 한다고 느끼기 때문일까요? 아니면 사과를 하면 자신이 '나쁜 사람'이 된다고 생각해서일까요?

모든 사람들이 기본적인 도덕적 의식을 갖추고 있을 것이라 생각하고 있다면 이 또한 편견의 일종입니다. 편견이 많을수록 상처는 더 많이 받게 되어 있습니다. 반대로 편견이 많기 때문에 오히려 상처를 피해갈 수도 있습니다. 어쩌면 편견 또한 방어일까요? 자신이 당연하다고 여기는 것이 누군가에게는 당연하지 않을 수 있다는 사실을 꼭 기억해야 합니다. '잘못을 하면 사과하는 것은 기본'이라고 믿어버리게 되면 상처는 고스란히 자신의 몫이 되어 버릴 때가 많습니다. 어떤 사람들은 사과를 통해 관계를 회복하려 하지만, 어떤 사람들은 사과 자체를 할 줄 모르기도 합니다. 우리가 그런 대상에게 사과를 바라면 감정적으로 소모가 커집니다. 성향과 기질에 따라 표현이 다를 뿐이라고고 생각하세요.

결국 좋은 방법은 상대의 사과를 기대하지 않고, 스스로 감정을 정리할 수 있는 힘을 기르는 것입니다. 사과를 받지 못했더라도, 우리는 스스로 감정을 해결할 수 있는 방법을 배워야 합니다. 상대가 사과하지 않는다고 해서, 우리는 영원히 그 감정 속에 갇혀 있어야 할까요? 아닙니다. 상대의 행동에 휘둘리지 말고 스스로 감정을 정리할 수 있는 힘을 키우는 것이 중요합니다.

진정한 사과가 없을 때, 감정은 어떻게 남을까요? 우리는 다양한 감정을 경험하며 살아갑니다. 그리고 억울함, 상처, 배신감은 쉽게 사라지지 않습니다. 특히 상대방의 잘못으로 상처를 받았을 때, 진정한 사과 없이 관계가 마무리된다면 그 감정은 내면에 깊이 남아서 미해결과제로 평생 남게 됩니다. A씨가 어린이집을 운영할 때, 원아 모집 시즌에 경쟁이 과열된 적이 있었습니다. 그때 A씨를 비방하는 소문이 퍼졌고, 결국 학부모가 오해한 끝에 몇몇 원아가 떠나게 되었습니다. 그 일이 끝난 후, A씨를 비방했던 원장이 사과하러 왔습니다. 그런데 그가 내민 것은 마트에서 사온 사과 두 봉지였습니다. 그때 A씨는 깨달았습니다. '진정한 사과가 아니라면 굳이 받아야 할까?' 그 순간, 억울함과 분노보다는 자신에게 집중하는 것이 더 현명한 선택임을 깨달았다고 합니다.

내면의 분노는 이해받지 못했을 때 더 오래 머물게 되고 사라지지 않는 것 같습니다. 분노는 때때로 방어기제이지만, 그 밑바닥에는 인정받지 못한 슬픔이 있습니다. 사과는 그 슬픔을 알아주는 유일한 언어입니다. 결국, 진정한 사과가 없을 때 우리는 감정을 어떻게 정리해야 할까요? 진정한 사과가 없다면 감정은 내가 어떻게 정리하느냐에 달려 있습니다. 감정이 해소되지 않으면, 그것은 단순한 기분 문제가 아니라 미완성 과제의 원리와 관련이 있습니다. 해결되지 않은 감정은 계속해서 떠오르며, 내면을 괴롭히게 됩니다. 사과는 관계를 회복하는 것이 아니라, 마음의 진실을 마주하는 일인 듯 합니다. 진정한 사과는 관계를 유지하려는 목적이 아닙니다. 그것은 상대의 마음에 일어난 일을 진심으로 이해하려는 태도에 가치가 있습니다. 진정한 사과가 이루어지지 않으면, 그 감정은 내가 어떻게 정리하느냐에 달려 있습니다. 감정은 내가 주도권을 가지고 정리할 수 있는 것임을 기억해야 합니다. 상대방이 사과하지 않더라도, 내가 감정을 정리하는 방법을 배운다면, 관계에 대한 불편함이나 미해결된 감정은 반복되지 않습니다.

05
기대가 클수록 실망도 커진다

"나는 이렇게 해줬는데, 왜 저 사람은 내 마음을 몰라줄까?"
"이 정도는 해줄 줄 알았는데, 왜 기대만큼 하지 않을까?"
"내가 신경 쓰고 배려했으면, 상대도 당연히 그렇게 해줘야 하는 거 아닌가?"

이런 생각이 들 때마다 어떤 감정이 떠오르나요? 기대와 관계 속에서 우리는 왜 흔들리는 걸까요? 기대는 관계의 본능적인 부분입니다. 기대가 크면, 상대를 탓하고 자신 또한 고립됩니다. 기대가 충족되지 않으면 비난으로 이어지고, 그 비난은 결국 자신을 파괴하게 됩니다. 기대를 줄이면 관계는 숨을 쉬기 시작합니다. 때론 '부탁하는 것'이 어려운 사람도 있습니다. 어느 날 그 사람이 용기를 내어 부탁을 했습니다. 상대방은 흔쾌히 도와주겠다고 했지만, 결과물은 그가 기대한 것과 달랐습니다. 그는 실망하고, 두 사람의 관계는 서서히 멀어졌습니다. 이처럼 우리는 왜 기대할까요? 기대는 단순한 바람이 아니라, 관계를 유지하려는 본능적인 심리입니다. 안정감을 찾으려는 욕구에서 비롯되기 때문입니다.

어릴 때부터 안정적인 애착을 경험한 사람은 지나친 기대를 하지 않습니다. 반면, 불안정한 애착을 형성한 사람은 '상대가 나를 채워줘야 한다'는 강한 기대를 가지게 되며, 관계에서 자율성, 유능감, 관계성을 충족하려 합니다. 그렇다면 기대와 실망의 메커니즘은 어떻게 작용할까요? 기대는 "내가 원하는 것을 상대가 채워줄 것"이라는 믿음입니다. 그러나 현실은 다릅니다. 기대와 현실의 차이가 클수록 감정적 충격은 커집니다. 예를 들어, 친구나 가족이 내 생일을 챙겨줄 거라고 기대했는데 아무 말도 없다면, 우리는 실망하고 서운함을 느낍니다. 이러한 감정이 반복되면 관계 자체가 틀어졌다고 생각하게 되죠. 우리가 느끼는 실망은 자기 가치관과 감정을 상대에게 투사하는 과정에서 발생합니다. "내가 이렇게 했으니, 저 사람도 당연히 이렇게 해야 한다"는 생각이 들 때, 상대는 나와 같은 방식으로 사고하지 않기 때문에 결국 실망하게 됩니다. 관계의 깊이는 기대의 크기가 아니라, 현실을 얼마나 수용하는가에 달려 있습니다. 진정한 친밀감은 상대의 부족함을 받아들이는 데서 시작됩니다.

기대가 충족되지 않으면 "나는 소중한 사람이 아닌가?"라는 불안이 커집니다. 기대는 관계를 예측 가능하게 만들지만, 충족되지 않으면 '나는 관계를 통제하지 못한다'는 불안을 느끼게 됩니다. 결국, 실망이 반복되면 서운함이 쌓이고, 상대와 거리를 두게 됩니다. 누군가를 이상화하는 것은 애착의 또 다른 이름이지만, 동시에 불행의 시작인 듯 합니다. 상대를 완벽한 존재로 여기는 이상화는 그 기대가 깨지는 순간, 분노와 좌절로 이어집니다. 관계를 건강하게 유지하려면 기대를 줄이고 현실을 받아들이는 연습이 필요합니다.

현실을 받아들이는 연습의 과정으로는,
<u>첫째, 기대를 내려놓는 연습을 해야 합니다.</u> 관계에서 실망을 줄이려면 상대방을 존중하는 마음을 갖고, 기대를 조절하는 연습이 필요합니다. "내 방식이 정답이 아닐 수 있다"는 깨달음을 얻었을 때, 우리는 더 성숙한 관계로 나아갈 수 있습니다.
<u>둘째, 건강한 관계를 위한 태도를 갖도록 해야 합니다.</u> 기대보다 존중을 해야 하며, 상대가 나와 다를 수 있음을 인정해야 합니다. 일방적인 기대 대신 소통을 해야 하며, 원하는 것이 있다면 직접 표현하는 것이 중요합니다.

투사는 관계를 왜곡시키는 기대의 그림자입니다. 우리가 기대하는 대로 상대를 해석하려 할 때, 그 사람을 있는 그대로 볼 수 없게 됩니다. 이 왜곡은 오해와 단절을 만듭니다. 관계는 주고받는 과정입니다. 기대를 내려놓을 때 관계가 더 건강해질 수 있습니다. 결국 관계의 성장은 '나 혼자'가 아니라 '우리'가 함께 만들어가는 과정입니다. 사람이 중요한 이유는 서로의 성장을 가능하게 하기

때문입니다. 사람과 소통하며 존중하고 배려하며 사랑할 수 있기 때문입니다. 그러나 모든 사람이 같은 방식으로 성장하는 것은 아닙니다. 사랑은 조건 없이 자라지만, 기대는 조건으로 사랑을 흔들리게 합니다. 애착이 안정되려면 조건 없는 수용이 필요하지만, 기대가 먼저 일어나면 사랑은 시험과 평가의 장으로 바뀝니다. 사람은 사랑보다 기대 때문에 실망하게 됩니다.

우리는 종종 상대를 있는 그대로 보기보다, 내가 바라는 모습으로 바라보려 합니다. 하지만 그런 기대가 충족되지 않을 때, 실망이 찾아오고 관계는 상처를 입습니다. 왜곡된 기대는 상대뿐 아니라 자신도 괴롭게 만듭니다. 긍정적인 기대는 사람을 북돋고 성장하게 만들지만, 부정적인 기대는 제약과 통제를 낳습니다. 결국 기대를 어떻게 조절하느냐는 우리 삶과 관계, 그리고 인격에 깊은 영향을 미칩니다. 기대를 조절하는 과정은 곧 자기 성찰과 성숙의 여정입니다. 너무 낮지도, 지나치게 높지도 않게 현실적으로 조절할 수 있을 때 우리는 더 건강한 관계를 맺고, 더 단단한 인격을 세울 수 있습니다. 다른 사람을 있는 그대로 받아들일 수 있을 때, 비로소 진정한 변화가 시작됩니다. 진짜 변화는 상대를 통제하려는 기대가 아니라, 수용에서 시작됩니다.

06
상처를 준 사람 덕분에, 나는 나를 다시 만났다

"누군가의 말이나 행동 때문에 크게 상처받았던 적 있나요?"
"그때 어떤 감정을 느꼈나요? 분노? 억울함? 배신감?"
"처음엔 분명 아팠죠. 그런데 그 일이 지나고 나서 스스로 달라진 점이 있지 않나요?"
"그 사람을 원망하면서도, 결국 더 단단해진 나를 발견한 적은 없었나요?"

상처는 나를 찌른 그 사람보다, 자기 자신을 더 깊이 들여다보게 합니다. 상처를 준 사람에게 집착하기보다, 그 감정을 추적해

들어가면 내 무의식의 패턴이 보입니다. 그때부터 진짜 회복이 시작됩니다. 우리는 가족, 친구, 동료 등 다양한 사회적 관계 속에서 서로 영향을 주고받으며 살아가고 있습니다. 문제는 우리가 관계를 맺는 방식과 그 관계를 어떻게 해석하느냐에 따라 갈등을 줄이거나, 오히려 더 깊은 오해 속에 빠질 수도 있다는 점입니다. 특히 공적인 관계와 사적인 관계를 혼동할 때 많은 문제가 발생합니다. 이를 이해하고 조절하는 것이 관계에서 상처받지 않고 성장하는 중요한 방법이 될 수 있습니다.

"제게 상처는 아팠지만, 선물이었고 삶의 균형(긍정과 부정, 사고왜곡, 관점전환)을 잡아 준 평균대였습니다. 또한 자신을 늘 새롭게 만들어주는 항생제와 같은 것이었습니다. 아픔 속에서 감정을 소화하지 못하면 고통으로 남지만, 그것을 소화해내면 지혜가 됩니다. 그 경험 덕분에 저는 다시 '나'로서를 단단해지고 홀로서기를 시작할 수 있었습니다."

우리가 대체로 상처를 받는 경우는 크게 두 가지로 설명할 수 있습니다.

첫째, 공적 감정과 사적 감정을 혼동할 때의 문제가 발생합니다. 공적인 관계를 사적으로 받아들이면 우리는 스스로 만든 감정의 굴레에 갇히게 됩니다. 예를 들어, 직장에서 업무적인 피드백을 받았을 때, 이를 개인적인 비판으로 받아들이면 자책하게 되고, 상대방을 오해하며 감정적으로 반응하게 됩니다. 그 결과 관계가 불편해지고, 불필요한 갈등이 생깁니다. 이러한 혼동은 친구 관계에서도 나타납니다. 친구에게 조심스럽게 조언을 했는데, 상대가 '지적을 당했다'

고 받아들이면 관계는 어색해질 수 있습니다. 자신이 의도한 바와 상대가 받아들이는 감정은 다를 수 있기 때문입니다. 관계 속에서 오해를 완전히 피할 수는 없지만, 공적 감정과 사적 감정의 경계를 스스로 정리하는 것만으로도 불필요한 갈등을 줄일 수 있습니다.

<u>둘째, 관계에서 감정이 해석되는 방식이 달랐을 때입니다.</u> 같은 말이라도 상대방의 심리 상태, 정서적 성숙도, 그리고 그날의 감정 상태에 따라 다르게 해석됩니다. 즉, 상대의 '마음 날씨'에 따라 언어의 온도가 달라지는 것입니다. 예를 들어, 내가 무심코 던진 농담도 상대가 예민한 상태라면 상처가 될 수 있습니다. 반면, 같은 말을 해도 상대의 마음이 안정된 상태라면 가볍게 웃고 넘어갈 수 있습니다. 이러한 차이를 이해하지 못하면, 우리는 '내가 무슨 잘못을 했지?'라며 억울함을 느끼거나, 반대로 '왜 저 사람은 예민하게 반응하지?'라고 상대를 탓하게 됩니다. 결국, 관계를 유지하는 핵심은 나와 상대가 받아들이는 감정이 다를 수 있음을 인정하는 것입니다. 배려심이 있는 사람과 그렇지 않은 사람, 자기 반성이 깊은 사람과 그렇지 않은 사람이 맺는 관계는 서로 다를 수밖에 없습니다.

우리는 관계를 통해 퇴보할 수도 있고, 성장할 수도 있습니다. 때로는 어떤 관계가 우리를 아프게 하지만, 시간이 지나고 나면 그 관계가 결국 나를 단단하게 만들었음을 깨닫게 됩니다. 상처 입은 자아는 회복되는 과정에서 더욱 통합된 자아로 성장합니다. 자기애적 상처는 깨지는 듯하지만, 그 조각들을 하나씩 다시 붙이는 과정에서 더 단단한 자아가 형성됩니다. 중요한 것은 모든 사람이 나에

게 좋은 영향을 주지도, 나쁜 영향을 주지도 않는다는 사실입니다. 예를 들어, 나를 힘들게 했던 사람이 결국 내 성장의 계기가 되는 경우가 있습니다. 당장은 억울하고 화가 나겠지만, 그 경험을 통해 내가 더 성숙해진다면 그 관계는 내게 의미가 있는 것이 됩니다. 반면, 상처를 원망과 분노로만 해석하는 사람은 감정의 늪에 스스로를 가두게 됩니다. 이러한 차이는 결국 우리가 어떤 태도를 선택하느냐에 따라 결정됩니다. 성장할 것인가, 원망할 것인가? 그것은 우리의 선택에 달려 있습니다. 고통을 준 대상을 이해하는 순간, 자신은 더 이상 그 고통에 지배당하지 않습니다. 상처를 준 사람을 이해할 수 있을 때, 감정은 분노에서 성찰로 이동합니다. 거기서부터 내 감정의 주도권이 생깁니다.

관계는 단순히 주고받는 것이 아니라, 우리가 어떤 태도로 관계를 맺느냐에 따라 우리의 삶을 변화시키는 요소가 됩니다. 우리는 관계 속에서 상처받기도 하지만, 그 경험이 결국 우리를 더 깊고 성숙한 사람으로 만들어 줍니다. 그러므로 관계에서 오해와 상처를 피할 수 없다고 해서 좌절할 필요는 없습니다. 중요한 것은, 그 관계가 나를 더 나은 방향으로 성장시킬 수 있도록 내 감정을 조절하고, 공적 감정과 사적 감정의 경계를 인식하는 것입니다. 그렇게 할 때 우리는 관계 속에서 상처받는 대신, 더 단단한 사람이 될 수 있습니다. 결국 관계는 우리가 어떻게 받아들이느냐에 따라 '고통'이 될 수도, '성장'이 될 수도 있습니다. 그 선택은 자신의 몫입니다.

고통은 왜 성장을 하게 할까요? 고통은 반드시 불행한 것일까요? 성장은 상처를 딛고 일어설 때 비로소 시작됩니다. 애착에 대한 결핍은 나를 무너뜨릴 수 있지만, 그 결핍을 알아차리고 회복하려는 노력 자체가 성장이 됩니다. 우리는 살아가면서 크고 작은 어려움을 겪습니다. 때로는 깊은 상처를 입고, 절망 속에 빠지기도 합니다. 하지만 고통이 반드시 우리를 무너뜨리는 것만은 아닙니다. 오히려 그것이 우리를 더 강하고 지혜롭게 만들어 줄 수도 있습니다. 마치 아이가 넘어지면서 걷는 법을 배우듯이, 인간도 실패와 상처를 통해 성장합니다. 불편한 감정이 새로운 인식을 형성하는 계기가 되듯, 시련을 통해 우리는 자신을 다시 바라보고 더 나은 방향을 찾을 수 있습니다. 그렇다면, 어떻게 하면 고통을 성장의 기회로 삼을 수 있을까요? 우리는 상처를 어떻게 받아들이고, 해석하며, 변화의 원동력으로 삼을 것인가?

이 질문에 대한 답을 찾기 위해, 관계 속에서 성장하는 방법과 부모와의 관계가 우리에게 미치는 영향을 살펴보고자 합니다.
<u>첫째, 상처를 성장으로 바꾸는 방법입니다.</u> 외부로부터의 상처는 내부의 나를 다시 만나게 하는 통로가 되기도 합니다. 내가 나를 돌보지 못했기에 외부의 공격이 더 아프게 느껴집니다. 그 고통은 결국 '진짜 나'를 찾아가는 계기가 됩니다. 인간은 본능적으로 고통을 피하고 싶어 합니다. 하지만 내적으로 성장하고 싶다면, 그리고 불편한 상황에서도 배우고 싶다면, 우리는 관계를 통해 스스로를 돌아보는 연습을 해야 합니다.
<u>둘째, 누군가 내 의도를 잘못 이해했을 때, '왜 저 사람은 내 의도를</u>

모르고 저런 반응을 보일까?'라고 생각하기 전에, '나는 어떤 부분에서 상대를 불편하게 했을까?'라고 자문해 보세요. 내 의도 속에서 진실은 무엇이었을까?, 나는 이 관계에서 무엇을 얻으려 했을까?, 이 경험이 나에게 주는 의미는 무엇일까? 자신의 내면에 귀를 기울이다 보면, 어느 순간 찰나의 통찰이 찾아오기도 합니다. 이러한 과정은 단순히 상처를 극복하는 것이 아니라, 스스로를 더 깊이 이해하는 기회가 됩니다.

다음으로는, 부모와의 관계가 성장에 미치는 영향을 살펴보겠습니다. 우리는 부모를 통해 삶의 많은 부분을 배웁니다. 부모 없이 태어난 사람은 없습니다. 부모와의 관계 속에서 우리는 결핍과 풍족함을 경험하고, 이를 통해 삶을 배우게 됩니다. 부모와의 관계는 단순한 가족 관계가 아닙니다. 그것은 우리의 자아 정체성, 정서적 안정감, 대인관계 형성에 깊은 영향을 미칩니다. 심지어 성인이 되어서도 삶의 다양한 측면에서 작용합니다.

① **애착과 대인관계**-부모와 안정적인 애착을 형성한 사람은 성인이 되어서도 건강한 관계를 맺을 가능성이 높습니다. 반면, 애정이 부족하거나 불안정한 관계를 경험한 경우, 대인관계에서 불신이나 불안감을 느낄 수도 있습니다.

② **의사소통 방식의 형성**-부모가 자녀의 감정을 존중하고 열린 태도로 대화한다면, 자녀도 타인과 건강하게 소통하는 법을 배웁니다. 반대로 감정적인 반응만 오가는 환경에서 자란 아이는 성인이 되어서도 갈등을 해결하는 방법을 모르고 피하

거나 감정적으로 대응할 가능성이 큽니다.
③ **자존감과 독립심의 발달**-부모가 자녀를 있는 그대로 존중하고 지지해 준다면, 자녀는 자기 자신을 긍정적으로 바라보고 자존감을 형성할 수 있습니다. 반대로 과도한 간섭이나 통제적인 양육은 자녀의 독립심을 저해하고, 스스로 결정하는 능력을 약화시킬 수 있습니다.
④ **가치관의 내면화**-부모의 행동과 가치는 자녀에게 직접적인 영향을 미칩니다. 부모가 성실함, 배려, 책임감을 실천하면 자녀도 이를 자연스럽게 배우게 됩니다. 반면, 부모가 부정적인 태도를 보이면 자녀도 무의식적으로 이를 내면화할 수 있습니다.
⑤ **용서와 이해의 가치**-부모와의 관계는 때로 갈등을 동반하지만, 이를 통해 우리는 용서와 이해의 가치를 배웁니다. 부모도 완벽한 존재가 아니며, 우리 역시 성장하면서 부모를 더 깊이 이해하게 됩니다. 성인이 되어 부모를 있는 그대로 받아들이고, 자신의 감정을 건강하게 조절하는 것이 중요합니다.

관계를 통해 우리는 '나'로 성장합니다. 모든 인간관계는 '나답게 살아가는 법'을 배워가는 여정입니다. 부모와의 관계든, 친구, 연인, 동료와의 관계든 그 안에는 성장의 흔적이 고스란히 담겨 있습니다. 상처는 내가 가장 연약했던 곳을 가리키지만, 동시에 내가 가장 강해질 수 있는 지점을 비추는 빛이기도 합니다. 고통은 내 안에 오래 감춰두었던 욕망과 필요를 드러내며, 그것을 이해하고 돌볼 힘을 일깨워줍니다. 건강한 관계는 감사의 밑거름이 되고, 어려운 관계는 성찰의 기회가 됩니다. 중요한 것은 그 경험을 통해 나 자신을 더 깊이 이해하고, 더 건강한 관계를 맺는 힘을 키우는 일입니다. 긍정은 배우고, 부정은 치유하는 힘으로 전환할 수 있을 때, 우리는 한층 성숙한 존재로 나아갈 수 있습니다. 궁극적으로 모든 관계는 나 자신을 알아가는 길이며, 우리는 그 관계 속에서 천천히 나로 살아갈 준비와 '나'다워질 용기를 키우게 됩니다. 상처는 자아가 성숙하는 통로이며 변화의 시작입니다.

07
진짜 공감은 어디에서 시작되는가

"'맞아, 나도 그래.', '그럴 수도 있겠다.', '진짜 힘들었겠다.' 그런데, 과연 이 말들이 진짜 공감일까요?"

"진심으로 그 사람의 감정을 이해하려고 노력해 본 적은 있으신가요?"

"내 경험과 생각을 바탕으로 판단한 적은 없으셨나요?"

"나 자신은 상대에게 진짜 공감을 받고 있다고 느끼시나요?"

우리는 '공감'에 대해 진지하게 고민해야 합니다. 공감이란 단순히 상대방의 말을 듣고 '나도 그래'라고 말하는 것이 아닙니다. 공감은 상대방의 감정을 이해하고, 그 감정을 함께 느끼며, 그 사람의 입장에서 바라보는 것입니다. 문제는 우리가 공감을 내 경험을 나누는 것과 혼동한다는 점입니다. 예를 들어, 누군가가 "요즘 너무 힘들어. 아무도 내 마음을 몰라주는 것 같아."라고 말했을 때, 우리는 자주 이렇게 대답합니다. "나도 예전에 그런 적 있었어. 시간이 지나면 괜찮아지더라." 이런 말들이 위로가 될 수는 있지만, 과연 상대방이 공감을 받았다고 느낄까요? 아마도 그렇지 않을 겁니다. 상대는 해결책이 아니라, 자신이 겪고 있는 감정을 이해받고 싶어 합니다. 해결이나 충고보다 단지 들어달라는 것이 대부분입니다.

우리는 타인의 고통을 보는 것만으로는 연결되지 않는다. 그 고통을 함께 느낄 때 연결됩니다. 즉, 진정한 공감은 머리로 이해하는 것이 아니라 마음으로 느끼는 것입니다. 상대방의 감정을 있는 그대로 인정하고, 그 감정을 함께 느껴주는 것이 공감의 핵심입니다. 왜 우리는 공감을 어려워할까요? 공감을 하려면 먼저 '나'를 내려놓아야 합니다. 공감은 단순히 이해하는 것이 아니라, 상대방의 세계에 나 자신을 조심스럽게 들여놓는 감정적 연결입니다. 우리는 대부분 상대의 말을 들으면서도, 속으로 내 경험과 비교하거나 해결책을 제시하려 합니다. 하지만 진정한 공감은 상대의 감정을 있는 그대로 받아들이는 것에서 시작됩니다. 우리는 감정을 받아들이는 것 자체를 어려워합니다. 누군가가 힘들어하면, 우리도 불편해져 그 감정을 피하려는 경향이 있습니다. 하지만 이럴 때, 우리는 상대에게 '네 감정은 중요하지 않아'라는 메시지를 전달할 수 있습니다.

그렇다면, 어떻게 해야 진정한 공감을 할 수 있을까요?

첫째, 듣기 전에 판단하지 말아야 합니다. 상대방이 어떤 이야기를 하든, 미리 평가하거나 단정 짓지 않아야 합니다. 상대의 감정을 있는 그대로 받아들이는 것이 중요합니다.

둘째, 상대의 감정을 내 기준으로 평가하지 말아야 합니다. "나는 이 정도는 견딜 수 있는데?"라는 생각을 버려야 합니다. 사람마다 감정을 느끼는 정도와 방식이 다릅니다.

셋째, 있는 그대로 받아들여야 합니다. 해결책을 제시하기보다는, 상대의 감정을 인정하고 공감하는 것이 더 중요합니다.

넷째, 빨리 해답을 주거나 해결하려 하지 말아야 합니다. 때로는 아무 말 없이 조용히 들어주는 것만으로도 큰 위로가 됩니다. 말보다 태도가 더 중요할 때가 많습니다.

공감을 주고받는 경험은 관계를 변화시킵니다. 내면의 아픔을 누군가가 알아봐 줄 때, 상처는 기적처럼 회복되기 시작합니다. 공감은 신뢰를 형성하고, 사람들 간의 유대감을 강화합니다. 공감받는 경험은 애착을 재형성하고, 이는 정서적 회복의 시작점이 됩니다.

나는 누군가에게 진정한 공감을 해 준 경험이 있었는가? 그리고 나는 누군가로부터 진정한 공감을 받은 경험이 있었는가? 우리는 공감을 주고받을 때 서로의 존재를 온전히 인정하고, 그 인정 속에서 더 나은 관계를 만들어갈 수 있습니다. 공감은 존재의 외로움을 덜어주는 가장 인간적인 언어이며, 관계의 본질에 다가가는 통로입니다. 공감은 타고나는 것이 아니라, 연습하고 배우면서 키우는 능력입니다. 공감을 잘하기 위해 노력할 때, 우리는 더 나은 관계를 만들고, 더 따뜻한 세상을 만들어갈 수 있습니다. 때때로 상대에게 공감을 주려 하지만, 정작 상대는 공감을 받지 못하는 경험을 하기도 합니다. 그런 경험에서 아픔을 느끼지만, 그 아픔 또한 의미를 두지 않으면 됩니다. 공감은 철저히 주관적인 감정이기 때문입니다.

공감을 기반으로 한 건강한 소통을 위한 방법은 다음과 같습니다.
<u>첫째, 자신의 감정 상태를 점검해야 합니다.</u> 내가 불안하다면 그 원인을 스스로 알아보고, 내 감정이 타인의 감정에 영향을 받지 않도록 해야 합니다.
<u>둘째, 부드러운 어조와 눈빛으로 감정을 표현해야 합니다.</u> 공감은 비언어적인 신호로도 전달됩니다.
<u>셋째, 상대의 감정이 강하게 드러날 때는 거리를 두는 연습을 해야 합니다.</u> 상대의 감정에 휘말리지 않도록 스스로 감정을 조절할 필요가 있습니다.
<u>넷째, 자신의 감정을 타인에게 쏟아내지 않도록 해야 합니다.</u> 명상이나 운동 등을 통해 감정을 자연스럽게 흐르게 만들 수 있습니다.
<u>다섯째, 자기만의 마음의 여유를 만들어야 합니다.</u> 불쾌한 감정이 올라올 때, 그 원인을 찾고, 감정을 건강하게 처리하는 연습을 해야 합니다.
<u>여섯째, 버티는 힘을 길러야 합니다.</u> 무조건 모든 것을 받아들이는 것이 아니라, 자신에게 필요 없는 감정은 흘려보낼 줄 알아야 합니다.

우리는 모두 공감받기를 원합니다. 하지만 공감 없이 주고받는 말은 오히려 관계를 멀어지게 만들 수 있습니다. 반면, 공감이 깃든 대화는 마음을 연결하고 관계를 더욱 깊고 따뜻하게 만들어 줍니다. 중요한 것은 말의 양이 아니라, '어떻게 말하는가', 그리고 '상대가 내 말을 어떻게 받아들이는가'입니다. 공감은 단순한 감정 표현이 아니라, 나의 감정을 인식하고, 동시에 타인의 감정도 수용하려는 심리적 과정입니다. 진정한 공감을 하기 위해서는 먼저 자신의 감정을 정확히 이해하고 받아들이는 것이 필요합니다. 자기 이해가 깊을수록, 타인의 감정에 진정성 있게 반응할 수 있기 때문입니다.

실제로 심리학에서는 어린 시절 부모와의 애착 경험이 공감 능력의 형성에 큰 영향을 미친다고 말합니다. 공감은 단순히 '상대가 지금 이런 감정을 느끼고 있구나'라고 짐작하는 데 그치지 않습니다. 그 감정이 내 안에서 어떤 반응을 불러오는지를 섬세하게 인식하는 과정입니다. 공감은 마음속에서 조용히 다른 사람과 동행하는 것입니다. 그들의 세상을 그들의 눈으로 바라보는 일이기도 합니다. 그리고 공감은 타인의 마음속에 들어가는 일이 아니라, 그 곁에 따뜻하게 머무는 일입니다. 공감을 잘하고 싶다면, 먼저 자신에게 이렇게 물어보는 것도 좋습니다. 나는 지금 내 감정이 어떤 상태인지 알고 있습니까?

또한, 나는 상대의 감정에 자리를 내어 줄 여유가 있습니까?

공감은 단순한 기술이 아니라 태도입니다. 감정이 담기지 않은 공감은 공허하며, 자신의 감정을 모르는 사람은 타인의 아픔을 쉽게 지나치게 됩니다.

08
나는 나에게 얼마나 솔직한가

"저 사람이 처음부터 진심이었을까요?"
"나는 어떤 순간에 가장 진실했을까요?"
"내일은 어떤 순간을 더 진실하게 살아갈 수 있을까?"

우리는 흔히 자신을 솔직한 사람이라고 생각하지만, 진짜로 항상 솔직할까요? 인간은 사회적 존재로서 다양한 역할을 맡고 살아갑니다. 하지만 무의식은 자주 우리에게 진실을 회피하게 만듭니다. 직장에서, 가족 앞에서, 친구들과 있을 때 우리의 행동은 모두 다를 수 있습니다. 이런 모습이 정말 '나'일까요? 아니면 그 순간의 필요에 맞춰서 변화하는 모습일까요? 우리는 언제나 진실할 수 있을까요? 아니면 특정 순간에만 진실할까요? 진실을 드러내는 순간은 주로 해방감과 안도감, 두려움과 불안, 수치심과 자신의 취약함 등 양가감정이 나타납니다. 극도의 분노 속에서는 평소 숨기던 속마음을 터뜨리고, 깊은 슬픔 속에서는 감정을 억누를 수 없습니다. 사랑에 빠지면 무조건 상대를 위해 모든 것을 내어줄 것처럼 행동하기도 합니다. 그러나 시간이 지나면 다시 이성적으로 생각하게 되며, 우리가 했던 말이나 행동은 변할 수 있습니다. 예를 들어, '영원히 사랑한다'던 사람과 시간이 지나 멀어지기도 하고, 분노로 내뱉었던 말도 후회하며 '그때 감정이 앞섰다'고 말하곤 합니다.

그렇다면 인간은 본질적으로 진실하지 않은 존재일까요? 그렇지 않습니다. 진실은 언제나 고통을 수반합니다. 그래서 사람들은 쉽게 자신을 들여다보지 않습니다. 자아에 대한 진실한 시선은 종종 상처와 마주해야 합니다. 우리는 그것을 회피하거나 미루지만, 결국 중요한 것은 '순간의 진실'입니다. 우리는 감정과 생각이 변할지라도, 본질적인 가치와 성향은 쉽게 변하지 않습니다. 예를 들어, 평소 정직한 사람도 순간적으로 거짓말을 할 수 있습니다. 그러나 그 본질이 정직하다면 결국 진실을 밝히고 죄책감을 느끼게 될 것입니다.

반대로, 순간적인 친절이 본질적인 따뜻함을 나타내는 것은 아닙니다. 우리의 순간적인 진실들이 모여 우리의 본질을 형성합니다. 급박한 상황에서 우리의 진짜 모습이 드러나기도 합니다. 예를 들어, 돈이 궁할 때 사람들은 어떻게 선택할까요? 위기 상황에서 신뢰를 지킬 수 있을까요? 불리한 상황에서도 도덕성을 유지할 수 있을까요? 우리는 중요한 순간에 진실이 드러나는 존재입니다. '인간은 오직 순간만 진실하다'는 말은 우리가 가짜라는 의미가 아닙니다. 오히려 특정 순간에 우리의 가장 솔직한 모습이 드러난다는 뜻입니다. 진실을 바라보는 것은 매우 고통스러운 일이지만, 그것은 우리를 성장시키고, 결국 우리의 본질을 만들어갑니다. 의식보다 무의식이 우리 삶을 훨씬 더 많이 지배하고 있습니다. 우리는 자신을 알고 있다고 믿지만, 실제로 삶에서 이루어지는 많은 결정은 무의식의 영향 아래에서 이루어집니다. 진실한 태도를 유지하는 것은 결국 우리를 온전한 사람으로 만듭니다. 내면의 평화는 외부의 안정에서 오는 것이 아니라 자기 자신과의 관계에서 비롯됩니다. 자신과 진실한 관계를 맺지 않으면, 타인과의 관계도 얕고 표면적일 수밖에 없습니다.

사람은 자신이 견딜 수 있는 만큼만 진실을 받아드립니다. 내면의 상처와 욕망을 인식하는 것은 고통스러울 수 있지만, 그 고통을 받아들이는 태도가 나를 성장시킵니다. 이 고통을 통해 진실 안에서 신뢰를 쌓을 수 있습니다. 그렇다면 신뢰란 무엇일까요? 신뢰는 변하지 않는 것이 아닙니다. 신뢰는 우리가 얼마나 정직하고 공정한 태도를 유지하는지에 따라 달라집니다. 예를 들어, 우리는 사람을 평가할 때 그의 능력이나 성실성을 기준으로 신뢰를 쌓습니다. 기업에서도 마찬가지로 신뢰는 업무 수행 능력과 성실성에 따라 형성됩니다. 또한 신뢰는 상대적인 개념입니다. 우리는 다른 사람에게는 엄격한 기준을 적용하지만, 자신에게는 관대해지는 경향이 있습니다. 그러나 신뢰는 단순한 감정의 문제가 아닙니다. 신뢰는 누군가에게 요구하는 것이 아니라, 내가 먼저 지켜야 할 삶의 태도입니다. 완전한 신뢰는 존재하지 않을 수 있지만, 그 불완전함 속에서도 우리는 신뢰를 쌓고 지켜나갈 수 있습니다. 중요한 것은 그 신뢰를 어떻게 쌓아가고, 또 어떻게 지켜나가느냐의 과정입니다.

신뢰는 하루아침에 만들어지지 않습니다. 작은 약속을 지키고, 일관된 태도를 보이며, 진심을 담아 말하고 행동하는 그 순간순간들이 모여 신뢰가 자랍니다. 신뢰는 단지 타인을 믿는 것이 아니라 자신이 상처받아도 회복 될 수 있다는 내적 믿음이라고 볼 수 있습니다. 그리고 그 과정을 통해 우리는 관계 속에서 더욱 단단한 연결을 만들어갑니다.

09
고통을 이해할 때, 우리는 자란다

"왜 나만 이렇게 힘든 걸까?"
"나는 왜 항상 이런 상황에 부딪히는 걸까?"
"힘든 순간이 올 때마다, 나는 어떻게 반응하고 있을까?"
"우리의 삶을 변화시키려면 어떤 태도로 살아가야 할까?"

삶은 '고통'이라고 말하는 것은, 삶의 본질이 '항상 만족할 수 없다'는 사실에 있다는 의미입니다. 이는 삶을 어떻게 바라보느냐에 대한 태도를 나타냅니다. 그래서 우리는 결코 불쌍한 존재가 아니며, 성장하는 존재입니다. 삶의 고통은 파괴가 아니라 성장의 밑거름이 됩니다. 고통을 피하려 하지 말고 그것을 분석하고 받아들일 때, 우리는 진정으로 성장할 수 있습니다. 고통은 우리에게 내면적인 성장의 기회를 제공합니다. 삶의 어려움 속에서 우리는 어떻게 반응할까요? 누구나 예기치 않은 실패나 관계의 단절, 상실의 아픔을 경험합니다. 때로는 불안과 두려움에 사로잡히기도 합니다. 이 순간들 속에서 우리는 쉽게 주저앉고, "왜 나만 이렇게 힘든 걸까?" 라며 자신을 불쌍히 여길 수 있습니다. 하지만 삶은 우리가 불쌍해지도록 존재하지 않습니다. 오히려, 우리는 이 모든 경험 속에서 성장할 기회를 찾아야 합니다. 인간은 본능적으로 고통을 피하려는 경향이 있습니다. 우리는 불편한 감정을 마주하기보다는 회피하려 합니다. 하지만 억압된 감정은 결코 사라지지 않으며, 우리의 무의식 속에 남아 계속해서 우리의 선택과 행동을 이끕니다. 예를 들어, 과거의 실패를 극복하지 못한 사람은 새로운 도전 앞에서 "나는 안 될 거야"라는 불신에 빠지기 쉽습니다. 삶은 언제나 어떤 식으로든 치료적 기회를 제공해 줍니다. 삶은 단지 견뎌내는 시간이 아니라, 끊임없이 자신을 이해하고 치유할 수 있는 기회의 연속입니다.

그렇다면 우리는 어떻게 스스로를 불쌍한 존재가 아니라 성장하는 존재로 바라볼 수 있을까요? 여기에 대한 방법을 여섯 가지로 제시해 보겠습니다.

첫째, 과거의 감정 패턴을 이해해야 합니다. 우리가 자신을 불쌍히 여기는 순간, 내면에서 특정한 심리적 메커니즘이 작동하고 있습니다. 인간은 어린 시절 형성된 '내면화된 관계 패턴'을 반복하는 경향이 있습니다. 예를 들어, 어린 시절 실패했을 때 부모가 위로보다는 질책을 했다면, 성인이 되어도 실수 앞에서 스스로를 가혹하게 평가할 가능성이 높습니다. 반면, '괜찮아, 다시 해보면 돼'라는 지지를 받았다면, 같은 상황에서도 '이건 내가 배울 기회야'라고 받아들이는 힘을 가질 수 있습니다.

둘째, 학습된 무기력에서 벗어나야 합니다. 자신을 불쌍히 여기는 것은 일시적인 위안을 줄 수 있지만, 장기적으로 더 깊은 무력감에 빠지게 만듭니다. 이를 '학습된 무기력'이라 설명합니다. 반복되는 좌절 속에서 우리는 "아무리 노력해도 소용없어"라는 신념을 내면화하고, 점점 더 수동적인 태도를 갖게 됩니다. 그러나 이러한 신념은 사실이 아니라, 단지 '학습된 것'에 불과합니다. 예를 들어, 한 사람이 연애하는 과정에서 계속 실패한다고 가정해 봅시다. 그는 "나는 사랑받을 자격이 없어"라는 신념을 갖게 되고, 이후의 관계에서도 방어적인 태도를 보입니다. 그러나 그가 "내가 더 건강한 관계를 위해 무엇을 배워야 할까?"라고 질문한다면, 전혀 다른 방식으로 자신을 성장시킬 수 있습니다.

셋째, 자신에게 던지는 질문을 바꿔야 합니다. 삶에서 어려움이 닥쳤을 때, 우리가 던지는 질문이 중요합니다. "왜 나만 이런 일을 겪을까?"에서 "이 상황에서 나는 무엇을 배울 수 있을까?"로 질문을 바꾸면, 생각이 바뀌고 행동이 바뀝니다. 같은 경험 속에서도 어떤 사람은 피해자가 되고, 어떤 사람은 성장하는 사람이 됩니다. 그 차이를 만드는 것은 자신을 바라보는 관점입니다.

넷째, 작은 실천을 행동으로 옮겨야 합니다. 성장을 위해 거창한 변화를 만들 필요는 없습니다. 매일 1%라도 더 나은 선택을 하는 것이 중요합니다. "오늘 하루 나를 위해 무엇을 할 수 있을까?" 이 질문을 던지고, 그 답을 실천해 봅시다. 작은 실천이 쌓일 때, 우리는 점점 더 나은 사람이 되어갑니다.

다섯째, 실패를 과정으로 받아들이는 태도를 가져야 합니다. 실패는 끝이 아니라 과정입니다. 우리는 실패 속에서 배우고 성장합니다. 중요한 것은 실패를 받아들이는 태도입니다. 실패를 성장의 일부로 여길 때, 삶의 모든 경험이 배움이 됩니다.

여섯째, 자기 연민이 아닌 자기 이해를 해야 합니다. 자신을 불쌍히 여기는 것이 아니라, 자신의 감정과 행동을 깊이 이해하는 것이 중요합니다. 예를 들어, "나는 왜 이렇게 힘든 걸까?" (자기 연민)에서 "나는 왜 이런 반응을 보일까?" (자기 이해)로 전환하면, 더 건강한 선택을 할 수 있습니다.

결국, 우리는 성장할 수 있는 존재입니다. 우리는 무력한 존재가 아니다. 무의식을 인식할수록 더 많은 선택이 생깁니다. 인간은 자신의 무의식을 이해하는 순간, 더이상 반복되는 고통의 희생자가 아니며, 삶은 선택 가능한 기회로 변합니다. 삶은 어떻게 해석하느냐에 따라 전혀 다른 방향으로 전개됩니다. 같은 어려움을 겪더라도 어떤 사람은 주저앉고, 어떤 사람은 한 걸음 더 나아갑니다. 우리가 선택할 수 있는 것은 '자신을 바라보는 관점'입니다. 우리는 불쌍한 존재가 아니라 성장할 수 있는 존재입니다.

이제 우리는 어떤 선택을 할 수 있을까요? 자신을 더 깊이 관찰하고, 질문을 바꾸며, 작더라도 실천을 시도하고, 실패를 하나의 과정으로 받아들이며, 자기 연민이 아닌 자기 이해에 집중해야 합니다. 그렇게 한 걸음씩 나아갈 때, 우리는 더 이상 과거에 머무는 존재가 아니라, 성장한 나 자신을 만나게 됩니다. 삶은 끊임없는 선택의 연속입니다. 상처를 분석하고 의미를 찾으려는 사람은, 그 안에서 반드시 새로운 기회를 발견합니다. 상처를 안고 멈춰 서기보다는, 그것을 해석하고 마주하는 사람은, 결국 더 단단해진 자아와 만나게 됩니다. 어려움 앞에서 우리는 스스로를 불쌍하게 여길 수도 있지만, 그것을 성장의 계기로 삼을 수도 있습니다. 결국 선택은 우리의 몫입니다. 우리는 불완전한 존재이지만, 그 안에 있는 가능성은 무한합니다. 그 가능성을 믿는 것이야말로, 진정한 변화의 시작입니다. 모든 것은 선택입니다, 그 선택이 지금의 나를 만들어가는 것입니다. 작은 변화라도 스스로 선택하는 그 순간부터, 우리는 이미 성장의 길 위에 서 있는 것입니다.

10
말하지 못한 감정은 증상이 된다
- 감정에 이름을 붙이다

"하루에도 여러 번, 마음이 롤러코스터를 타는 것처럼 느껴본 적 있나요?"
"내 감정을 얼마나 정확하게 알고 있을까요?"
"지금, 누군가와 진심으로 연결되어 있다고 느끼고 있나요?"
"내 마음이라는 우주는 얼마나 넓고 깊게 열려 있을까요?"

사람들은 이렇게 말합니다. "그냥 기분이 이상해.", "왠지 모르게 짜증 나.", "딱히 이유는 없어, 그냥 그래." 그러나 과연 정말 이유가 없을까요? 감정은 갑자기 떠오르는 것처럼 보이지만, 사실은 마음 깊은 곳에서 오랫동안 준비된 파동이기 때문입니다. 감정을 단순한 순간의 느낌이 아닌, 무의식 속에 축적된 경험과 상징이 어우러져 나타난 결과입니다. 우리가 감정을 인식하지 못하고 언어화하지 못하면, 그 감정은 '증상'이라는 형태로 다시 돌아옵니다. 이름 붙일 수 없는 감정은 억압되고, 억압된 감정은 증상이 되어 자신에게로 돌아옵니다. 우리는 종종 감정을 표현하기보다는 통제하거나 회피하는 경우가 많습니다. 기쁘면 기쁜 대로, 슬프면 슬픈 대로 느끼고 말하는 것이 때로는 용기가 필요한 일이 되기 때문입니다.

하지만 감정은 억누른다고 사라지지 않습니다. 억압은 무의식의 가장 기본적인 작동 방식이며 말해지지 않은 것은 신체의 통증으로 돌아옵니다. 결국 감정은 어떤 방식으로든 드러나게 되어 있습니다. 예를 들어, 회사에서 상사에게 부당한 지적을 받았다고 가정합시다. 그날 밤, 잠이 오지 않고 식욕이 줄며, 가족에게 괜히 날카롭게 군다. 겉으로 보기엔 피곤하거나 예민한 하루처럼 보일 수 있지만, 그 이면에는 이름 붙이지 못한 '억울함', '분노', '수치심' 같은 감정들이 숨어 있을 수 있습니다. 이러한 감정들을 무시하면, 그것들은 뇌와 신체, 그리고 관계 속에서 왜곡된 방식으로 나타납니다. 이것이 바로 정신분석학에서 말하는 '감정의 증상화'이며, 우리가 다루어야 할 진짜 마음의 목소리입니다.

감정의 흐름을 '정동'과 '표상'이라는 두 가지 요소의 상호작용으로 설명할 수 있습니다. '정동'은 감정의 원초적인 느낌, 즉 몸이 먼저 반응하는 부분입니다. 예를 들어, 누군가에게 무시당했을 때

갑자기 가슴이 답답해지거나 얼굴이 화끈거리는 것처럼, 말로 표현되기 전에 먼저 몸이 느끼는 감정입니다. 반면 '표상'은 그 느낌을 언어로 표현하거나 머릿속에서 그림처럼 떠올리는 과정입니다. 즉, "나 지금 화가 났구나", "저 말이 너무 모욕적으로 느껴졌어"라고 인식하고 말로 표현하는 것이 바로 표상입니다. 이 두 가지가 잘 연결되었을 때, 우리는 자신의 감정을 제대로 이해하고 다룰 수 있습니다. 그러나 정동만 있고 표상이 따르지 않으면, 감정은 그저 혼란스럽고 막막하게 느껴집니다. 반대로 표상만 있고 정동과 연결되지 않으면, 감정을 이해하더라도 마음속 깊은 울림이 없습니다. 감정에 이름을 붙이는 순간, 그 감정은 더 이상 막막한 파도가 아닙니다. 그것은 내 삶을 이해할 수 있는 지도처럼 작용합니다. 예를 들어, '불안', '서운함', '억울함', '기쁨', '혐오' 같은 감정에 이름을 붙이고, 그것이 내 삶의 어느 지점에서 비롯되었는지를 살펴보면, 그 감정들이 내 삶에서 어떻게 반응하고 작용하는지를 이해할 수 있습니다. 그렇게 감정은 더 이상 피하고 싶은 대상이 아니라, 나를 이해하는 가장 진실한 안내자가 됩니다.

　자신을 잃지 않고 타인과 연결되는 것이 진정한 사랑입니다. 자칫 자신을 잃어버리는 사랑은 집착으로 변질될 수 있습니다. 진정한 사랑은 타인뿐만 아니라 자기 자신에게도 필요합니다. 내 감정을 있는 그대로 받아들이고, 그 감정과 함께 머무는 능력. 그것이 바로 내면과의 진정한 연결이며, 자기 이해의 시작입니다. 감정은 내 마음이 건네는 언어입니다. 말할 수 없는 감정은 사라지지 않습니다. 감정에 이름을 붙일 수 없는 것은 억압되고, 억압된 감정은 증상이 되어 자신에게로 돌아옵니다. 그것을 '신체화증상'이라고 말합니다. 우리는 매일 수많은 감정을 경험하지만, 그 감정이 어떤 의미를 가지는지, 왜 그런 기분이 드는지 정확히 인지하지 못한 채 지나가는 경우가 많습니다. 언어화되지 않은 감정이 무의식에 남아 신체 증상, 관계 갈등, 우울, 불안 등으로 되돌아간다고 봅니다. 그렇기에 감정에 이름을 붙이는 일은 단순한 '표현'이 아닙니다. 그것은 내면의 혼란에 방향을 부여하는 작업이며, 진정한 치유의 시작입니다. 우리는 우리가 인식할 수 있는 것만을 말할 수 있고, 다뤄지게 됩니다. 그렇다면 인식할 수 없는 영역들은 어떻게 될까요? 상상에 맡겨보겠습니다.

감정은 단순히 느끼는 것을 넘어, 나의 삶을 비추는 나침반입니다. 기쁨과 분노, 슬픔과 즐거움을 오가며 살아가는 우리는, 감정을 말로 표현할 때 비로소 그 안에 담긴 진짜 의미와 마주할 수 있습니다. 즉, 감정 언어는 내면 소통의 문이자, 마음을 건너는 다리입니다. 감정은 '자극 → 해석 → 반응'의 흐름을 따릅니다. 우리는 자극과 반응은 경험하지만, 그 사이에 있는 '해석'이라는 핵심 과정을 자주 놓칩니다. 감정을 정확히 인식하지 않으면 그것은 혼란이 되고, 때로는 타인에게 투사되거나 자기파괴적으로 표출됩니다. 감정에 이름을 붙이는 순간, 우리는 마음의 방향을 찾게 됩니다. 감정을 구체화하는 순간, 마음은 자유로워지며 스스로 통제할 수 있는 힘을 가지게 됩니다. 감정의 정체를 알아차리는 연습은 곧 자기이해의 시작입니다.

진짜 자기는 감정을 숨기지 않고 표현할 수 있는 안전한 공간에서 자랍니다. 그래서 유아기 때 부모라는 보금자리가 안전한 공간입니다. 감정을 있는 그대로 느끼고, 명명하고, 나누는 것은 내면과 연결되는 힘입니다. 감정에 '이름을 붙이는 것'은 중요한 작업입니다. 왜냐하면

첫째, 감정을 다룰 수 있게 해주기 때문입니다. 감정은 억압될 수 있지만, 사라지는 법은 없습니다. 자신도 인지 하지 못하는 아주 깊은 곳에 고스란히 남아 있는 것이 감정입니다. 다만, 심한 파도처럼 출렁이지 않을 뿐이죠. 억압된 감정은 무의식에 남아 행동에 영향을 미칩니다. 그러나 감정에 이름을 붙이면, 그 감정은 의식으로 올라와 마주할 수 있게 됩니다.

둘째, 감정은 경험의 '의미'를 알려줍니다. '불안', '분노', '수치심', '실망' 같은 감정에 이름을 붙이면, 우리는 그 감정이 왜 생겼는지, 어디서 비롯되었는지를 들여다볼 수 있습니다.

셋째, 감정을 인식하는 것은 나 자신과의 내면 소통입니다. 감정을 알아차리고 그 뿌리를 살피면, 우리는 마음과 몸이 따로 놀지 않고 통합되기 시작합니다. 넷째, 감정을 말로 표현하면 타인과의 연결이 생깁니다. 말로 표현된 감정은 공감의 통로가 되며, 감정의 언어는 관계를 치유하는 열쇠입니다.

타인은 나를 비추는 거울입니다. 나는 타인을 통해 나를 봅니다. 누군가의 말이나 행동에 상처받을 때, 그 감정은 현재 상황만이 아니라 내 안의 과거 경험이나 욕구를 반영합니다. 타인을 향한 감정은 나의 감정을 되돌려주는 반사 거울이 되며, 우리는 감정을 통해

진짜 나를 알아갈 수 있습니다. 무의식을 의식으로 가져오지 않으면, 그것은 마치 운명처럼 보입니다. 그래서 무의식의 의식화처럼, 의식화 시키는 작업은 상당히 중요합니다. 감정에 이름을 붙이는 일은 단순한 낱말 맞추기가 아닙니다. 그것은 무의식의 세계를 의식으로 끌어오는 작업이며, 감정에 휘둘리지 않고 주도적인 삶을 살아가는 열쇠입니다. 감정의 이름은 나를 이해하는 언어입니다. 감정을 언어로 명명하는 순간, 우리는 그 감정과 거리를 둘 수 있게 되며 감정에 사로잡히지 않게됩니다. 감정을 명명하는 순간, 우리는 '겪는 나'에서 '이해하는 나'로 성장하게 됩니다. 이 이해는 자기돌봄의 시작이 됩니다. 모든 것은 마음이 만듭니다.

    같은 상황이라도 어떤 감정을 품고 해석하느냐에 따라, 전혀 다른 현실로 느껴집니다. 감정은 마음의 언어입니다. 그 언어를 배운 사람은 혼란 속에서도 자신의 방향을 찾을 수 있습니다. 고독을 견디지 못해 외부 자극에 몰입하기 쉬운 요즘 같은 시대일수록, 감정을 말로 표현하고 다룰 수 있는 힘이 더욱 중요해지고 있습니다. 혼자 있는 시간은 외로움이 아니라 내면을 탐색할 수 있는 소중한 기회입니다. 그리고 감정의 이름은 그 여정을 이끌어주는 지도와 같습니다. 변화는 반드시 거창할 필요가 없습니다. 때로는, 내 감정을 정확히 알아차리는 아주 짧은 순간에서 시작되기도 합니다. 이름 붙일 수 없는 감정은, 결국 우리를 지배하게 됩니다. 감정에 이름을 붙이는 일은 단순한 표현을 넘어, 마음의 언어를 되찾는 일입니다. 그것은 곧, 당신이 당신 삶의 주인이 되어가는 첫걸음이기도 합니다. 감정을 알아차리고, 그것에 이름을 붙이세요. 그 순간부터 당신은 더 이상 감정에 휘둘리는 존재가 아니라, 감정을 이해하고 이끄는 사람이 됩니다.

　감정에 이름을 붙이는 일은, 마음의 주인이 되는 첫 걸음입니다. 감정에 정확한 이름을 붙일수록, 우리는 그것에 휘둘리지 않고 삶을 주도할 수 있게 됩니다.

　감정에 이름을 붙이는 일, 어렵게 느껴지시죠? 하지만 이 작업은 특별한 기술이 필요한 게 아닙니다. 감정은 생각이 아니라 몸의 언어에서 시작됩니다. 마음을 천천히 들여다보며, 지금 내 몸이 어떻게 느끼는지를 묘사해보는 것에서 시작하세요. 이름 붙이기는 그저 감정의 '모양'을 있는 그대로 말로 풀어내는 연습입니다. 예를 들면 이렇게요.

1	불안	마음이 둥둥 떠다니는 것 같아. 뭔가 놓친 게 있는 기분이야.
2	슬픔	가슴이 먹먹하고, 눈물이 이유 없이 고여.
3	분노	속이 들끓는 느낌이야. 억울하고 답답해서 주먹을 꽉 쥐게 돼.
4	실망	기대했던 만큼 되지 않아서 마음이 푹 꺼진 느낌이야.
5	외로움	사람들 사이에 있어도 혼자인 느낌이 들어.
6	수치심	나 자신이 부끄러워서 눈을 마주치기도 힘들어.
7	후회	그때 그렇게 말하지 말 걸… 계속 마음속에서 맴돌아.
8	설렘	가슴이 두근거리고, 뭔가 좋은 일이 생길 것 같아.
9	고마움	내 마음을 알아줘서 따뜻함이 뭉클하게 전해졌어.
10	평온함	마음이 고요하고 안정돼. 깊게 숨 쉬는 느낌이야.

11	좌절	열심히 했는데도 벽에 부딪힌 느낌이야. 아무것도 안 되는 것 같아.
12	질투	왜 나는 저 사람처럼 안 될까, 속이 타들어가.
13	억울함	난 잘못한 게 없는데, 괜히 나만 혼나는 느낌이야.
14	안도감	큰일 날 뻔했는데, 무사해서 숨이 놓여.
15	기쁨	몸이 저절로 가볍고, 웃음이 계속 나와.
16	혼란	생각이 뒤죽박죽이야. 어떻게 해야 할지 모르겠어.
17	민망함	사소한 실수였는데, 얼굴이 화끈거려.
18	뿌듯함	나 스스로가 자랑스럽고, 마음이 꽉 찬 느낌이야.
19	감동	가슴 깊이 뭔가 울림이 와서 눈물이 날 것 같아.
20	두려움	몸이 굳고, 심장이 쿵쿵거려. 무섭고 피하고 싶어.
21	무기력함	'아무것도 하고 싶지 않고, 그냥 누워만 있고 싶어.
22	초조함	마음이 바늘방석 같고, 시간이 너무 안 가.
23	혼자됨(고독)	세상에 나 혼자 떨어진 것 같은 쓸쓸함이 밀려와.
24	배신감	믿었던 사람이 등을 돌린 것 같아서 마음이 찢어져.
25	의기양양함	뭔가 해냈다는 느낌에 자신감이 솟아올라.
26	허무함	모든 게 끝난 것 같고, 뭐든 의미 없어 보여.
27	번아웃	에너지가 다 빠져나가고, 아무리 자도 피곤해.
28	무시당한 느낌	내 존재가 투명인간처럼 여겨져.
29	성취감	오래 준비한 걸 마치고 나니 벅차오르는 느낌이야.
30	혼자만 뒤처진 느낌	다들 앞서 나가는데 나만 제자리인 것 같아.
31	창피함	실수한 순간이 자꾸 떠올라서 얼굴이 뜨거워.

32	애틋함	가까이 있고 싶은데 다가갈 수 없는 그리운 마음이야.
33	후련함	하고 싶은 말을 하고 나니 마음이 가벼워졌어.
34	두근거림	좋은 일이 생길 것 같은 기대감에 심장이 뛰어.
35	감사함	작은 배려 하나에도 마음이 따뜻해졌어.
36	혼자 있고 싶은 마음	누구와도 말하고 싶지 않고, 나만의 시간이 필요해.
37	소외감	무리에 있어도 나만 따로 떨어져 있는 것 같은 기분이야.
38	부끄러움	내 행동이 생각보다 유치하게 느껴져서 스스로 창피해.
39	조급함	시간이 없는데 할 일은 많아서 마음이 급해.
40	속상함	별 일 아닌 것 같은데 이상하게 마음이 아려.
41	기대감	좋은 소식이 올 것 같은 예감에 마음이 들떠.
42	실망감	믿었던 만큼 결과가 안 나와서 허탈했어.
43	방황	어디로 가야 할지 모르겠고, 내 자리를 못 찾겠어.
44	안정감	누군가 옆에 있어주는 것만으로 마음이 놓여.
45	자괴감	내가 왜 이렇게밖에 못하나 싶어 스스로가 싫어.
46	죄책감	내가 잘못한 게 자꾸 떠올라서 마음이 무거워.
47	경멸	저 행동을 보면 속에서 저절로 거부감이 올라와.
48	긴장	몸이 딱딱해지고, 사소한 소리에도 깜짝 놀라.
49	자신감	무엇이든 해낼 수 있을 것 같아. 믿음이 생겨.
50	허탈감	기대했던 게 다 무너진 느낌이야. 맥이 풀려.
51	무감각함	기쁘지도 슬프지도 않아. 감정이 멈춘 것 같아.
52	의심	뭔가 숨기고 있는 것 같은 기분이 들어.

53	서운함	기대하지 말 걸 그랬어. 괜히 마음이 아프네.
54	복잡함	기분이 한 가지가 아니야. 여러 감정이 뒤섞였어.
55	애정	그 사람이 행복하길 바라는 마음이 자꾸 생겨.
56	기죽음	말을 꺼내기도 전에 지레 움츠러들어.
57	질림	더 이상은 못 참겠고, 지긋지긋해.
58	부러움	나도 저렇게 되고 싶은데, 그만큼 못 돼서 속상해.
59	경이로움	너무 아름다워서 말이 안 나올 정도야.
60	기민함	주변 상황을 빠르게 감지하고 바로 대응할 수 있을 것 같아.
61	동정	그 사람의 상황이 안쓰럽고 마음이 아파.
62	혐오	그 장면만 생각해도 불쾌감이 확 올라와.
63	맹목적 사랑	이성적 판단보다 그냥 그 존재 자체가 소중해.
64	불신	아무리 말을 들어도 믿음이 안 가.
65	몰입감	시간 가는 줄 모르고 무언가에 완전히 빠져 있었어.

11
사랑받고 싶은 두 마음:
나르시시스트와 에코이스트

 나르시시스트를 '지배자'라고 표현하고, 에코이스트를 '순응자'라고 표현해봅니다. 나르시시즘(Narcissism)은 그리스 신화 속, 자신의 모습에 반해 연못에 빠져 죽은 청년 '나르키소스(Narcissus)'에서 유래한다. 이는 자기애가 지나쳐 타인의 감정에 대한 공감 능력이 부족하고, 자신의 중요성과 우월감을 과도하게 평가하는 성향을 의미한다. 에코이스트(Echoist)는 나르키소스를 사랑했던 요정 '에코(Echo)'에서 비롯된다. 그녀는 결국 자신의 목소리를 잃고 남의 말만 반복하는 존재가 되었다. 에코이스트는 이처럼 타인을 지나치게 배려하며 자신의 감정을 억누르고, 존재감을 드러내길 꺼리는 성향을 보인다. 자기 희생이 반복되며 점차 자기표현에 어려움을 느낀다. 이 두 성향은 어린 시절의 정서적 경험과 깊이 관련되어 있다. 나르시시스트는 무조건적인 애정의 결핍 혹은 과잉 이상화된 환경에서 자라며, "나는 특별해야만 사랑받을 수 있어"라는 비합리적 신념을 갖는다. 반대로 에코이스트는 감정 표현이 억제된 환경에서 "네 감정보다 남을 먼저 생각해"라는 메시지를 내면화하고, 타인의 기대에 부응하면서 자기소외를 경험한다. 처음엔 이 둘이 서로에게 딱 맞는 짝처럼 보인다. 나르시시스트는 자신을 이상적으로 봐주고 맞춰주는 사람에게 끌리고, 에코이스트는 자신보다 상대를 우선시하며 기꺼이 맞춘다. 그러나 시간이 지나면 관계의 균형이 깨진다. 나르시시스트는 점점 더 많은 것을 요구하고, 에코이스트는 자신을 잃어가며 탈진한다. 결국 "왜 나만 이렇게 힘들까?"라는 상호 불만이 쌓이며 관계에 금이 간다.

예를 들어, 나르시시스트가 "이번 여행은 내 방식대로 하자. 너는 잘 모르잖아."라고 말하면, 에코이스트는 "응, 네가 정한 대로 하자. 난 다 좋아."라며 자신의 욕구를 눌러버린다. 이런 관계는 한 사람의 지배와 다른 한 사람의 종속으로 굳어지며 감정 불균형이 생기고, 결국 관계의 파탄으로 이어진다. 이런 관계에서 중요한 건 '누가 나쁜 사람인가'가 아니다. 두 사람 모두 자신의 상처와 불안을 관계 안에서 해소하려 애쓰는 과정에서 충돌이 일어나는 것이다. 관계를 건강하게 유지하려면 감정을 인식하고 표현하며, 상대의 감정을 존중하는 연습이 필요하다. 진정한 자아는 관계 안에서 억압되지 않고 표현될 때 살아납니다. 진짜 회복은 관계 속에서 자신을 억누르거나 과장하지 않고, '있는 그대로' 드러내는 것에서 시작됩니다.

나르시시스트를 회복하기 위해서는,

1. 내면의 공허와 불안을 직면하기-"나는 왜 그렇게 인정받고 싶어 하는가?"라는 질문을 스스로에게 던져보자. 외적인 우월감 뒤에 감춰진 불안을 직시해야 한다.
2. 공감의 언어를 배우기-"그게 왜 힘들었는지 말해줄래?"와 같이 상대의 감정을 듣고 이해하려는 언어를 연습하자. 감정은 논리가 아닌 연결의 언어다.
3. 이상화된 자기상과 현실의 자기 통합하기-완벽한 내가 아닌 '실수도 하는 나', '불완전한 나'를 수용할 수 있어야 진짜 자기 자신과 만날 수 있다.
4. 비판을 받아들이는 연습-비판을 공격으로만 받아들이지 말고, 자신의 성장 기회로 여기는 훈련이 필요하다. 치료적 관계 안에서 자기 방어를 내려놓는 경험이 회복의 핵심이다.
5. '가짜 자기'가 아닌 '진짜 자기'를 찾아가기-칭찬에만 반응하지 않고, 실망과 실패 속에서도 스스로를 지켜내는 자기를 길러야 한다.

에코이스트를 회복하기 위해서는,

1. 감정 표현을 연습하기-"괜찮아" 대신 "속상했어", "그 말에 마음이 아팠어"라고 감정을 구체적으로 말해보자.
2. 도움을 받아들이는 연습-"고마워, 네 도움이 정말 필요했어"

라고 말할 수 있어야 진정한 관계가 시작된다.
3. 경계를 설정하기-거절은 관계를 끊는 것이 아니라, 건강한 거리감을 만드는 것이다. "이건 나에겐 어려워"라고 말해보자.
4. 칭찬을 받아들이기-"아니에요, 별거 아니에요" 대신 "고마워요. 나도 그 부분이 마음에 들었어요"라고 말하며 자기 가치를 수용하자.
5. '나'를 관찰하는 일기 쓰기-매일 '오늘 느낀 감정' 혹은 '나를 위해 한 일'을 적으며 자기 존재에 집중하는 습관을 들이자.

결론적으로, 나르시시스트는 자신을 과대포장하며, 에코이스트는 자신을 축소시키며 관계를 유지하려 한다. 그러나 이 둘의 뿌리는 같다. 바로 "사랑받고 싶다"는 인간의 보편적인 욕구다. 건강한 자기애란 타인과의 균형 속에서 자신의 감정을 표현하고, 타인의 감정도 존중하며, 스스로를 돌볼 수 있는 능력이다.

▶ **나르시시즘 체크리스트 (자기 점검용)**
해당되는 항목에 체크해 보세요. 5개 이상이면 나르시시즘 성향이 있을 수 있습니다.

☐ 1. 자신이 특별하다고 느낀다.
☐ 2. 인정과 칭찬이 있어야 자존감을 유지할 수 있다.
☐ 3. 주목받지 못하는 상황에서 불편함을 느낀다.
☐ 4. 실수하거나 부족해 보이는 걸 견디기 어렵다.
☐ 5. 겉으론 자신감 있지만, 속으론 자주 불안하다.

☐ 6. 타인보다 자신의 감정을 더 중요하게 여긴다.
☐ 7. 무시당한다고 느끼면 쉽게 분노한다.
☐ 8. 관계에서 타인의 평가에 따라 태도가 달라진다.
☐ 9. 약점을 드러내지 않으려 애쓴다.
☐ 10. 항상 중심에 있어야 한다는 강박이 있다.

▶ 에코이스트 체크리스트 (간결 자기 점검용)

해당되는 항목에 체크해 보세요. 5개 이상이면 에코이스트 성향이 있을 수 있습니다.

☐ 1. 자신의 욕구나 감정을 표현하는 것이 부담스럽다.
☐ 2. 칭찬을 받으면 오히려 불편하거나 민망하다.
☐ 3. 도움 받는 것보다 주는 게 편하다.
☐ 4. 불편한 상황에서도 참고 넘기고, 갈등을 피하려 한다.
☐ 5. "나를 드러내면 버림받을까 봐" 두려운 마음이 있다.
☐ 6. 누군가의 기대에 부응하려 지나치게 노력한다.
☐ 7. 내 감정보다 타인의 감정을 우선시하는 경향이 있다.
☐ 8. 거절이 어렵고 미안한 마음이 앞선다.
☐ 9. 문제가 발생하면 내 탓부터 한다.
☐ 10. 감정을 참다가 폭발하거나 무감각해진다.

제2장

관계에서 나를 지키는 심리 연습

01
엄마가 미안하다.
네 마음이 그렇게 아픈 줄 몰랐어

"엄마가 아들(딸)의 사랑을 알아주지 못해 네 마음을 닫게 하지는 않았을까."
"엄마가 조금만 더 이해해 줬다면 네 마음이 덜 아팠을까."
"사랑해서 한 말이었지만, 혹시 네게는 상처가 되지 않았을까."

부모가 된다는 것은 기쁨과 두려움이 동시에 깃든 긴 여정입니다. 저 역시 자녀를 세상에서 가장 소중한 존재로 여겼습니다. 그러나 사랑한다고 말하면서도, 정작 아이에게 정말 필요한 것을 주지 못한 순간들이 많았습니다. 엄마가 된다는 것은 지도가 없는 여행을 떠나는 것과 같았습니다. 누구도 명확한 길을 알려주지 않았고, 그저 '사랑'이라는 이름으로 최선을 다했을 뿐입니다. 돌이켜보면, 그 사랑이 오히려 아이를 억압했던 순간도 있었음을 인정하게 됩니다. 미숙했고, 때로는 중요한 순간에 단호하지 못해 괴로웠던 엄마였습니다. 상처를 준 것을 인정하는 부모가 다시 아이의 안전기지가 된다는 것을 깨달았습니다. 부모가 진심으로 사과하는 순간, 아이는 다시 부모의 품으로 돌아올 수 있습니다.

"어느 날, 오래된 사진첩을 꺼내 보았습니다. 어린 시절 아이들이 환하게 웃던 모습, 뛰놀던 순간, 평온하게 잠든 모습이 모두 소중했습니다. 아들은 태어나면서부터 면역력이 약해 잦은 병치레를 했습니다. 좋은 병원을 찾아다니며 치료했지만, 남은 흉터만큼이나 제 마음에도 지워지지 않는 미안함이 남아 있습니다. 연년생 동생이 태어나면서, 아들(딸)에게 충분한 사랑을 주지 못한 마음의 빚도 함께 남아 있습니다. 저는 언제나 최선을 다했다고 믿었습니다. 좋은 엄마가 되고 싶었고, 아이들이 원하는 것을 모두 주고 싶었습니다. 하지만 지금 돌아보면, 좋은 엄마가 무엇인지, 아이들이 정말 필요로 했던 것이 무엇인지 제대로 알지 못했던 것 같습니다."

부모라는 역할은 시험지 없이 문제를 푸는 일과 같습니다. 정답은 없고, 부모의 말과 행동이 언제나 옳은 것은 아니었습니다. 지금에 와서 생각해보면, 좋은 엄마(사람)는 공감을 진심으로 잘하는 사람이란 것을 알았습니다. 공감! 말처럼 쉽지 않습니다. 어쩌면 공감이 도대체 뭔지 모르는 사람도 있을 수 있겠다란 생각을 할 때도 있었습니다. 아마도 죽을 때까지 깨어있어야 하는 부분이라면 그것은 바로 '공감'일 것 같습니다. 온전히 타인이 되어, 그 사람을 이해하려는 마음이 곧 공감인데, 한 순간 해이해지면 공감능력은 바닥이 되어버립니다. 그래서 능력은 계속해서 학문처럼 닦고 연마해야 된다는 것을 이제야 깨닫게 되었습니다.

아이의 내면을 존중하는 첫걸음은, 아이의 감정을 있는 그대로 인정하는 것임을 깨달았습니다. 이는 아이가 건강한 자아를 키워나가는 중요한 토대가 됩니다. 예를 들어, A씨는 아들의 학교폭력 사건을 아들의 동의 없이 교육청에 신고했습니다. A씨는 정의를 세우고 싶었고, 가해 학생들이 마땅한 책임을 질 바랐습니다. 그러나 결과는 '증거 불충분'으로 종결되었고, 아들은 오히려 친구들에게 미안해하며 힘들어했습니다. A씨는 뒤늦게 물었습니다. "나는 정말 아들을 위해 싸운 걸까? 아니면 부모로서 내 불안을 해소하고 싶었던 걸까?" 어느 날 아들은 친구에게 "너랑 독서실 다니는 게 아직은 불편해"라는 말을 듣고 풀이 죽어 돌아왔습니다. 그날 밤, A씨는 조용히 울었습니다. 그리고 아들에게 말했습니다. "아들아, 네가 어떤 모습이든 너 자체로 소중한 존재야. 너라는 존재 자체가 기적 같은 선물이야. 넘어져도 괜찮아. 힘들 땐 기대도 괜찮아. 엄마는 언제나 네 편이야. 미안하고, 진심으로 사랑해." 이 과정을 통해 A씨는 깨달았습니다. 아이에게 필요한 것은 '정의'나 '성과'가 아니라 '존중'과 '공감'이었습니다.

완벽한 부모가 되는 것보다 진심을 다하는 부모가 되는 것이 자녀에게 더 깊은 심리적 자양분이 됩니다. 사과는 힘을 잃는 것이 아니라 관계를 다시 세우는 시작입니다. 그 모든 과정이 사랑에서 비롯된 것이었음을 믿어야 합니다. 좋은 부모란 실수를 인정하고 배우는 부모입니다. 자녀가 부모의 사랑이 때로는 미숙했을지라도 언제나 진심이었다는 것만은 기억해주기를 바랍니다.

그리고 사과하지 않는 부모 밑에서 자란 아이들은 종종 "내가 잘못된 걸까?"라는 자기 의심을 품게 됩니다. 이는 성인이 되어 우울과 불안의 씨앗이 되기도 합니다. 부모의 사과와 인정은 아이의 분열된 자아를 통합시키는 데 결정적입니다. 아이는 자신의 상처를 부모가 인정할 때 비로소 치유를 시작합니다. 부모는 언제나 자녀가 행복하고 안전하게 성장하길 바랍니다. 그러나 때로는 부모의 기대가 무의식적으로 자녀의 자아 형성에 영향을 미치고, 아이는 자신을 잃어버리기도 합니다.

아이의 감정을 무시하는 침묵은 조용한 학대가 될 수 있습니다. 말보다 침묵이 아이 마음에 깊은 균열을 남긴다는 사실을 가슴 깊이 새깁니다. 부모가 전달하고 싶은 삶의 진리도, 아이의 나이에 맞게 기다려야 한다는 것을 알아야 합니다. 부모의 불안을 교육이라는 이름으로 아이를 통제하고 있었을지도 모릅니다. 아이에게 필요한 것은 부모가 원하는 삶이 아니라, 아이 자신이 원하는 삶입니다. 아이가 실패하더라도 괜찮습니다. 넘어져도 다시 일어나면 됩니다. 그런 아이들로 성장했음을 의심없이 믿고 싶은 것은 부모입니다. 부모로서 아이들에게 남기고 싶은 마지막 말은 이것입니다.

"너희는 있는 그대로 소중한 존재야. 어떤 선택을 하든, 엄마는 언제나 너희를 믿고 지지할 거야."

다른 한편으로 부모가 자녀를 어렵게 느끼는 순간이 있습니다. 그것은 단지 '아이를 키우는 일의 어려움' 때문만은 아닙니다. 오히려 그 감정의 뿌리는 부모 자신의 내면 심리와 맞닿아 있는 경우가 많습니다. 자녀가 낯설고 멀게 느껴질 때, 그 거리감은 아이가 나를 밀어내서가 아니라, 내 안의 복잡한 감정이 서로 부딪히고 있기 때문일 수 있습니다. 감정은 단순히 '이해 못함'이나 '두려움'으로 표현되지 않습니다. 부모가 자녀를 어렵게 느끼는 이유는 너무 많은 감정을 동시에 품고 있어서, 그 무게가 '어려움'이라는 이름으로 나타나기 때문입니다. 그 '어려움'을 네 가지로 구체적으로 이야기해 보려합니다.

<u>첫째, 미안함이 관계를 불편하게 만들 때입니다.</u> 자녀에게 미안한 감정을 갖고 있을 때, 우리는 그를 '편안하게' 대할 수 없습니다. 마음속 깊은 곳에서 "내가 너를 다치게 했던 건 아닐까", "내가 더 잘했어야 했는데…" 하는 미안함이 자리하고 있다면, 자녀 앞에서 자유롭고 자연스러운 나로 있을 수 없습니다. 마치 매 순간 속죄하듯 행동하게 되고, 작은 냉담한 반응에도 "역시 날 아직 용서하지 않았구나"라고 해석하게 됩니다. 이런 해석은 실제 자녀의 반응이라기보다, 미안한 감정을 품고 있는 부모 자신의 심리적 반응에서 비롯됩니다. 관계의 균형은 상대가 아닌 나의 시선에서부터 흔들리기 시작하는 것입니다.

둘째, 자녀의 말투가 나의 과거를 건드릴 때입니다. 자녀가 무뚝뚝하거나, 무관심하거나, 비난하는 말투를 보일 때, 그 말은 단지 자녀의 언어가 아닐 수 있습니다. 그것은 과거에 부모 자신이 어디선가 경험했던 상처를 다시 불러올 수 있는 자극입니다. 예를 들어, 어린 시절 "넌 왜 이것밖에 못 하니?"라는 말을 자주 들었다면, 그 한마디는 자녀의 무의식 깊숙이 묻어두었던 아픔과 고통을 다시 건드리는 말이 됩니다. 부모는 자녀의 태도에 반응하는 것이 아니라, 과거 자신이 느꼈던 감정을 다시 경험하게 되는 것입니다. 상처는 무의식적으로 반복됩니다. 우리가 자각하지 않을 때, 그 상처는 고스란히 대물림됩니다. 자녀가 어려운 존재가 되는 것이 아니라, 자녀를 마주할 때마다 올라오는 나의 과거 감정이 그 상황을 어렵게 만드는 것입니다.

셋째, 완벽하고 싶었던 부모의 기대가 흔들릴 때입니다. 자녀는 부모의 내면이 가장 많이 드러나는 대상입니다. 부모의 분노, 무기력, 후회. 그렇기에 자녀 앞에서 누구보다 잘하고 싶고, 부족한 모습을 보이고 싶지 않습니다. 하지만 그 기대가 채워지지 않을 때, 우리는 "나는 실패한 엄마(아빠)인가"라는 자책으로 자신을 괴롭히게 됩니다. 결국 자녀가 어려운 것이 아니라, 나 자신의 부족함을 받아들이기 힘들어서 어려운 것입니다. '어려움'은 여전히 관계를 회복하고 싶다는 뜻입니다

자녀를 어렵게 느끼는 감정은 단절의 신호가 아니라, 오히려 관계에 마음을 쓰고 있다는 증거입니다. 그 감정 속에는 여전히 회복

을 바라는 의지가 담겨 있습니다. 어떤 감정은 관계가 여전히 살아 있기에 느낄 수 있는 감정입니다.

"그날 자녀가 나에게 했던 한 마디에 왜 그렇게 얼어붙었을까?"
"그날 밤, 왜 나는 자녀에게 진심을 말하지 못했을까?"
"자녀가 먼저 미안하다고 말하기 전에 어른인 내가 먼저 미안하다고 말하지 못했을까?"

이 질문을 스스로에게 던져보는 순간, 자녀가 왜 어려웠는지에 대한 단서가 명확해집니다. 그리고 동시에 '나는 앞으로 어떻게 다가가고 싶은지'에 대한 마음의 방향도 생깁니다. 이 감정은 혼자만의 짐이 아닙니다. 이런 감정을 느끼는 자신을 자책할 필요는 없습니다. 오히려 이 감정은 자녀와의 관계를 정직하게 회복하고자 하는 사람이기에 느낄 수 있는 것입니다. 부모로서 흔들릴 수 있지만, 흔들림 안에서 마음을 들여다보려는 용기는 관계를 다시 세울 수 있는 가장 중요한 자산입니다. 자녀가 어렵게 느껴지는 순간은, 사실 내 감정을 돌볼 수 있는 기회이기도 합니다.

02
가까워질수록 불편한 사람들
– 반사회적 성향

"누군가와 친밀한 관계를 맺을 때, 어느 정도의 거리를 유지하고 계십니까?"

"너무 가까워지는 것이 불편해 선을 긋거나, 반대로 조금이라도 멀어지면 불안해진 경험은 없으십니까?"

"당신의 신뢰와 거리 두기는 건강하십니까?"

우리는 가족, 친구, 연인, 동료 등 다양한 관계 속에서 살아가며 신뢰를 쌓아갑니다. 친밀한 관계란 완전한 밀착이 아니라, 일정한 심리적 거리를 지키는 것에서 시작됩니다. 적절한 간격은 오히려 신뢰를 깊게 하고, 관계를 건강하게 만들어 줍니다. 하지만 어떤 사람들은 신뢰를 주는 것에 인색하거나 거리 두기를 당연하게 여깁니다. 친밀함을 부담스러워하거나, 감정적 유대감을 요구받으면 회피하거나 냉담하게 반응하는 경우도 있습니다. 이는 개인 성향일 수도 있지만, 때로는 반사회적 성향과 관련이 있습니다.

우리는 누구나 감정을 통제하지 못할 때가 있습니다. 자존심이 상하거나 심리적으로 불안할 때, 순간적인 분노로 욕설을 퍼붓거나 물건을 던지는 행동을 하기도 합니다. 이는 단순한 기분 문제를 넘어, 감정 조절 능력의 한계를 드러내는 모습입니다. 예를 들어, A씨는 마트에서 20kg 쌀을 반 이상 소비한 뒤 환불을 요구했습니다. 직원이 거절하자 그는 욕설을 퍼붓고 난동을 부렸습니다. 또 다른 예로, B씨는 반품 정책을 시험하고 싶어 제품을 모두 사용한 뒤 환불받았고, 이후 본사 요청으로 환불금을 다시 입금하며 깊은 죄책감을 느꼈습니다. 이런 행동은 순간적 감정 조절 실패와 심리적 압박이 복합적으로 작용한 결과입니다. 반사회적 성향은 충동적 행동뿐만 아니라, 신뢰 대신 경계를 택하고 감정적 거리를 유지하려는 경향으로 나타납니다. 그렇다면, 이들은 왜 신뢰를 주기 어려워하는 것일까요?

이 문제를 세 가지로 설명하고자 합니다.
<u>첫째, 기본적인 불신입니다.</u> 반사회적 성향이 높은 사람들은 어린 시절 양육자와의 관계에서 안정적인 애착을 경험하지 못했을 가능성이 큽니다. 신뢰를 주는 것은 위험하다고 학습하며, '언젠가 배신

당할 것'이라는 무의식적 신념을 갖게 됩니다. 부모로부터 반복적으로 거부당하거나 신뢰했던 사람에게 상처를 받으면, 타인에 대한 신뢰 자체를 거부하게 됩니다.

둘째, 감정적 연결을 피하려는 경향입니다. 어린 시절 애정 결핍을 경험한 경우, 감정적 유대가 실망과 상처로 이어질 것이라는 불안을 갖게 됩니다. '감정을 기대하지 않으면 상처받지 않는다'는 무의식적 방어가 작동하여 친밀한 관계에서도 일정 거리를 유지하려 합니다. 예를 들어, 연인과 감정적으로 가까워지다가 갑자기 차갑게 변하는 사람은 이와 같은 심리를 가질 수 있습니다.

셋째, 관계에서 통제 욕구가 강합니다. 신뢰는 상호성을 요구하지만, 반사회적 성향이 높은 사람들은 신뢰를 주는 순간 자신이 약해진다고 느낍니다. 이들은 감정적 거리 두기를 통해 관계에서 우위를 점하려 합니다. 연인 관계에서도 상대가 다가오면 오히려 더 차갑게 대하는 행동이 이에 해당합니다.

신뢰는 환상이 아니라, 꾸준하고 일관된 현실 위에서만 자랄 수 있습니다. 저는 신뢰를 판단할 때 말보다 반복되는 행동을 살펴야 한다고 강조하고 싶습니다. 건강한 거리 두기와 반사회적 거리 두기는 다릅니다. 건강한 거리 두기는 상호 존중을 기반으로 하지만, 반사회적 거리 두기는 신뢰 회피와 통제를 중심으로 합니다. 그렇다면, 반사회적 성향이 강한 사람들과 관계를 맺을 때 우리는 어떻게 해야 할까요?

첫째, 감정적 유대를 무리하게 강요하지 않아야 합니다. 이들은 감정적 친밀함을 부담스럽게 느끼므로, 천천히 시간을 두고 신뢰를 쌓는 것이 중요합니다.

<u>둘째, 자신의 감정을 점검해야 합니다.</u> 그들과의 관계에서 지속적으로 상처받고 있다면, 무리하게 신뢰를 강요하거나 상대를 바꾸려 하고 있지 않은지 돌아봐야 합니다. 관계는 이분법적인 것이 아닙니다. 누군가는 신뢰를 주는 것이 어렵고, 누군가는 거리 두기가 어렵습니다. 중요한 것은 나와 상대방 모두의 심리적 기제를 이해하고, 그에 맞게 균형을 찾는 것입니다. 지나치게 상대를 이해하려 애쓰다 보면, 오히려 자신을 잃을 수 있습니다. 관계에서 나 자신을 지키는 중심을 잃지 않는 것이 무엇보다 중요하다고 생각합니다.

반사회적 성향을 가진 사람과 관계를 맺을 때, 그들의 심리를 이해하는 것만큼 중요한 것은 나 자신을 보호하는 방법을 배우는 것입니다. 건강한 관계를 만들어가기 위해서는 '어디까지 가능한가'를 고민하는 것보다, '어떻게 서로를 존중하며 관계를 이어갈 수 있을까'를 고민해야 합니다. 신뢰를 바탕으로 한 관계는 상호 존중을 기반으로 합니다. 지금, 나는 주변 사람들과의 관계에서 신뢰와 거리 두기의 균형을 어떻게 맞추고 있을까요? 이 질문을 통해, 자신의 관계 방식을 다시 점검해 보는 것도 좋을 것 같습니다. 자기 자신을 알지 못하면, 타인을 이해할 수 없기 때문입니다. 자신을 보호하며 타인과의 관계를 건강하게 유지하는 법을 배우는 것이 중요합니다. 이 과정 속에서 내가 더욱 성숙하고, 균형 잡힌 관계를 만들어갈 수 있습니다.

03
아이와 어른의 자존감, 그 뿌리를 찾다

"어떤 상황에서 자존감을 느끼시나요?"
"혹시 자존심과 자존감을 혼동한 적은 없나요?"
"독립적인 아이가 신뢰보다 거리를 둔다면, 과연 건강한 자존감을 가진 것일까요?"

이런 질문들은 자존감의 본질을 고민하게 만듭니다. 우리는 어디에서 자존감을 찾고 있을까요? 아이의 자존감은 부모의 시선과 반응 속에서 자랍니다. 부모가 보여주는 수용적이고 따뜻한 태도는 아이에게 '나는 괜찮은 존재구나'라는 확신을 심어줍니다. 아이에게 "넌 소중한 아이야", "실패해도 괜찮아"라고 말할 때, 우리는 돈이

나 명예 같은 외부적 요소가 아니라 존재 자체의 가치를 강조합니다. 중요한 것은, 아이는 부모의 눈빛과 말투에서 자신을 읽어낸다는 사실입니다.

아이의 자존감을 건강하게 키우기 위해 제가 강조하는 여섯 가지 방법이 있습니다.

첫째, 조건 없는 사랑을 보여주어야 합니다. 실수나 실패에도 변치 않는 애정은 아이에게 안정감을 줍니다.

둘째, 자신의 가치를 긍정적으로 인식하도록 도와야 합니다. "너는 있는 그대로 소중해"라는 메시지가 반복되어야 합니다.

셋째, 실패를 성장의 일부로 받아들이는 태도를 길러야 합니다. 실패를 두려워하지 않는 법을 배운 아이는 도전할 용기를 갖습니다.

넷째, 선택하고 책임지는 경험을 자주 제공해야 합니다. 작은 결정이라도 스스로 해보고 결과를 감당하는 과정은 큰 힘이 됩니다.

다섯째, 다양한 생각을 포용하도록 이끌어야 합니다. 자신의 의견만 고집하지 않고, 다른 관점을 존중하는 연습이 필요합니다.

여섯째, 감정을 솔직히 표현하고 받아들이는 방법을 가르쳐야 합니다. 기쁨, 슬픔, 분노, 불안을 자연스럽게 다룰 수 있어야 합니다.

예를 들어, 아이가 그림을 그려와 보여줄 때, "멋지게 잘했구나!"라고 반응하는 것과, 무심하게 "그래, 알겠어."라고 하는 것의 차이는 아이의 자존감에 깊은 영향을 미칩니다. 진심 어린 반응은 아이에게 '나는 소중한 사람'이라는 믿음을 심어줍니다.

그렇다면, 어른의 자존감은 어떻게 다를까요? 어른이 된 후 우리는 자존감을 종종 사회적 지위, 경제력, 외모, 자녀의 성공 같은 외부 조건에 기대고 있습니다. 아이에게는 '있는 그대로 소중하다'고 말하면서, 정작 우리는 자신을 성공이나 평가에 맞춰 판단합니다. 이는 단순한 모순이 아니라, 성장 과정에서 내면의 자존감을 충분히 배우지 못했기 때문입니다. 결국 어른의 자존감은 외부 조건이 아니라 내면의 수용과 확신에서 자라야 한다는 점입니다. 비교를 멈추고, 나만의 기준을 세우는 것, 그것이 어른의 자존감을 단단하게 만듭니다. 예를 들어, 직장에서 상사의 칭찬을 받으면 기분은 좋지만, 칭찬이 없더라도 스스로 "나는 충분히 노력하고 있다"고 말할 수 있어야 합니다. 이것이 진정한 자존감입니다.

어른의 자존감은 결국, ① 실패를 두려워하지 않고, ② 자기 자신에게 긍정적인 말을 건네며, ③ 타인의 평가에 휘둘리지 않고, ④ 자기 돌봄을 실천하는 과정에서 다져집니다. 어린 시절에는 부모나 주변 사람들의 인정이 중요했지만, 어른이 된 후에는 자기 자신과의 대화가 중요합니다. '나는 어떤 상황에서도 괜찮은 사람이다'라는 확신을 스스로 키워야 합니다. 어른의 자존감은 스스로를 어떻게 바라보느냐에 달려 있습니다. 자존감은 한 번 완성되는 것이 아니라, 평생 동안 다듬고 성장시켜야 할 내면의 힘입니다.

우리가 오류를 범하는 경우가 있습니다. 눈맞춤이 어려운 사람입니다. 대부분 자존감이 낮다라고 말합니다. 그러나 그것은 자존감의 문제가 아니라 성향의 반영입니다. "왜 눈을 잘 못 마주치세요?" 대화를 하며 이런 질문을 받은 적이 있는가요? 어떤 이는 눈을 피하는 태도를 '자신감 부족'이나 '거짓말'로 해석하기도 합니다. 그러나 눈맞춤이 어려운 것은 반드시 자존감의 문제 때문만은 아닙니다. 특히 타인의 이야기를 경청할 때는 눈을 잘 마주치다가도, 정작 자신의 이야기를 할 때는 눈을 피하는 사람들을 보면 그 이면에 숨은 심리적 이유는 더욱 섬세하게 다뤄질 필요가 있습니다.

내향적인 사람들, 혹은 감정 표현에 익숙지 않은 사람들은 자신의 생각이나 감정을 말하는 순간, 타인의 시선이 자신에게 집중되는 것에 민감해집니다. 이러한 집중은 불편함과 민망함으로 이어지고, 이는 자연스럽게 눈을 피하는 행동으로 나타납니다. 다시 말해, 눈맞춤이 어렵다는 것은 외부로 향한 불편감의 표현이지, 스스로를 무가치하게 여겨서가 아닙니다. 그리고 가장 중요한 사실은 다른 사람의 말을 경청할 때는 눈맞춤을 잘 해준다는 점입니다. 이는 곧 경청하는 능력이 탁월하고 타인에 대한 배려가 깊다는 뜻입니다.

진정한 자기는 보호받을 때만 드러납니다. 또한 자시의 성향을 이해받을 수 있을 때, 진짜 대화가 시작됩니다. 인간은 '진정한 자기'와 '거짓된 자기' 사이에서 끊임없이 줄타기를 합니다. 눈을 마주치는 행위는 종종 그 진정한 자기를 타인에게 드러내는 것처럼 느껴질 수 있습니다. 특히 자신의 내면을 꺼내 이야기할 때, 상대방의 시선을 마주하는 것은 마치 자신을 투명하게 보여주는 것 같은 노출감을 유발하기도 합니다. 내면이 깊고 사유가 섬세한 사람일수록 이 노출감은 더욱 민감하게 작용합니다. 또한 눈맞춤은 단순히 시각적 접촉을 넘어서 감정과 에너지를 주고받는 통로이기도 합니다. 눈은 '마음의 창'이라는 말처럼, 서로의 감정 상태를 읽어내는 민감한 도구입니다. 자신의 이야기를 할 때 눈을 마주치기 어렵다는 것은, 자신이 전달하는 말이 상대에게 어떤 영향을 줄지 걱정하거나, 그 말이 받아들여지는 방식에 대한 두려움이 섞여 있기 때문일 수 있습니다. 이는 낮은 자존감 때문이 아니라, 관계에 대한 예민함과 타인 감정에 대한 민감함에서 비롯된 것입니다.

내향적인 성향을 가진 사람들은 자신을 표현할 때 스스로를 평가하는 내면의 목소리가 강하게 작동합니다.

"이런 이야기를 해도 될까?"
"내 말이 과연 의미 있을까?"

같은 생각들이 순식간에 지나가며, 이는 상대의 눈을 정면으로 바라보는 일을 더욱 어렵게 만듭니다. 이는 '소심함'이라는 말로 종종 단순화되지만, 사실 그 안에는 타인을 불편하게 하고 싶지 않은 배려심과, 관계를 섬세하게 유지하고자 하는 심리적 구조가 포함되어 있습니다.

모든 인간 행동의 중심에는 타인과 연결되고자 하는 욕구가 있습니다. 눈을 피하는 행동 역시 특정한 감정, 그리고 그 감정의 기저에 자리한 생각에서 비롯됩니다. 그 생각이 "나는 부족한 사람이다"라기보다는 "내가 너무 드러나 보이면 민망하다"는 형태라면, 이는 자기비하가 아니라 자기보호의 표현에 가깝습니다. 사람마다 편안함을 느끼는 커뮤니케이션 방식은 다릅니다. 어떤 이는 말할 때 상대의 눈을 응시해야 집중이 된다고 느끼고, 어떤 이는 고개를 약간 돌린 채 말하는 것이 편합니다. 내향적이거나 섬세한 성향을 가진 사람들에게 눈맞춤은 단지 대화의 한 방식일 뿐, 그 자체로 그 사람의 자존감이나 성격을 판단하는 기준이 되어서는 안 됩니다.

 심리적 안전감이 클수록 사람은 더 자연스럽게 눈을 마주치게 됩니다. 눈을 피하는 사람이 있다면, 그것은 그가 타인을 두려워하거나 무시하는 것이 아니라, 그만큼 스스로를 조심스럽게 다루고 있다는 신호일 수 있습니다. 눈맞춤을 할 수 없을 정도로 내면이 민감한 사람에게는 말보다 더 중요한 감정의 흐름이 있습니다. 그 흐름을 읽어내는 것이 관계의 진정한 시작일지도 모릅니다.

04
불편한 관계에서 피하지 않고 성장하는 법

살다 보면 마주치기만 해도 불편한 사람이 있습니다. 피하고 싶지만 어쩔 수 없이 관계를 이어가야 하는 상황도 있습니다. 이럴 때 우리는 고민합니다. '피하는 것이 좋을까, 아니면 마주하는 것이 좋을까?' 우리는 다양한 인간관계 속에서 살아갑니다. 편안한 관계도 있지만, 때로는 어색하고 힘든 관계도 생깁니다. 가족, 친구, 직장 동료, 연인처럼 가까운 사람들과도 예기치 않게 불편함을 느낄 때가 있습니다. 이럴 때 사람들은 자연스럽게 회피를 선택합니다. 이런 경우 감정을 피하면 잠시 안도할 수는 있지만, 결국 더 깊은 불안과 갈등으로 되돌아오게 됩니다. 회피는 해결이 아니라 잠시 미루는 것에 불과합니다.

실제로 관계를 피한다고 해서 그 감정이 사라지지는 않습니다. 무의식은 억눌린 감정을 고요히 가라앉히지 않습니다. 오히려 시간이 지날수록 마음속 불안은 커져만 갑니다. 관계를 회피하는 것은 문제를 덮어두는 것일 뿐, 근본적인 해결이 아닙니다. 예를 들어, 직장에서 동료와 사소한 오해가 생겼다고 가정해 봅시다. 불편함 때문에 대화를 피하면 처음에는 마음이 편할지 몰라도, 시간이 지날수록 어색함은 깊어지고 결국 업무에도 영향을 미칠 수 있습니다. 반면, 적절한 시점에 진솔하게 대화를 나눈다면 오해를 풀고 관계를 회복할 기회를 얻을 수 있습니다.

자신에게 집중하면 관계는 자연스럽게 정리됩니다. 좋아하는 일에 시간을 보내고, 스스로를 성장시키는 데 집중할수록, 필요 없는 관계는 힘들이지 않고 멀어지게 됩니다. 반대로, 타인에게 의존하거나 비교하는 습관을 가지면 오히려 스스로를 더 힘들게 만듭니다. '나는 왜 저 사람처럼 못할까'라는 생각은 자기 신뢰를 무너뜨릴 뿐입니다. 중요한 것은 자신만의 속도를 존중하고, 묵묵히 걸어가는 것입니다. 그리고 자신에게 집중하는 시간이 더 많아야 합니다. 그것은 자신을 지키는 일이기도 합니다.

물론 때로는 아무리 노력해도 제자리걸음처럼 느껴질 때가 있습니다. 그럴 때 낙심하고 싶어지기도 하고, 누군가에게 기대고 싶어지기도 합니다. 그러나 저는 이렇게 말하고 싶습니다. 잠시 쉬어도 괜찮습니다. 그러나 결국 다시 일어설 수 있는 힘을 기르는 것이 중요합니다. 넘어지지 않는 것이 아니라, 다시 일어나는 경험을 통해 우리는 성장합니다.

  그렇다면 불편한 사람과의 관계를 무조건 참고 이어가야 할까요? 그렇지는 않습니다. 때로는 분명히 거리를 두어야 하는 관계도 있습니다. 악한 의도를 가진 사람과 마주하면, 아무리 선한 마음을 가지고 있더라도 상처를 입게 됩니다. 예를 들어, 사기를 치려는 사람은 표면적으로 드러나지 않지만, 교묘하고 집요하게 접근해옵니다. 이들을 이겨내려 하기보다는 초기에 '이 사람은 나와 맞지 않는다'는 신호를 감지하고 거리를 두는 것이 중요합니다. 이런 분별력은 하루아침에 생기지 않습니다. 많은 경험을 통해 스스로 깨닫고 배우는 과정 속에서 자랍니다. 되도록 타인에게 의존하거나 누군가를 밟으며 성장하려고 하기보다는, 내면의 기준을 세우고 중심을 잡는 것이 중요합니다.

  진정한 행복은 남을 짓밟아 얻는 것이 아니라, 자신에게 집중하며 살아가는 시간과 꾸준한 성실함, 그리고 양심을 지키는 데서 비롯됩니다. 사람들이 '오죽했으면 그랬을까'라며 남을 이해하려 하지만, 정작 자신의 마음과 몸이 지친 것을 모른 채 살아가기도 합니다. 자신을 사랑하고 돌보는 것이 먼저입니다. 성숙한 사람은 자신을 잘 아는 사람입니다. 지금은 다른 사람을 이긴 것처럼 보일지 몰라도, 자신의 심리적 결핍을 외면한 채 살아가면 결국 내면은 더욱 공허해질 수밖에 없습니다. 이 공허함은 중독이나 과도한 욕심으로 이어질 위험도 큽니다. 결국 우리가 지켜야 할 것은 타인의 인정이 아니라, 내면의 평온과 균형입니다.

우리는 왜 불편한 관계를 피하고 싶어할까요? 아기는 태어날 때부터 엄마 뱃 속의 따뜻한 환경과 전혀 다른 낯선 환경이기 때문에 불안을 느낍니다. 이때 엄마의 따뜻한 목소리와 반응은 아기 불안을 완화시킵니다. '아가야, 엄마 여기 있다', '사랑하는 우리 아가' 같은 말은 단순한 말이 아니라, 아기의 내면에 세상에 대한 신뢰를 심어주는 힘이 됩니다.

하지만 만약 부모가 정서적으로 불안정하거나 우울했다면, 아기는 세상을 안전하다고 느끼지 못합니다. 이런 경험은 성장 후에도 이어져, 성인이 되어도 관계를 피하려는 습관으로 나타날 수 있습니다. 불편한 관계를 피하고 싶어하는 우리의 본능은, 결국 어린 시절 경험한 불안과 연관되어 있습니다. 특히 갈등을 직접 해결하는 경험이 적었던 사람일수록 갈등 자체를 불편하게 느끼고 무의식적으로 피하게 됩니다. 이런 회피는 오히려 문제를 반복시키는 원인이 됩니다. 예를 들어, 어린 시절 부모가 갈등을 피하는 모습을 보며 자란 사람은 성인이 되어도 불편한 상황을 해결하기보다 도망치는 경향을 보이게 됩니다. 불편한 감정을 회피하면 일시적으로는 편안해지지만, 시간이 지날수록 불안과 스트레스가 더 커집니다. 결국 관계는 더 소원해지고, 오해는 쌓이게 됩니다.

불편한 관계를 건강하게 다루기 위해 필요한 방법은 다음과 같이 네 가지입니다.
첫째, 내 감정을 이해하는 것입니다. 불편함을 느끼는 이유를 스스로 탐색해 보아야 합니다. 과거의 상처와 연결되어 있는 것은 아닌지 돌아보는 과정이 필요합니다.

둘째, 솔직한 대화 시도해 보는 것입니다. 감정을 억누르지 말고, '나는 이렇게 느꼈어'처럼 나의 감정에 초점을 맞춘 대화를 시도해 보아야 합니다. 상대방을 비난하는 것이 아니라 나를 표현하는 것이 중요합니다.

셋째, 필요한 만큼 거리 두기를 연습하는 것입니다. 모든 관계를 가까이 유지할 필요는 없습니다. 때로는 거리를 두는 것이 나를 지키는 방법이기도 합니다. 그러나 단순한 오해에서 거리를 두는 것은 오히려 관계를 악화시킬 수 있으니 신중해야 합니다.

넷째, 회피하지 않는 연습을 꾸준히 해나가는 것입니다. 작은 갈등(문제)부터 차근차근 마주하며 해결해 보는 연습이 필요합니다. 처음에는 어색하지만, 반복할수록 갈등을 건강하게 다루는 힘이 길러집니다. 관계를 피하면 결국 외로움과 불안이 쌓이지만, 건강하게 마주하면 관계는 살아납니다.

관계를 피할 것인가, 마주할 것인가는 어떤 삶을 살고 싶은지에 대한 선택입니다. 스스로를 믿고, 내 길을 걷겠다고 결심할 때, 나는 비로소 진정한 자유를 손에 넣을 수 있습니다.

05
불편한 사람, 그 속에 숨어 있는 내 감정

누구에게나 불편한 사람이 있습니다. 예의를 지키면서도 속마음은 전혀 다른 사람, 늘 피해자처럼 행동하지만 교묘하게 타인을 조종하는 사람, 배신을 서슴지 않거나 철저히 자기중심적인 사람 등 그 유형은 다양합니다. 이런 사람들을 만나면 우리는 불편함을 느끼고, 가능한 멀리하고 싶어집니다. 하지만 정말 멀리할 수 있을까요? 오히려 그런 사람은 예상치 못한 순간 다시 마주치게 되는 경우가 많습니다. 이럴 때 우리는 스스로에게 이렇게 물을 수 있어야 합니다. "나는 왜 이 사람이 이렇게 불편할까?", "그 사람이 하는 말이나 행동이 나의 어떤 감정을 건드리는 걸까?" 예를 들어, "그 사람이 강의로 억대 수입을 올린대"라는 말이 유난히 신경 쓰였다면, 그것은 단지 그 사람 때문이 아니라 내 안의 경제적 불안이나 인정받고 싶은 욕구가 자극된 것일 수 있습니다. 우리가 불편한 사람에게서 유독 예민하게 반응하는 단어들이 있다면, 그 말 속에 감정의 단서가 숨어 있는 것입니다. 그 감정에게 이런 질문들은 해보세요.

"그 사람의 어떤 점이 불편했나요?"
"그 불편함은 과거 어떤 경험과 연결되어 있나요?"

이 질문을 통해 우리는 단순한 회피가 아니라 자기 탐색의 길로 나아갈 수 있습니다. 한 내담자는 직장에서 반복적으로 감정을 이용하는 상사와 갈등을 겪었습니다. 그런데 이야기를 나누다 보니, 그 상사는 어린 시절 감정을 억압하던 아버지와 닮아 있었습니다. 과거에 해결되지 못한 감정이 현재의 관계를 통해 다시 떠오른 것이지요. 이처럼, 인간관계는 거울입니다. 상대가 나를 불편하게 만든다기보다, 내 안의 감정이 비추어지는 경우가 많습니다.

"불편한 감정은 불편한 사람이 만든 것이 아니라, 나의 내면이 나에게 보내는 신호입니다."

그렇다면 불편한 사람과의 관계는 어떻게 정리해야 할까요? <u>첫째, 감정의 원인을 솔직하게 마주 보아야 합니다.</u> 그 사람이 나를 불편하게 하는 이유는 무엇인지, 내 안의 어떤 기억이나 상처가 작동하는지를 살펴야 합니다.

둘째, 감정적으로 중립적인 태도를 연습해야 합니다. 과거의 감정에 매이지 않고 현재의 그 사람을 있는 그대로 바라보는 훈련이 필요합니다.

셋째, 나의 감정을 돌보아야 합니다. 억누르기보다는 그것이 나에게 어떤 영향을 미쳤는지를 이해하고 건강하게 표현하는 것이 중요합니다.

이 과정은 단순한 도피가 아니라, 나 자신을 위한 '심리적 정리'입니다. 피할지, 마주할지는 정해진 답이 있는 것이 아닙니다. 중요한 것은 내가 어떤 선택을 하든 그것이 나를 더 건강하게 만들 수 있어야 한다는 점입니다.

때로는 거리 두기가 가장 건강한 선택이 될 수 있습니다. 특히, 정서적으로 학대적인 관계나 죄책감을 유발하는 관계는 과감히 선을 긋는 것이 나를 지키는 길입니다. 단절이 반드시 나쁜 것은 아닙니다. 감정적으로 학대받는 관계에서 벗어나는 것은 회피가 아니라 자존감을 지키는 행동입니다. '회피'가 자신을 보호하기 위한 방어기제 중 하나입니다. 불편한 감정을 피하려는 건 자연스러운 반응입니다. 하지만 감정을 억누르기만 하면, 그것은 나도 모르게 다른 관계나 상황에서 다시 반복될 수 있습니다. 이를 '반복 강박'이라 부릅니다. 해결되지 않은 감정은 반복되며, 결국 또 다른 사람의 모습으로 나에게 돌아오게 되어있습니다. 불편한 감정은 피할 대상이 아니라, 이해하고 소화해야 할 나의 일부라는 것을 잊지마셔야 합니다.

우리는 모두 누군가에게 불편한 사람이 될 수 있습니다. 그렇기에 누군가를 무조건 나쁜 사람으로 단정짓기보다는, 먼저 내 감정을 이해하려는 태도가 필요합니다. 감정을 외면하지 않고 깊이 들여다보는 것, 그것이 진정한 자기 돌봄입니다. 자기 자신을 온전히 이해하는 과정 속에서, 우리는 관계에서도 성장할 수 있습니다. 때때로 불편한 감정이 우리에게 다가올 때, 그 감정을 마주하는 용기가 필요합니다. 지금 불편한 사람이 있다면, 그것은 아마도 내가 성장해야 할 부분을 보여주는 신호일 수 있습니다. 불편한 감정은 내가 더 나아가야 할 방향을 알려주는 나침반과 같습니다. 관계 속에서 느끼는 불편함을 지나치지 마십시오. 그것이 바로 나를 더 단단하고, 깊이 있는 사람으로 만드는 밑거름이 될 수 있습니다.

06
신뢰를 다시 배우는 법

"내가 진심으로 믿을 수 있는 사람은 몇 명이나 될까요?"
"나는 누군가에게 믿을 만한 사람일까요?"
"나는 얼마나 진심으로 사람을 대하고, 신뢰를 주고받고 있을까요?"

살다 보면 신뢰가 무너지는 순간을 여러 번 경험하게 됩니다. 친했던 친구에게 배신을 당하거나, 오랜 시간 함께한 동료가 등을 돌릴 때, 심지어 가족 사이에서도 실망하는 순간이 찾아옵니다. 이런 경험이 쌓이면 "사람을 쉽게 믿으면 안 돼."라는 생각이 굳어지기도 합니다. 그러나 신뢰란 원래 깨지기 위해 존재하는 것이 아니라, 관계를 이어가기 위해 필요한 것이라고 믿고 있습니다. 신뢰는 상대를 맹목적으로 믿는 것이 아니라, 스스로를 신뢰하는 것에서 시작됩니다. 무조건 믿거나, 반대로 모든 사람을 경계하는 태도는 모두 관계를 어렵게 만듭니다. 중요한 것은 '어떻게 믿을 것인가'를 배우는 것입니다.

우리가 신뢰를 어려워하는 데는 이유가 있습니다. 어릴 때 부모와 맺었던 관계가 평생 신뢰감의 기반이 되기 때문입니다. 안정적인 관심과 사랑을 받으며 자란 사람은 타인과의 관계에서도 신뢰를 자연스럽게 형성할 수 있습니다. 반면, 반복적인 실망이나 거절을 경험한 사람은 쉽게 마음을 열지 못하거나, 반대로 타인에게 과도하게 의존하는 경향을 보이게 됩니다. 예를 들어, 아이가 슬퍼할 때마다 부모가 따뜻하게 반응해 주었다면, 그 아이는 "세상은 믿을 만한 곳이다."라는 감각을 갖게 됩니다. 반대로 부모가 무관심하거나 일관성 없는 반응을 보였다면, 아이는 세상을 불안한 곳으로 느끼고, 관계에서도 쉽게 상처받거나 경계심을 갖게 됩니다.

다른 한편으로 어린 시절 충분한 신뢰를 배우지 못했다 하더라도, 우리는 성인이 되어 신뢰를 다시 배울 수 있습니다. 우리의 경험은 과거에만 머무르지 않기 때문입니다. 신뢰를 어렵게 만드는 또 다른 이유는 왜곡된 사고 때문입니다. 과거에 신뢰를 저버린 경험이 있다면, 이후 만나는 사람들까지 의심하게 되는 경향이 생깁니다. 예를 들어, 한 번 배신당한 기억이 강한 사람은 새로운 사람을 만날 때도 "어차피 다 똑같을 거야."라고 단정 짓게 됩니다. 이런 태도는 자신을 보호하려는 마음에서 비롯되지만, 동시에 새로운 신뢰의 기회를 막아버리는 결과를 낳습니다. 또 어떤 사람은 신뢰받기 위해 자신을 지나치게 희생하기도 합니다. 어릴 때 사랑받기 위해 끊임없이 애썼던 경험이 있는 사람은 성인이 되어서도 타인의 기대에 맞추려 하고, 작은 실망에도 심하게 흔들립니다. 결국 신뢰는 상대를 바라보는 방식뿐만 아니라, 자신을 바라보는 방식과도 깊은 관련이 있습니다.

예를 들어, A씨에게는 7년 동안 알고 지낸 지인이 있었습니다, A씨 가족 모두가 신뢰했던 사람입니다. 힘든 일이 있을 때마다 그의 조언을 구했고, 그는 언제나 흔쾌히 답해주었습니다. 하지만 막상 A씨가 그의 조언을 따랐는데, 좋지 않는 결과가 나오자 전혀 남의 일처럼 외면합니다. 처음에는 이해하려 했지만, 비슷한 일이 반복되면서 점점 마음이 멀어졌습니다. 책임을 지라기보다는 그저 공감을 바랬을 뿐인데 전혀 모른척 하는 것이 그 사람의 태도였습니다. 특히 모임 자리에서 "감정을 솔직하게 표현해야 한다."는 그의 말을 믿고 불편한 감정을 털어놓았지만, 돌아온 반응은 무관심과 비난, 그리고 강제탈퇴였습니다. 결국 서운함만 깊어진 채 7년의 세월이 민망해졌습니다. 이런 사연을 들으면서 저는 깨달았습니다. 실망의 본질은 결국 '내가 상대에게 가졌던 기대'에서 비롯된 것이었습니다. 기대가 크면 실망도 커집니다. 그리고 그 기대는 온전히 자신의 몫이었습니다.

신뢰는 선택과 연습입니다. 아기는 세상에 태어날 때부터 불안을 느낍니다. 하지만 부모가 "엄마는 늘 너 옆에 있단다. 사랑하는 아가야." 라고 반복적으로 반응해 줄 때, 아기는 점차 세상이 안전하다는 감각을 배워갑니다. 만약 부모가 이런 신호를 주지 못했다면, 아이는 세상은 불안하고 위험한 곳이라 인식하게 됩니다. 성인이 된 이후에도 신뢰는 하루아침에 쌓이지 않습니다.

건강한 신뢰를 위해 다음 다섯 가지를 제안합니다.
첫째, 자기 자신을 신뢰하는 것입니다. 자신의 감정과 선택을 존중해야 합니다. 자기 신뢰 없이 타인에 대한 신뢰는 자랄 수 없습니다.
둘째, 완벽한 신뢰를 기대하지 않는 것입니다. 누구나 실수합니다. 중요한 것은 신뢰가 깨졌을 때 다시 회복하려는 의지입니다.
셋째, 작은 약속부터 지키는 연습이 필요합니다. 시간을 지키고, 비밀을 지켜주는 사소한 행동이 신뢰를 쌓습니다.
넷째, 신뢰할 수 없는 사람과 적정한 거리두기가 필요합니다. 모든 사람을 믿을 필요는 없습니다. 반복해서 신뢰를 깨는 사람에게 계속 기대하는 것은 자신을 소모시키는 일입니다.
다섯째, 실수를 받아들이는 연습이 필요합니다. 완벽한 사람은 없습니다. 신뢰는 실수 이후의 태도를 통해 더 단단해집니다.

신뢰는 단순한 감정이 아니라, 매일 선택하는 삶의 태도입니다. "나는 누구를 신뢰할 것인가?", "나는 신뢰받을 만한 사람인가?" 이 질문을 스스로에게 던져보는 순간, 이미 관계의 깊이는 달라지기 시작합니다. 신뢰가 없는 관계는 점점 피로해지지만, 신뢰가 있는 관계는 우리 삶을 단단하게 지탱해 주는 힘이 됩니다.

우리가 누군가를 믿고 싶어 한다는 마음은, 동시에 누군가에게 믿음을 주고 싶어 하는 우리 내면의 따뜻한 의지를 말해줍니다. 신뢰는 한순간에 생기지 않습니다. 정성과 시간, 그리고 반복되는 진심 속에서 서서히 쌓여갑니다. 사람을 귀하게 여기는 마음에서만 진짜 신뢰가 시작될 수 있습니다. 신뢰는 무너뜨리기 쉽지만, 다시 세우는 데는 시간이 걸립니다. 그래서 한 걸음 한 걸음을 조심스럽게 쌓아가야 합니다. 오늘도 누군가를 믿고, 또 스스로 신뢰받는 사람이 되기 위한 작은 선택을 해보시면 어떨까요? 그 선택이 쌓여, 결국 따뜻한 연결의 길이 됩니다.

07
거절 못하는 나, 약점일까 강점일까?

　거절을 어려워하는 마음이 있다면 그것은 숨은 강점을 발견하는 길입니다. 누군가의 부탁을 받았을 때 단번에 '안 됩니다'라고 말하는 것은 쉬운 일이 아닙니다. 거절하는 게 불편해 '알겠어요'라고 대답한 뒤, 뒤늦게 후회한 경험도 누구나 한 번쯤은 있을 것입니다. 배려하려 했는데 오히려 오해를 샀던 경험은 없었나요? 우리는 살아가며 수많은 관계 속에서 상대를 배려하려 노력합니다. 자신의 최선을 다해 돕고 긍정적인 반응을 기대하지만, 상대가 생각만큼 고마워하지 않거나 미지근한 반응을 보일 때 실망감을 느끼기도 합니다. 이때 꼭 스스로에게 물어야 할 질문이 있습니다. "정말 상대가 원한 행동이었을까? 아니면 내가 주고 싶었던 것일까?" 이 질문에 솔직히 답하지 않으면, 관계 안에 상처와 오해가 차곡차곡 쌓이게 됩니다. 특히 거절을 어려워하는 사람들은 이런 상황을 더 자주 겪습니다. 타인의 기대를 저버리지 않으려다 보니 자기 희생이 커지고, 결국 마음의 에너지가 소진되기 쉽습니다. 우리는 왜 이렇게 거절을 힘들어할까요?

거절을 어려워하는 이유 세 가지입니다.
<u>첫째, 공감 능력이 뛰어납니다.</u> 타인의 감정을 민감하게 읽어내기에, 상대가 실망할까 봐 쉽게 거절하지 못합니다. 이러한 대인 민감성은 단순한 성격 문제가 아니라, 깊은 정서적 연결을 중시하는 특성입니다.

<u>둘째, 유년기의 영향을 받습니다.</u> 어릴 때 '착한 아이'로 인정받으며 성장한 경우, 타인의 기대를 맞추는 데 익숙해집니다. 이런 경험은 '거절은 관계를 위태롭게 만든다'는 무의식적 믿음을 심어줄 수 있습니다.

<u>셋째, 애착 유형과 관련이 있습니다.</u> 안정 애착을 형성한 사람은 거절해도 관계가 유지될 것이라 믿지만, 불안정 애착을 가진 사람은 상대의 이탈을 두려워하며 거절을 망설입니다. 특히 불안-회피형 애착을 가진 이들은 갈등 자체를 극도로 피하려 합니다.

거절을 못하는 것은 약점이 아닙니다. 거절을 어려워하는 성향을 단순히 단점으로만 볼 필요는 없습니다. 오히려 이러한 숨겨진 강점이 있습니다.
<u>첫째, 공감과 소통 능력이 뛰어납니다.</u> 타인의 감정 변화를 민감하

게 포착하며 원만한 관계를 유지하는 데 강점을 보입니다.

둘째, 책임감이 강합니다. 한 번 맡은 일은 쉽게 포기하지 않고 끝까지 해내려는 태도가 있습니다.

셋째, 협력적입니다. 개인보다 관계와 조화를 중요시하며, 팀워크를 존중합니다. 넷째, 유연한 대처가 가능합니다. 즉각적인 거절 대신 다양한 가능성을 고려하는 태도는 위기 상황에서도 신중한 판단을 가능하게 합니다.

직장생활을 A씨는 동료들의 잦은 부탁을 선뜻 거절하지 못했습니다. 하지만 그는 이런 자신을 탓하는 대신, "나는 타인을 돕고 싶어 하는 따뜻한 마음을 지니고 있구나"라고 인정했습니다. 그 후, 요청을 무조건 수락하는 대신, 스스로도 지킬 수 있는 범위 내에서 협력하는 방법을 찾기 시작했습니다. 결국 A씨는 동료들과 신뢰를 쌓으며 팀워크의 중심 인물이 될 수 있었습니다. 건강한 거절은 관계를 깨뜨리는 것이 아니라, 오히려 관계를 더 단단하게 만듭니다.

건강하는 거절하는 방법을 다음 네 가지로 제안합니다.

첫째, 감정의 경계를 설정하십시오. 부탁을 받았을 때 '이 부탁을 들어주는 것이 내게도 괜찮은 일인가?'를 스스로에게 물어야 합니다.

둘째, 부드럽게 거절하는 기술을 익히십시오. "이 부분은 도와줄 수 있지만, 저 부분은 어렵겠어요.", "지금은 힘든데, 다음 주에는 가능할 것 같아요." 이처럼 직접적이면서도 부드러운 표현을 연습하는 것이 중요합니다.

셋째, '좋은 사람 콤플렉스'를 내려놓으십시오. 나의 가치는 타인의 인정이 아니라, 내 자신이 나를 어떻게 대하는지에서 비롯됩니다.

넷째, 침묵과 기다림을 활용하십시오. 즉각 답변을 하지 않고, "잠시 생각해 볼게요."라고 말하는 것만으로도 심리적 압박에서 벗어날 수 있습니다.

우유부단함은 절제일 수 있습니다. 우리는 흔히 '우유부단함'을 결단력 부족으로 평가합니다. 그러나 이는 반드시 약점이 아닙니다. B씨는 "우유부단함이 절제일 수 있다"고 말했습니다. 하고 싶은 대로 즉흥적으로 움직이지 않고, 꼭 해야 할 일을 신중하게 선택하는 태도야말로 '절제'라는 것입니다. 우유부단함은 다음과 같은 여섯 가지의 공감 인지능력과 여섯 가지의 분별력과 연결될 수 있습니다.

여섯 가지의 공감 인지능력으로는 ① 경청: 상대방의 말에 귀 기울이고 존중하는 태도, ② 긍정적 태도: 희망적인 생각을 유지하는 힘, ③ 기쁨: 어려운 상황에서도 즐거움을 유지하는 자세, ④ 배려: 타인과 환경을 사랑하고 보살피는 마음, ⑤ 감사: 받은 도움을 인정하고 표현하는 자세, ⑥ 순종: 신뢰하는 사람의 조언을 기쁘게 따르는 마음입니다.

그리고 여섯 가지 분별력으로는 ① 인내: 불평 없이 기다리는 태도, ② 책임감: 맡은 일을 끝까지 완수하는 자세, ③ 절제: 하고 싶은 대로 행동하지 않고 해야 할 일을 하는 태도, ④ 창의성: 새로운 방식으로 사고하고 행동하는 능력, ⑤ 정직: 거짓 없이 바르게 행동하는 자세, ⑥ 지혜: 지식을 유익하게 활용하는 능력입니다. B

씨는 자신의 우유부단함을 '치우침 없는 태도'로 재해석했습니다. B씨에게 우유부단함은 단순한 망설임이 아니라, 감정에 휘둘리지 않는 성숙한 선택이었습니다.

거절을 어려워하는 것은 약점이 아닙니다. 오히려 그것은 공감, 책임감, 신중함, 절제력이라는 강점의 또 다른 이름일 수 있습니다. 하지만 진짜 배려는 상대가 원할 때에만 힘을 발휘합니다. 상대가 바라지 않는 도움은 더 이상 배려가 아니라, 내 마음의 안심을 위한 행동일 수도 있습니다. 건강한 거절은 관계를 끊는 것이 아니라, 관계를 더 단단하게 만드는 선택입니다. 내 마음을 돌보면서도, 타인과의 선을 지킬 수 있는 용기. 그것이 바로 '성숙한 배려'의 시작입니다. 진짜로 '예스'를 말하고 싶을 때만 '예스'라고 하세요.

지금부터는, 나의 진심을 지키기 위한 따뜻하고 단호한 거절을 연습해보면 어떨까요? 자신 안에 있는 배려와 신중함은, 언제나 소중한 강점입니다. 그리고 그 강점은 '자신을 지키는 연습'과 함께 더욱 빛납니다.

08
억울함과 솔직함, 어떻게 건강하게 표현할까?

속상한 일이 있어 솔직하게 털어놓았지만, 오히려 상대가 불편해하거나 관계가 어색해진 경험이 있으셨을 것입니다. 혹은 정말 억울했지만 차마 말하지 못하고 속으로만 삼켰던 기억도 있으실 겁니다. 지나치게 참다 병이 난 경험도 마찬가지입니다. 억울함과 솔직함을 건강한 정서입니다. 문제는 그것을 어떻게, 누구에게, 어떤 방식으로 표현할지에 달려 있습니다. 억울함을 무조건 참고 억누르는 것도, 아무렇게나 쏟아내는 것도 모두 또 다른 상처를 남깁니다. 표현의 타이밍과 방식, 대상을 정하는 일은 곧 자신을 지키는 심리적 기술입니다. 우리가 솔직하지 못한 이유는 어릴 때부터 '거짓말하지 말라'는 교육은 들었어도, '감정을 어떻게 표현할지'에 대해선 배운 적이 거의 없기 때문입니다. 한 번이라도 솔직하게 감정을 털어놓았다가 관계가 틀어진 경험이 있다면, 누구라도 '솔직함이 최선일까?'라는 고민을 하게 됩니다. 반대로, 억울함을 표현하지 않고 삼키기만 하면 그 찌꺼기는 마음에 쌓여 결국 다른 방식으로 터져 나오게 됩니다. 감정은 억제한다고 사라지지 않고, 다루어야만 흘러갈 수 있습니다.

솔직한 표현이 언제나 좋은 결과를 만들까요? 예를 들어, 직장에서 상사가 자신의 업적을 가로챘을 때 "그건 제가 한 일입니다"라고 바로 말하는 것은 솔직한 표현일 수 있습니다. 그러나 상대방과의 관계나 상황을 고려하지 않으면 불필요한 갈등을 만들 수 있습니다. 반대로 아무 말도 하지 않으면 억울함은 쌓이고, 언젠가는 예상치 못한 방식으로 폭발하게 됩니다. 억울함은 말로만 표현되는 것이 아닙니다. 억울함을 억누르면 무의식적으로 반복적인 갈등이나 신체 증상으로 드러나기도 합니다. 표현하지 않은 감정은 결국 다른 모습으로 나타나게 되어있습니다. 억울한 감정이 들 때는 즉시 반응하기보다는 다음과 같은 질문을 스스로에게 던져보는 것이 도움이 됩니다.

1. 이 감정을 표현하는 것이 나에게 도움이 될까?
2. 순간의 분노인가, 아니면 관계를 개선할 수 있는가?
3. 내 감정은 객관적으로 정당한가?
4. 상황이 실제로 불공정한가, 아니면 내 해석의 오류인가?

5. 어떤 방식으로 표현해야 가장 효과적일까?
6. 감정적으로 폭발하지 않고 논리적으로 전달할 수 있을까?

특히 팀 프로젝트일 경우, 대부분의 일을 맡았지만 발표에서는 다른 동료가 모든 애씀을 가져갔을 때, 억울함을 느끼는 것은 자연스러운 일입니다. 이때 감정적으로 폭발하기보다는, 그 동료가 과거에 나를 도운 적이 있었는지, 내가 그 공로를 과소평가한 것은 아닌지 점검해보는 것도 중요합니다. 감정은 억누르는 것도, 무조건 드러내는 것도 해결책이 아닙니다. 감정은 흐르게 해야 하지만, 흐르기 전에 바라보고 다듬는 과정이 중요합니다. 즉흥적으로 내뱉은 말은 오히려 관계를 악화시킬 수 있습니다. 억울함이 올라올 때마다, 감정에 끌려가기보다 '지금 이 표현이 나를 위한 것인지, 관계를 위한 것인지'를 스스로 점검해야 합니다.

감정 조절을 위해 '인지 재구성'을 추천합니다. 예를 들어, 동료가 내 아이디어를 가로챘다고 느낄 때, '저 사람은 나쁜 사람이야'라고 결론짓기보다, '저 사람도 인정받고 싶었겠지. 다음엔 내 아이디어를 더 분명하게 주장해야겠다'고 해석하는 연습을 해보는 것입니다. 이런 방식은 불필요한 감정 소모를 줄이고, 상황을 보다 주도적으로 다룰 수 있게 도와줍니다.

억울함을 풀기 위한, 그리고 건강하게 다루는 여섯 가지 실천 방법을 제시해 봅니다.

먼저, 즉각 반응하기 전에 감정을 점검합니다.

둘째, 순간적인 분노인지, 표현할 가치가 있는지 살펴봅니다.
셋째, 감정에 휘둘리지 않고 전략적으로 표현합니다.
넷째, 상대방의 입장도 고려해 논리적으로 전달합니다.
다섯째, 억울한 감정을 느낄 때, 다른 시각에서 상황을 재해석합니다.
여섯째, 감정과 사실을 구분해 바라봅니다.

우리는 흔히 자신의 존재를 직업이나 사회적 위치로 규정합니다. 의사, 변호사, 판사, 교수, 목사, 스님이라는 타이틀이 그렇습니다. 그러나 그 직함은 나를 설명하는 하나의 도구일 뿐, 나의 본질은 아닙니다. 억울함을 타인의 탓으로만 돌리면 우리는 내면의 성장을 놓치게 됩니다. 억울함의 핵심은 사실의 문제가 아니라 '이해받지 못했다'는 감정입니다. 따라서 감정 표현은 타인을 향한 공격이 아니라, 자신을 지키기 위한 '성숙한 소통'이어야 합니다. 결국 솔직함은 관계를 위한 것이고, 억울함을 다루는 방식은 자기 자신을 위한 것입니다. 우리가 감정과 관계를 전략적으로 다룰 수 있을 때, 비로소 더 성숙하고 건강한 인간관계를 만들어갈 수 있습니다.

09
진정한 자율성은
책임과 배려의 균형에서 시작된다

"지금, 나는 원하는 삶을 살고 있는가?"
아니면 "누군가 정해놓은 틀 안에 갇혀 살고 있는가?"

 우리는 매일 선택을 합니다. 어떤 선택은 내면의 소망에서 비롯되지만, 어떤 선택은 사회의 기대나 타인의 요구를 따라 결정됩니다. 이처럼 자율성과 타율성 사이에서 균형을 잡는 일은 결코 단순하지 않습니다. 자율성이란 스스로의 삶을 주도하고 책임지는 능력입니다. 자율적으로 살아간다는 것은 내 선택을 내가 책임지며, 삶의 방향을 스스로 결정하는 것입니다. 반면, 타율성은 부모의 기대,

사회적 압력, 경제적 필요 등 외부 요인에 의해 삶의 방향이 정해지는 것을 뜻합니다. 하지만 흥미롭게도, 스스로 선택했다고 믿는 순간에도 우리는 타인의 기대와 환경의 영향을 받는 경우가 많습니다. 예를 들어, 직업을 선택할 때 '안정성'을 이유로 결정했다면, 그것이 진정한 나의 바람인지, 사회가 심어준 가치인지 분별하기 어렵습니다. 이를 '타율적인 자율성'이라고 부를 수 있습니다. 반대로, 외부의 기대 속에서도 자신만의 의미를 찾고 삶을 설계해 간다면, 그것은 '자율적인 타율성'이라 할 수 있습니다.

자율적인 삶을 살아가기 위해 가장 중요한 것은 선택에 대한 책임을 감당하는 태도입니다. 책임은 억압이 아니라, 관계를 지키고 나를 성장시키는 존엄한 선택입니다. "나는 내가 선택한 길을 스스로 감당하겠다"는 각오는 곧 자유를 선언하는 것이기도 합니다. 반대로, 타율적으로 선택된 삶일지라도, 그 안에서 나만의 의미를 찾아내면 충분히 주체적인 삶이 될 수 있습니다. 이는 '내적 통제감'과 '외적 통제감'의 개념으로 설명할 수 있습니다. 내적 통제감을 지닌 사람은 자신의 결과를 스스로 책임지며, 외적 통제감을 가진 사람은 외부 탓을 하며 수동적으로 반응합니다.

결국 건강한 삶이란, 외부 영향 속에서도 자신의 관점과 의미를 만들어가는 능력에서 비롯됩니다. 이 문제는 개인의 삶에만 국한되지 않습니다. 심리적으로 미성숙한 부모가 될 경우, 그 여파는 자녀와 가족 전체로 확산됩니다. 옛 어른들은 이를 '팔자'라 했지만, 저는 그렇게 보지 않습니다. 부모와 자녀 모두 선택받은 존재가 아나라, 관계 속에서 함께 만들어진 존재입니다.

상담 현장에서 자주 듣는 질문이 있습니다. "왜 늘 내가 책임지는 쪽이 될까요?", "왜 내가 배려한 만큼은 돌아오지 않나요?" 겉으로 보기엔 책임감 있고 배려심 깊은 사람들이지만, 내면에는 쌓인 억울함과 피로가 뿌리처럼 자리 잡고 있습니다. 문제는 그들이 자신이 왜 힘든지조차 모른다는 데 있습니다. 자신을 지우는 것이 성숙이라고 믿은 채 살아온 사람들은 결국 "나는 누구를 위해 살고 있는가?"라는 질문 앞에서 무너집니다.

우리 안에는 '항상 남을 먼저 생각해야 한다', '좋은 사람은 화를 내면 안 된다'는 식의 내면화된 명령이 존재합니다. 이것은 타인의 기대에 반응하기 위해 형성된 방어 전략입니다. 진정한 배려란 타인의 기대에 반응하는 것이 아니라, 내 안에서 자연스럽게 흘러나오는 것입니다. 억지스러운 배려는 결국 분노와 공허함을 만들어낼 뿐입니다. 건강한 인간관계는 서로를 통해 나를 느끼되, 나를 잃지 않는 데에 있습니다. "너를 위하면서도 나를 지킨다"는 태도가 바로 건강한 배려입니다.

그렇다면 책임과 배려는 어떻게 조율해야 할까요? 핵심은 '내가 감당할 수 있는 만큼'만 책임지고 배려하는 것입니다. 그 이상은 억압이고, 그 이하는 도피입니다. 또한, 배려 속에 숨은 불만이나 책임 뒤에 감춰진 분노까지도 인정할 수 있어야 합니다. 성숙한 자아란 사랑과 증오, 긍정과 불편함을 함께 품을 수 있는 자아입니다. 이제 이렇게 말할 수 있어야 합니다.

"나는 너를 위해 노력하지만, 나를 버리면서까지는 아니다."
"나는 널 생각하지만, 내 감정까지 무시하지 않는다."

책임도 배려도 결국 나로부터 시작됩니다. 스스로를 인정할 수 있을 때, 타인도 진정으로 돌볼 수 있습니다. 이 균형이 삶을 덜 피곤하게 하고, 관계를 덜 억울하게 만듭니다. 건강한 자율성과 배려의 균형은 '건강한 경계'에서 비롯됩니다. 경계가 없으면 타인의 감정에 휘둘리고, 경계가 너무 강하면 관계가 단절됩니다. 유연한 심리적 탄력성이 필요합니다.

다음은 네 가지 행동 유형입니다.

먼저 타율적 행동입니다. 학원 숙제 때문에 억지로 공부하는 아이, 상사의 지시에 따라 수동적으로 일하는 직원, 친구가 하자고 해서 마지못해 참석한 모임입니다.

둘째, 자율적 행동입니다. 스스로 공부 계획을 세우고 실천하는 학생, 자발적으로 청소를 시작하는 가족 구성원, 필요하다고 느껴 주도적으로 일하는 직장인입니다.

셋째, 책임 있는 행동입니다. 친구들의 의견을 모아 선생님께 전달하는 반장, 마감 기한을 지키기 위해 야근하는 직원, 늦은 귀가 후 부모님께 상황을 설명하고 사과하는 자녀입니다.

넷째, 배려하는 행동입니다. 지하철에서 노약자에게 자리를 양보하는 사람, 힘들어하는 친구 옆에 말없이 사람, 가족이 피곤해 보일 때 조용히 집안일을 대신해주는 구성원입니다.

사랑, 결혼, 일, 인간관계 모든 선택에는 이유가 있으며, 그 책임은 결코 일방적이지 않습니다. 오늘날 자유는 늘었지만, 오히려 자유가 두려움으로 다가오는 이들도 많습니다. 선택의 부담을 피하고 싶어 타율성을 택하는 경우도 많습니다. 하지만 중요한 것은 외부 환경이 아니라, 내가 어떤 태도로 삶을 대하고 있는가입니다. 선택할 자유가 주어졌음에도 여전히 타인의 기대에 휘둘리고 있다면, 그것은 외부의 문제가 아니라 나 자신이 만든 굴레일지도 모릅니다.

진정한 자율성이란, 타율적 환경 속에서도 나만의 해석과 의미를 찾아 살아가는 용기에서 시작됩니다. 그리고 그 선택을 통해 우리는 스스로를 완성해 나가게 됩니다.

10
왜 같은 실수를 반복할까?
후회에서 벗어나는 법

"이번엔 다를 거야."

우리는 종종 이렇게 다짐합니다. 그러나 비슷한 상황이 반복될 때, 결과 역시 비슷하게 다가옵니다. 결국 우리는 실망하고, 자신을 탓하게 됩니다. 그러나 같은 실수의 반복은 단순한 의지 부족이나 성격 문제가 아닙니다. 여기에는 인간 심리에 깊숙이 작동하는 강력한 기제가 있습니다.

첫째, 손실 회피 심리입니다. 사람은 얻는 것보다 잃는 것에 훨씬 민감합니다. 이미 투자한 감정이나 시간, 돈이 아깝게 느껴져 불리한 상황을 알면서도 관계를 끊지 못하고, 망설이다가 더 큰 손해를 보는 경우가 많습니다. 예를 들어, 오랜 친구와의 관계가 이미 힘들어졌음을 알면서도, 함께한 시간을 생각해 끊지 못하는 경우가 그렇습니다.

둘째, 심리적 착각, 즉 '희망적 사고'의 함정입니다. 우리는 과거의 실패를 보면서도 '이번엔 다를 거야'라고 믿고 싶어 합니다. 하지만 조건이 달라지지 않았다면, 결과 역시 달라지기 어렵습니다. 마치 반복적으로 단기 다이어트에 실패하면서도 '이번엔 의지가 다를 거야'라고 생각하는 것과 같습니다.

셋째, 인지 부조화입니다. 자신의 신념과 행동이 충돌할 때 사람은 심리적 불편을 느끼고, 이를 줄이기 위해 행동을 정당화하려 합니다. 예를 들어, "이 직장은 나에게 맞지 않아"라고 느끼면서도 "그래도 여기서 버티는 게 낫지"라고 스스로를 설득하는 경우가 이에 해당합니다.

실수를 반복하는 사례를 다섯 가지로 이야기해 보겠습니다.

첫째, 투자 실패를 인정하지 않고 재투자하는 경우입니다. 손해를 인정하고 싶지 않아, 손실 난 종목에 '언젠가는 오를 것'이라며 더 투자하는 경우입니다.

둘째, 맞지 않는 인간관계를 끊지 못하는 경우입니다. 이미 관계가 소진되었음을 알면서도, 쏟은 정성과 시간을 이유로 관계를 유지하려 합니다.

셋째, 다이어트 실패 후 같은 방식을 반복하는 경우입니다. 단기 유행 다이어트를 반복하며 실패하고, 원인을 외부 탓으로 돌리면서 '이번엔 다를 것'이라 믿습니다.

넷째, 감정 폭발 후 후회하면서 개선하지 않는 경우입니다. 분노로 관계를 망치고 후회하면서도, '그땐 어쩔 수 없었어'라고 합리화합니다.

다섯째, 불만족스러운 직장을 계속 다니는 경우입니다. 불확실한 미래에 대한 두려움 때문에 변화하지 않고, '여기서 버티는 게 낫지'라고 현실을 정당화합니다.

다음은 같은 실수를 줄이는 세 가지 방법입니다.

첫째, 이미 쏟은 시간과 감정에 연연하지 말고, 앞으로의 가능성을 바라봐야 합니다. 지금 붙잡고 있는 것이 내 미래에 도움이 되는지 냉정하게 점검해야 합니다.

둘째, '이번엔 다를 거야'라는 막연한 기대를 경계해야 합니다. 조건이 달라지지 않았다면 결과도 비슷할 가능성이 높습니다. 구체적으로 무엇이 달라졌는지 스스로에게 질문해야 합니다.

셋째, 신념과 행동이 일치하는지 점검해야 합니다. 불편한 감정을 피하기 위해 내리는 선택은 결국 더 큰 혼란을 부를 수 있습니다. 불편을 인정하고 변화의 방향으로 나아가야 합니다.

예를 들어, 한 마트에서 60대 A씨는 반복적으로 물건을 훔치는 사건이 있었습니다. 경찰 조사 결과, A씨는 자신의 행동이 잘못임을 알면서도 불안과 쾌감을 동시에 느꼈다고 합니다. '나는 정직한 사람'이라는 신념과 '잃은 만큼 되찾아야 한다'는 심리가 충돌하면서 '이건 정당한 보상'이라고 스스로를 합리화했던 것입니다. 이처럼 손실을 피하려는 심리와 인지 부조화는 때로는 상식과 도덕을 넘어서는 행동으로 이어질 수 있습니다. 주식 투자에서도 비슷한 모습을 볼 수 있습니다. 손실을 인정하기 싫어 '본전만 찾자'는 심리로 무리하게 추가 투자하다가 더 큰 손해를 보는 경우가 적지 않습니다. 자신의 손실을 피하기 위해서 때로는 심리적 불편감을 주변사람들에게 감정의 쏟아낼 수 있습니다. 그렇다면, 타인으로부터 감정 쓰레기통이 되지 않기 위한 다섯 가지 방법을 제안해 봅니다.

<u>첫째, 감정의 주체를 분별하세요.</u> '이 감정은 내 것인가, 상대의 것인가?'를 구분하는 연습이 필요합니다. (칸을 띄우지 마세요)

<u>둘째, 경계를 세우세요.</u> 불편한 상황에서는 부드럽지만 분명하게 '이 이야기는 불편합니다'라고 표현해야 합니다.

<u>셋째, 'STOP' 신호를 스스로에게 주세요.</u> 자동 반응 대신, 속으로 '이건 내 책임이 아니다'라고 말하며 감정의 덫에서 빠져나오세요.

<u>넷째, 감정을 건강하게 배출하는 루틴을 만드세요.</u> 산책, 운동, 글쓰기 등으로 감정을 흘려보내야 합니다.

<u>다섯째, 자기 연민과 돌봄을 실천하세요.</u> 자신에게 매일 '수고했어'라고 말하는 작은 습관이 감정 쓰레기통이 되는 것을 막아줍니다.

같은 실수를 반복하는 것은 기억력의 문제가 아닙니다. 인간 본성에 깊게 뿌리내린 심리적 패턴 때문입니다. 우리는 '잃지 않기 위해', '희망을 품기 위해', '불편을 피하기 위해' 때때로 비합리적인 선택을 반복합니다. 그러나 자신의 심리를 인식하고, 작은 질문을 던질 수 있다면 변화는 시작됩니다.

"이번에는 정말 다를까?"
"나는 같은 이유로 또 같은 선택을 하려는 것은 아닐까"

이 한 번의 질문이, 과거와는 다른 미래로 우리를 이끌 수 있습니다. 우리는 왜 같은 실수를 반복하는 것일까요? 실수가 반복된다기보다, 사실은 익숙한 감정의 패턴이 반복되는 경우가 더 많습니다. '놀람'이 나의 중심을 흔들고, '책임'이 공감보다 앞설 때, 우리는 비슷한 상황에서 비슷한 반응을 하게 됩니다. 그렇게 남은 후회는 감정의 부스러기를 붙잡고 마음속에 오래 머뭅니다.

심리학자 칼 로저스는 "나 자신을 있는 그대로 받아들일 때 비로소 변화가 시작된다"고 말했습니다. 후회에서 벗어나는 길은 자신을 비난하는 데 있지 않습니다. 오히려 "그때 나는 왜 그렇게 반응할 수밖에 없었을까?" 하고 조심스럽게 되묻는 데서 시작됩니다. 그리고 그 질문은 종종 '두려움'에서 비롯됩니다. 스스로 무너지지 않기 위해, 또는 상황을 감당하기 위해 순간적으로 거리 두기를 택했을 가능성도 있습니다. 그것은 인간의 본능적인 자기 방어일 수 있다는 점을 인정해야 합니다.

중요한 것은 그 다음입니다. 나는 그 실수를 반복하지 않기 위해 무엇을 더 섬세하게 느껴야 하며, 어떻게 다르게 반응할 수 있을까요? 후회는 끝이 아니라, 성찰의 시작입니다. 그리고 우리는 언제든 관계를 다시 이어갈 수 있습니다. 인간은 완벽하지 않지만, 진심은 결국 전해지기 때문입니다.

11
반려동물을 잃은 마음:
멜랑콜리와 애도의 심리학

이제는 '애완동물'이라는 표현보다 '반려동물'이라는 말이 더 익숙해졌습니다. 단순한 동물이 아닌, 가족의 일원으로 자리 잡은 존재이기 때문입니다. 개, 고양이뿐 아니라 토끼, 새, 이구아나, 물고기까지도 사람과 더불어 살아가는 존재라면 모두 반려동물이라 부를 수 있습니다. 그렇기에 반려동물을 잃는다는 것은 단순한 생물의 사망이 아닙니다. 함께한 시간만큼이나 깊은 정서적 충격과 상실감, 때로는 우울감과 죄책감이 동반되며, 그 복합적인 반응은 종종 우리가 경험하는 인간의 죽음과도 유사한 애도 과정을 불러일으

킵니다. 정신분석가 프로이트는 상실에 대처하는 두 가지 방식이 있다고 말했습니다. 그것은 애도와 멜랑콜리입니다. 둘은 모두 상실을 전제로 하지만, 내면의 반응은 크게 다릅니다. 애도는 상실한 대상을 인지하고, 세상이 공허해졌다는 사실을 받아들이며 새로운 관계를 향해 나아가려는 자아의 움직임입니다.

반면 멜랑콜리는 그 상실의 감정을 자신에게로 되돌립니다. 상실한 대상에 대한 복수심이나 분노를 자기 자신에게 투사하면서 스스로를 비난하고 자학합니다. "나는 무능해", "내가 뭘 잘못했을까"와 같이 표현합니다. 이러한 멜랑콜리 상태는 자존감과 깊은 관련이 있습니다. 스스로를 소중히 여기지 못할수록, 상실은 자신을 공격하는 방식으로 작용하게 됩니다. 프로이트는 멜랑콜리를 병리적 우울 상태로 보았으며, 이는 때로 자아의 분열까지 불러올 수 있다고 경고했습니다.

애도란 죽은 사람이 사랑했던 나를 포기하는 것인 듯합니다. 단지 그 사람이 소중해서가 아니라, 그 사람이 나를 소중히 여겨준 기억을 놓지 못하기 때문에 우리는 쉽게 잊지 못합니다. 결국 애도는 '그 사람이 결여했던 나'를 애도하는 일이기도 합니다. 반려동물의 죽음은 그 자체로 깊은 상실이지만, 그와 함께 겪는 심리 반응은 더욱 복합적입니다. 이때 나타나는 슬픔, 무기력, 죄책감, 정서적 붕괴 등을 통틀어 일종의 '펜도스 증후군'이라고 부르기도 합니다. 이는 공식적인 진단명은 아니지만, 반려동물 상실 이후 일상 기능이 저하될 만큼 심리적 충격이 지속될 때 나타나는 현상을 설명하는 용어입니다. 특히 반려동물이 외로움과 상처를 보상받는 정서적 대체물이었거나, 인간관계보다 더 깊은 유대가 있었던 경우라면, 이 증후군은 더욱 강하게 나타납니다. 반려동물에게 정서적으로 과도하게 의존하는 경우도 있습니다. 이런 현상을 '과잉의존 증후군'이라고 합니다. 이 시기에는 반려동물에게 자신의 감정을 투사하게 되며, "내 말을 알아듣지 못해도, 내 마음은 안다"는 생각으로 위안을 얻습니다.

그러나 이 투사는 때로 반려동물에게 인간 이상의 역할을 요구하게 만들며, 분리불안이나 현실 도피로 이어질 수 있습니다. 출장이나 여행을 가야 할 때 극도의 불안, 집중력 저하, 죄책감을 느끼거나, 반려동물을 혼자 두는 것에 강한 거부감을 보이기도 합니다. 결국 반려동물과의 관계가 자신을 지탱하는 유일한 정서적 연결점이 될 때, 자기 정체성과 자존감은 쉽게 흔들리게 됩니다. 이러한 이유로 반려동물 상실의 고통은 결코 가볍지 않습니다. 그러나 그 감정을 건강하게 소화하고 정리하기 위한 방법이 있습니다. 상징적 작별의식을 마련하는 것 — 편지를 쓰거나 추모 공간을 만들고, 감정을 글로 풀어보는 것 — 은 정서의 통로를 열어주는 중요한 과정입니다. 또한 상담치료나 반려동물 상실을 겪은 사람들과의 그룹 모임에 참여하는 것도 치유에 도움이 됩니다.

때로는 남은 정서적 유산을 봉사나 보호활동 같은 실천으로 이어가는 것이, 고통을 의미 있는 기억으로 전환시키는 힘이 되기도 합니다. 무엇보다 중요한 것은 자신에게 정서적 중심을 되돌려주는 일입니다. 반려동물은 우리 삶의 동반자이지만, 우리의 존재 그 자체는 아닙니다. 상실을 경험한 나를 충분히 인정하고, 자존감을 회복해 가는 것이 진정한 애도의 마무리입니다.

결국 건강한 애도는, 사랑했던 대상을 놓아주는 동시에 상실로 인해 흔들린 나 자신을 다시 품는 과정입니다. 이는 단순히 잊는 것이 아니라, 그 사람과의 기억을 내면에 잘 정리하고 새로운 삶의 의미를 찾아가는 여정입니다. 애도는 고통스럽지만, 그 시간을 통해 우리는 더욱 성숙해지고, 삶의 복잡한 감정을 받아들이는 힘을 키우게 됩니다.

제3장

사춘기 아이와 마음으로 연결되는 부모의 심리 수업

01
청소년기, 부모가 알아야 할
진짜 성장의 언어

"나는 정말 아이를 이해하려고 노력하고 있을까?"
"내가 원하는 모습으로 아이가 자라주길 기대하는 것은 아닐까?"
"혹시 아이가 마음의 상처를 입었는데도 알아차리지 못한 건 아닐까?"

이 질문은 청소년 자녀를 둔 부모라면 반드시 스스로에게 던져야 할 물음입니다. 청소년기는 부모에게 가장 혼란스럽고 두려운 시기입니다. 부모가 완벽할 필요는 없습니다. 중요한 것은 아이의 감정을 존중하고, 실수했을 때 다시 관계를 회복하려는 진심입니다.

'충분히 좋은 부모'란, 아이의 아픔과 혼란을 무시하지 않고 곁에서 꾸준히 지지하는 사람입니다. 어릴 적엔 품 안에서 웃던 아이가, 어느 날 문을 닫고 대화를 피하기 시작할 때, 부모님들은 '내가 뭘 잘못했나?'라며 불안해합니다. 그러나 청소년기의 변화는 부모 탓도, 아이의 문제도 아닙니다. 이 시기는 누구나 겪는 성장통입니다. 청소년은 심리적 독립을 시작하는 시기입니다. 스스로 생각하고 선택하고 싶어 하지만, 감정을 조절하는 능력은 아직 미성숙합니다. 그래서 부모의 말이나 행동을 과하게 부정적으로 받아들이고, 때론 격하게 반응하기도 합니다. 예를 들어, 부모가 "그 옷은 별로니까 다른 걸 입어"라고 하면, 아이는 "내 선택은 존중받지 못하는구나"라고 느낄 수 있습니다. "공부해, 친구 만나지 마"라는 말 역시, 아이에게는 "나는 내 삶을 스스로 꾸려갈 수 없구나"라는 좌절로 다가옵니다.

이 시기의 핵심은 '자율성'입니다. 작은 선택이라도 아이가 스스로 하게 돕고, 그 결과를 경험할 수 있게 해야 합니다. 또래 친구는 청소년기 아이들에게 가장 중요한 존재가 됩니다. 이 시기에 부모보다 친구의 말에 더 귀 기울이는 것은 자연스러운 발달 과정입니다. 부모는 아이가 건강한 친구 관계를 맺을 수 있도록 지켜봐 주는 조력자가 되어야 합니다. 말보다 중요한 것은 부모의 '삶의 태도'입니다. 아이들은 가르침보다 부모가 어떻게 살아가는지에서 더 깊이 배웁니다. 삶을 대하는 정직한 자세, 감정을 다루는 방법은 가장 강력한 심리적 교육이 됩니다. 청소년기는 감정적으로도 매우 민감한 시기입니다. 작은 일에도 큰 감정 반응을 보일 수 있으며, 이때 부모가 감정을 무시하거나 논리로만 설득하려 하면 아이는 더욱 마음을 닫습니다. 예를 들어, 아이가 "학교 가기 싫어"라고 말할 때, "다 학교 안 가면 세상은 어떻게 되겠니?"라는 식의 반응은 아이를 더 외롭게 만듭니다. 대신 "학교 가기 힘들구나. 어떤 일이 있었어?"라고 묻는다면, 아이는 자신의 마음을 열기 시작합니다. 청소년기의 변화는 문제가 아니라, 성장 과정의 필수적인 일부입니다. 부모가 이를 위기로 보지 않고, 하나의 발달 단계로 받아들일 때, 아이는 더 건강한 자아를 형성할 수 있습니다. 부모의 본질적인 역할은 통제가 아니라, 기다림과 지지입니다. '내 방식대로' 아이를 끌고 가는 대신, 아이의 자율성과 감정을 존중하며 곁에 머물러주는 것, 그것이 가장 강력한 힘이 됩니다.

청소년과의 갈등, 왜 반복될까요? 상담 현장에서 만난 수많은 청소년과 부모님들은 같은 고민을 이야기합니다. "왜 우리 집만 이렇게 문제가 많을까?" 하지만 청소년기 갈등은 거의 모든 가정이 겪는 자연스러운 과정입니다. 문제는 갈등이 일어나는 것 자체가 아니라, 그 갈등을 부모가 어떻게 받아들이고 반응하느냐에 있습니다. 청소년은 단지 '문제적 존재'가 아닙니다. 자신을 찾아가는 여정 속에서 미숙한 감정과 충돌을 표현하는 존재입니다.

특히 청소년들에게 자주 나타나는 행동 특성은 이렇습니다.
① **책임을 회피합니다.**
② **상황에 따라 태도가 달라집니다.**
③ **대화에서 집중하지 못합니다.**

④ 의존과 독립 사이를 오가며 혼란스러워합니다.
⑤ 감정 기복이 심하고 피해 의식을 느낍니다.
⑥ '사춘기'를 변명의 수단으로 사용합니다.
⑦ 변화를 두려워합니다.
⑧ 겉으로는 순응하지만 속으로는 강한 고집을 품고 있습니다.

이 모든 모습은 성장 과정에서 충분히 나타날 수 있는 것입니다. 성인이 되어도 이런 특성이 지속된다면, 청소년기에 정서적 자립이 충분히 이루어지지 못했음을 의미합니다. 청소년들은 일부러 부모를 힘들게 하려고 그러는 것이 아닙니다. 그들 또한 죄책감과 책임감 사이에서 갈등하고, 스스로도 답답해하고 있습니다. 아이들은 부모가 끝까지 믿어주기를 간절히 바랍니다. 지금 당장은 반항처럼 보여도, 깊은 곳에는 '날 포기하지 말아줘'라는 버려질까봐에 대한 두려운 마음이 자리하고 있습니다.

청소년의 고민, 부모의 역할은 무엇일까요? 청소년기는 신체적, 정서적으로 격렬하게 변화하는 시기입니다. 이 시기 청소년들이 주로 겪는 고민은 다섯 가지로 요약할 수 있습니다.
<u>첫째, 자아 정체성의 혼란입니다.</u> "나는 누구인가?"를 고민하며, 자신의 존재와 가치를 탐색합니다.
<u>둘째, 관계의 어려움이 있습니다.</u> 친구, 가족, 이성과의 관계에서 상처받거나 갈등을 경험합니다.
<u>셋째, 학업과 진로로 인해 압박감이 있습니다.</u> 성적, 입시, 진로 선택에 대한 불안과 스트레스를 겪습니다.

넷째, 외모와 자기 이미지에 대한 민감성이 있습니다. SNS나 또래 평가에 과도하게 신경 쓰며, 자존감이 흔들리기도 합니다.

다섯째, 미래에 대한 불안입니다. '내가 잘 살아갈 수 있을까?'라는 막연한 두려움을 품습니다.

부모는 이런 아이들의 고민을 가볍게 여기지 말아야 합니다. 문제를 해결하려 하기보다, 그 감정 자체를 있는 그대로 들어주고 공감하는 것이 더 중요합니다. 청소년기의 혼란은 시간이 지나기만 하면 해결되는 것이 아닙니다. 어쩌면 부모의 인내와 신뢰, 꾸준한 관심이 필요합니다. 예를 들어, 반항적인 행동을 보이는 아이에게 "너 왜 이렇게 변했니?"라고 묻기보다는, "요즘 많이 힘든가 보구나. 말은 안 해도, 네가 버티고 있다는 걸 알아"라고 말해주는 것입니다.

관계는 하루아침에 바뀌지 않습니다. 부모도 지치고, 때로는 포기하고 싶은 순간이 찾아올 수 있습니다. 하지만 부모가 끝까지 곁을 지킬 때, 아이는 스스로를 믿는 법을 배우게 됩니다. 청소년기의 혼란은 결국 성장의 신호입니다. 부모와 자녀가 함께 이 시기를 건너는 과정에서, 두 사람 모두 새로운 성장을 경험할 수 있습니다. 지금 아이에게 필요한 것은 완벽한 해답이 아니라, 변함없는 신뢰와 사랑입니다. 그리고 부모의 안정된 모습입니다.

02
사춘기는 반항이 아니라 성장이다

사춘기 자녀를 둔 부모라면 한 번쯤은 이런 말을 했을 것입니다. "도대체 왜 저럴까?"라고 느낀 적 있으신가요? "어떻게 해야 할지 모르겠다"며 답답했던 순간도 있으셨을 겁니다. "왜 이렇게 말을 안 듣지?"라고 고민하기 전에, 혹시 아이의 마음을 들여다보려 한 적은 있으셨나요? 청소년기를 두 번째로 태어나는 시기라고 표현합니다. 신체적으로는 성인에 가까워지지만, 심리적으로는 여전히 의존과 독립 사이를 오가며 혼란을 겪는 시기입니다. 이 시기의 청소년들은 자아를 재구성하며 부모와의 분리와 개별화를 강하게 원하게 됩니다. 그러니 겉으로는 반항처럼 보일 수밖에 없습니다. 청소년의 감정 기복이나 충동성은 단순한 문제가 아닙니다. 그들은 지금 혼란 속에서 진짜 자신을 찾아가고 있습니다. 예를 들어, 고등학교 1학년 여학생이 요즘 부쩍 예민해졌다고 생각해 봅시다. 사소한 말에도 화를 내고 방에 틀어박히는 모습이 반복됩니다. 이럴 때 부모는 "왜 이렇게 변했지?"라고 걱정하기 쉽지만, 사실 그 아이는 "나는 누구인가"라는 질문에 대해 몸과 마음이 치열하게 답을 찾고 있는 것입니다. 청소년들의 감정 조절이 서툰 데에는 뇌 발달의 영향도 있습니다.

감정을 관장하는 변연계는 청소년기에 빠르게 발달하지만, 충동을 조절하는 전두엽은 아직 충분히 성숙하지 않은 상태입니다. 쉽게 말하면, 감정의 가속 페달은 이미 밟혀 있는데 브레이크는 아직 덜 완성된 셈입니다. 이런 상태에서 "왜 이렇게 못 참아?"라고 다그치기보다는, "지금 정말 힘들구나"하고 마음을 헤아려주는 것이 훨씬 효과적입니다. 사춘기 아이들은 때로는 샤워하는 시간이 한 시간, 길게는 두 시간 넘게 머무르기도 합니다. 한 달 수도요금을 보고 부모가 놀라며 "물을 좀 아껴 써라", "화장실에서 좀 빨리 나오라"며 볼멘소리를 하게 되지만, 이 또한 지나가는 시기의 일부입니다. 그들만의 공간과 시간이 필요한 이 시기에, 부모가 잠시 멈춰 기다려주고 존중하는 태도는 아이의 자율성과 정체성을 키우는 데 큰 힘이 됩니다.

또래 관계의 영향력도 커집니다. 부모의 말은 무시하면서 친구 말은 민감하게 반응하는 모습, 익숙하시죠? 이는 자연스러운 자아 탐색의 과정입니다. 따라서 친구 관계를 무조건 통제하기보다, 존중하고 필요한 때 조언하는 조력자가 되어야 합니다. 청소년은 더 이상 어린아이도, 그렇다고 완전한 어른도 아닙니다. 스스로도 감정과 정체성의 혼란 속에 있는 사춘기 시기에는, 부모가 과도한 통제자가 되기보다는 조용히 기다려주는 지지자가 되어야 합니다. 이 시기의 자녀는 말보다 태도를 통해 신뢰를 확인합니다. 그렇기에 부모는 먼저 자신의 감정을 조절하고, 안정적인 태도로 자녀 곁을 지켜주는 성숙함을 보여주어야 합니다. 이것이 바로 부모의 몫이며 가장 중요한 삶의 태도입니다. 건강한 부모란, 자녀가 흔들릴 때 함께 흔들리지 않고 중심을 잡아주는 존재입니다. 판단보다 공감으로, 개입보다 경청으로 다가설 때, 자녀는 그 관계 안에서 자신을 안전하게 탐색할 수 있는 힘을 얻게 됩니다.

건강한 사춘기를 위해 부모가 가져야 할 세 가지 태도입니다.
첫째, 경청하는 것입니다. 조언보다는 공감이 먼저입니다. "그런 일이 있었구나. 속상했겠다."라는 한마디가 대화의 문을 엽니다.
둘째, 진짜 부모가 되는 것입니다. 완벽한 척하지 마세요. 부모도 실수하고, 감정 표현을 솔직하게 하는 모습이 오히려 좋은 본보기가 됩니다.
셋째, 적절한 거리두기가 필요합니다. 모든 걸 대신해 주려 하기보다, 아이가 부딪히고 배우도록 기다려야 합니다. 신뢰가 개입된 거리가 필요합니다.

사춘기 자녀를 둔 부모는 종종 실망하고, 화가 나기도 합니다. 그러나 그런 감정은 누구에게나 당연합니다. 중요한 것은 이 시기를 지나면 아이들은 보다 성숙하고 독립적인 존재로 성장한다는 점입니다. 아이를 문제로 보지 말고, 성장 중인 존재로 바라보아야 합니다. 사춘기는 자녀만 성장하는 시간이 아닙니다. 부모 역시 자녀와 함께 다시 만나는 방법을 배우고, 함께 성숙해가는 여정입니다. 이 시기에 부모가 보여준 따뜻한 이해와 존중은 자녀에게 평생을 지탱해줄 힘이 됩니다.

사춘기 청소년의 특징을 이해하면, 다음과 같은 일곱 가지 행동의 의미를 더 깊이 알 수 있습니다.
① 정체성 탐색-"나는 누구인가?"라는 질문에 몰두합니다.
② 감정 기복-사소한 일에도 기분이 급변합니다.
③ 독립성 추구-간섭을 거부하고 스스로 결정하려 합니다.
④ 또래 중시-친구 관계에 강한 영향을 받습니다.
⑤ 권위 도전-부모나 교사의 지시에 반항합니다.
⑥ 미래 불안-진로, 학업, 인간관계에 대한 불안을 느낍니다.
⑦ 외모 집착-외모에 과도한 관심을 갖고 타인의 시선을 의식합니다.

그리고 사춘기 고민 사례를 몇 가지 소개하겠습니다.
① 학업 스트레스-중3 A군은 성적이 떨어질까 두려워합니다. 자신이 뭘 잘하는지 몰라 더 막막합니다.
② 친구 관계 불안-고1 B양은 친구들과 멀어지면서 외로움을 느끼고 있습니다.
③ 부모 간섭 갈등-16살 C군은 부모의 잦은 간섭을 스트레스로

느낍니다.
④ 연애 고민-17살 D양은 짝사랑 중이지만 외모에 대한 불만으로 자신감을 잃고 있습니다.
⑤ 자기 정체성 혼란-15살 E군은 꿈이 없어 막연한 불안감을 느낍니다.
⑥ SNS 비교 스트레스-16살 F양은 SNS 속 친구들의 화려한 일상과 자신을 비교하며 좌절합니다.

반항은 분리와 연결을 동시에 원합니다. 청소년기의 반항은 부모와 분리되고 싶은 욕구와 여전히 지지받고 싶은 마음이 뒤섞여 있습니다. 겉으로는 "나를 내버려 둬!"라고 외치지만, 속으로는 "내 마음을 제발 알아줘."라고 호소하는 것입니다. 아이들이 자신을 탐색할 수 있도록 이런 질문을 던져보세요.

"요즘 가장 많이 드는 생각이나 고민은 뭐니?"
"너에게 가장 중요한 가치는 뭐라고 생각해?"
"스트레스는 어떻게 풀고 있니?"
"만약 아무 제한이 없다면 가장 하고 싶은 일은 뭐야?"
"네가 가장 행복할 때는 언제야?"

이런 대화는 아이가 스스로를 탐색하고, 건강한 방향을 잡을 수 있도록 돕습니다.

반항과 반사회적 행동, 어떻게 구분할까요? 청소년기의 반항은 정체성을 찾아가는 과정입니다. 그러나 적절한 지지 없이 방치되면, 폭력, 절도, 학교 부적응 같은 반사회적 행동으로 이어질 수 있습니다. 모든 반항이 문제 행동으로 발전하는 것은 아니지만, 부모와 교사가 따뜻한 관심을 놓지 않아야 합니다. 부모는 아이의 감정을 억누르거나 통제하기보다는, 이해하고 소통하는 자세로 관계를 만들어야 합니다. 이런 환경 속에서 청소년은 스스로 감정을 조절하고, 문제를 해결하는 힘을 키워갑니다. 아이들은 부모가 보여주는 정서적 안정과 신뢰 속에서 인생을 살아가는 법을 배웁니다. 부모 역시, 이 과정을 통해 한층 더 깊고 단단한 어른으로 성장하게 됩니다.

03
나는 감정 쓰레기통이 아니다

"내가 너무 지쳤던 날, 아이가 다가와 말을 걸 때 부담스럽게 느껴진 적이 있진 않나요?"
"아이에게 무심코 힘든 감정을 쏟아낸 경험이 떠오르시나요?"
"내가 털어놓은 말이 아이에게 어떤 영향을 줄지 생각해 본 적 있으신가요?"

부모는 완벽할 필요는 없습니다. 그리고 완벽한 존재도 아닙니다. 다만 자신의 감정을 아이에게 떠넘기지 않고, 책임지려는 자세가 중요합니다. 아이는 보호받아야 할 존재이지, 어른의 감정을 감당해야 할 대상이 아닙니다. 대부분의 부모는 자신의 스트레스, 불안, 분노 같은 감정을 아이에게 자연스럽게 드러냅니다. 이때 아이는 부모의 기분을 살피고 맞추며, 정서적으로 과도한 부담을 짊어지게 됩니다. 말하자면, '감정의 쓰레기통'이 되는 셈입니다. 아이는 자신보다 부모의 감정을 먼저 고려하게 되고, 결국 자신의 감정을 억누르는 성향이 형성됩니다.

한 예로, 아이가 울며 속상한 일을 이야기하려 할 때, 부모가 "나도 힘들어 죽겠는데 네가 뭘 알아"라고 반응하면, 아이는 더 이상 자신의 감정을 표현하지 않게 됩니다. 이는 정서적 억압으로 이어지고, 자존감이 낮아지는 원인이 됩니다. 부모가 홧김에 했던 말이 아이에게는 부모가 죽을까봐에 대한 두려움이 커집니다. 감정은 표현되지 않으면 몸과 행동으로 드러나게 되어 있습니다. 말하지 못한 감정은 아이의 무의식에 스며들고, 긴장과 불안을 유발합니다. 결국, 부모의 기분에 따라 가정 분위기가 출렁이고, 아이는 늘 긴장 속에서 살아가게 됩니다. 또한 아이는 감정 조절의 모델을 부모를 통해 배웁니다.

감정을 건강하게 다루는 모습을 경험하지 못한 아이는, 성인이 되어서도 억압하거나 폭발하는 방식으로 감정을 처리하게 됩니다. 아이의 입장에서 생각해 보면 명확해집니다. "엄마는 나 때문에 힘든가?", "내가 잘해야 엄마가 덜 힘들겠지.", "혹시 나로 인해 엄마가 죽는 것은 아니겠지." 이런 생각이 반복되면, 아이는 자신의 감정보다 부모의 안정을 우선시하게 됩니다. 이러한 패턴은 성인이 되어서도 타인의 감정을 지나치게 신경 쓰는 성격으로 이어질 수 있습니다.

예를 들어, A는 직장 상사의 기분에 따라 휘둘립니다. 상사는 화가 나면 A에게 짜증을 내며 감정을 쏟아냅니다. A는 속으로 참지만 퇴근 후 탈진감을 느끼고, 점점 자존감이 낮아집니다. 이처럼 한쪽이 일방적으로 감정을 쏟고, 다른 쪽이 참아내는 관계는 심리적으로 매우 소모적입니다.

B는 어릴 때부터 엄마의 고민 상담 대상이었습니다. "내가 너 키우느라 얼마나 힘든 줄 아니?"라는 말을 반복해서 들으며 자란 B는 엄마를 위로해야 한다는 책임감을 느낍니다. 정작 자신의 감정은 표현하지 못한 채, 늘 부모의 기분에 맞춰 살아갑니다.

C는 연인이 스트레스를 받을 때마다 감정의 대상이 됩니다. 연인이 짜증을 내거나 불편함을 투사해도, C는 "이 사람이 날 사랑하니까 이러는 거겠지"라며 자신을 설득합니다.

결국 자신의 감정을 억누른 채 상대에게 맞춰가는 관계가 지속됩니다. 이처럼 감정 쓰레기통이 된 사람은 자신을 돌볼 여유를 잃게 됩니다. 그 결과, 감정적 소진과 관계의 왜곡이 뒤따릅니다. 어릴 적 부모의 감정을 대신 감당했던 사람들은 성인이 되어서도 타인의 감정을 지나치게 수용하거나 거절을 어려워하는 경향이 있습니다. 경계가 흐려지고, 자신을 희생하게 되는 것입니다. 그래서 감정의 흐름을 자각하고, 스스로의 감정을 건강하게 바라보는 연습이 필요합니다. 아이에게 감정을 전가하지 않고, 스스로 정리하는 능력은 성숙한 어른의 기본입니다. 감정을 다룬다는 것은 억누르거나 폭발시키는 것이 아니라, 흐르게 하는 일입니다. 그 흐름이 자연스러울수록 타인의 감정에 휘둘리지 않고, 내 감정을 무심코 던지지도 않게 됩니다.

마지막으로, 감정 쓰레기통이 된 사람들을 위한 탐색 질문을 드립니다.
1. 지금 나는 어떤 감정을 느끼고 있나요?
2. 상대가 나에게 감정을 쏟아낼 때, 나는 어떤 반응을 보이나요?
3. 감정 쓰레기통처럼 느껴질 때, 내 몸과 마음은 어떤 신호를 보내고 있나요?
4. 이 관계는 감정을 주고받는 균형이 맞는가요?
5. 왜 나는 이 감정을 받아주고 있나요? 죄책감? 의무감? 두려움?
6. 이 감정을 받아주지 않으면 어떤 일이 벌어질 것 같나요?
7. 내 감정을 더 건강하게 표현할 방법은 무엇일까요?
8. 이 관계에서 나는 진짜 무엇을 원하고 있나요?
9. 상대에게 솔직히 "이런 방식이 불편해요"라고 말해본 적이 있나요?
10. 앞으로 감정 쓰레기통이 되지 않기 위해, 내가 실천할 수 있는 일은 무엇인가요?

우리는 서로의 감정을 나누는 동반자이지, 감정의 쓰레기통이 되어서는 안 됩니다. 스스로의 감정을 돌보는 일이 먼저이며, 관계에서도 '어디까지 받아들일 것인가'를 분명히 해야 합니다. 스스로에게 이렇게 말해보세요.

"나는 감정 쓰레기통이 아닙니다."

이 한마디는 단순한 표현을 넘어, 내 삶의 감정적 경계를 지키는 강력한 선언이 될 수 있습니다. 상대의 분노, 불안, 짜증을 일방적으로 받아내며 무조건 참는 것은 배려가 아니라 자기소모입니다. 감정을 나누는 것과 감정의 쓰레기통이 되는 것은 다릅니다. 나 역시 존중받아야 할 감정을 가진 존재이며, 그 경계를 분명히 하는 것은 건강한 관계를 위한 첫걸음입니다. 경계를 세운다는 것은 상대를 밀어내는 것이 아니라, 나를 지키며 더 나은 관계를 만들어가겠다는 의지입니다. "나는 감정 쓰레기통이 아닙니다"라는 말은 곧, "나의 감정도 소중합니다"라는 자기 존중의 표현입니다. 이 작은 말 한마디에서부터 진짜 나다운 삶이 시작됩니다.

04
마음이 허기질 때, 무엇을 채워야 할까요?

"배가 부른 상태인데도 왜 자꾸 무언가를 먹고 싶을까요?"
"무엇이 채워지지 않아서 자꾸 허전할까요?"
"신뢰가 무너지면 마음은 얼마나 깊게 허물어질까요?"

심리적 허기는 관계에서 시작되며, 관계에서 회복됩니다. 진짜 허기를 채우는 힘은 누군가 나를 이해해줄 때 생깁니다. 누군가 내 감정을 진심으로 알아차려주는 경험은 마음의 균열을 메우는 첫 걸음입니다. 단순히 누군가 곁에 있는 것이 아니라, 마음이 만나지는 경험이 우리에게 심리적 포만감을 줍니다. 신뢰는 그 핵심입니다. 신뢰는 하루아침에 만들어지지 않습니다. 일관된 행동과 반복되는 경험을 통해 자라납니다. 반대로, 아주 사소한 말 한마디, 행동 하나로도 쉽게 무너질 수 있습니다. 심리적으로 허기진 사람은 종종 무의식적으로 타인의 신뢰를 해치는 행동을 하게 됩니다. 말과 행동이 다르거나, 책임을 회피하고, 인정받지 못하면 자신이 무가치하다고 느끼는 모습으로 드러나기도 합니다. 스스로 인식하지 못한 채, 누군가에게 의존하거나 감정적으로 소모적인 관계를 반복하는 것입니다. 이것이 바로 '심리적 허기'입니다.

심리적 허기란 감정적으로 채워지지 않은 상태에서 나타나는, 무언가를 채우고자 하는 강한 충동입니다. 배가 고프지 않아도 계속 음식을 찾는 것, 혼자 있으면 불안해지는 것, SNS에서 끝없는 비교를 하는 것, 누군가에게 과도하게 기대는 것 — 이 모든 것이 마음의 허기를 말해줍니다. 예를 들어, 한 청소년이 문제 행동이 있는 친구와 자주 어울린다고 합시다. 부모는 "그 친구는 너한테 좋지 않아. 만나지 마."라고 말합니다. 하지만 자녀는 격하게 반발합니다. 왜일까요? 그 친구는 힘든 시기에 곁에 있어 주었고, 자녀는 그 친구를 통해 외로움을 달래며 정서적인 허기를 채웠던 것입니다.

이처럼 감정적으로 허기졌을 때의 관계는 단순한 친구 관계 그 이상입니다. 그 시절의 따뜻한 밥 한 끼처럼 기억되는 것입니다. 야식도 마찬가지입니다. 단순한 배고픔이 아니라, 스트레스, 외로움, 지루함 같은 감정이 허기라는 신호로 바뀌어 음식을 찾게 되는 것입니다. 이럴 땐 정말 배가 고파서가 아니라, 마음이 허기졌다는 사실을 알아차리는 것이 중요합니다.

심리적 허기를 자주 보이는 여섯 가지 예시입니다.

첫째, 감정적 스트레스를 음식으로 달래는 행동입니다.

둘째, SNS를 과도하게 확인하며 타인과의 비교입니다.

셋째, 혼자 있으면 불안해서 끊임없이 누구라도 연결되기를 원합니다.

넷째, 인정이 없으면 자신을 무가치하게 여깁니다.

다섯째, 지나치게 바쁘게 움직이며 감정을 회피합니다.

여섯째, 혼자있거나 고독을 죽을만큼 힘들어합니다.

이러한 행동을 돌아보는 질문도 필요합니다. 최근 나를 가장 많이 지배한 감정은 무엇이었나요?, 그 감정을 느낄 때 나는 어떤 행동을 반복했나요?, 지금 내 마음이 허기졌다면, 어떤 욕구가 충족되지 않았던 걸까요?, 타인의 인정 없이도 나 자신을 긍정할 수 있나요?, 혼자 있는 것이 불편한 이유는 무엇인가요? 이런 질문을 던질 때, 마음의 진짜 결핍을 마주할 수 있습니다. 그 순간부터 변화는 시작됩니다.

우리는 자신이 진짜 원하는 것이 무엇인지 모른 채, 관계 속에서 반복적인 충동을 경험합니다. 허기는 채우는 것이 아니라, 들여다보는 것에서 시작됩니다. 진짜 결핍은 사랑받고 싶은 마음, 인정받고 싶은 욕구로 연결됩니다. 이 마음을 인정하고 마주할 때, 비로소 회복이 시작됩니다. 신뢰가 결여된 관계는 불안과 집착을 불러옵니다. 그래서 아이가 해로운 친구를 쉽게 끊지 못할 때, 무작정 단절을 강요하기보다는 그 감정을 먼저 공감해 주는 것이 중요합니다. "그 친구가 너한테 어떤 의미야?", "어떤 점이 좋아?" 같은 질문은 자녀 스스로 그 관계의 의미를 돌아볼 수 있게 도와줍니다.

심리적 허기를 이겨내기 위해 저는 다음과 같은 '신뢰 회복을 위한 10가지 약속'을 제안합니다.
① 누구를 만나고 어디에 가는지 간단히 공유하기
② 기본적인 시간 약속 지키기
③ 위험한 행동 삼가기
④ 충동이 생기면 바로 알리기
⑤ 거짓말하지 않기
⑥ 행동의 이유를 설명하기
⑦ 자신의 선택에 책임지기
⑧ 중요한 결정은 함께 상의하기
⑨ 가족의 의미 기억하기
⑩ '혼자가 아님'을 늘 기억하기입니다.

자신과의 신뢰가 회복되면, 우리는 더 이상 외부의 인정이나 자극적인 관계에 의존하지 않게 됩니다. 건강한 자존감은 타인이 아닌 자기 자신과의 관계에서 시작됩니다. 정서적 안정과 성숙한 인간관계는 이해와 기다림이라는 토양 위에서 자라납니다.

05
공황은 마음과 몸이 보내는 신호

"갑자기 심장이 미친 듯이 뛰고, 숨이 가빠지며, 손발이 차가워지고, '혹시 쓰러지는 건 아닐까?' 하는 두려움을 느껴본 적이 있으신가요?", "이런 경험이 한두 번 있다고 해서 모두 공황장애라고 할 수 있을까요?" 오늘을 살아가는 우리는 누구나 예기치 못한 두려움이나 극심한 불안을 경험하게 됩니다. 공황은 억압된 감정이나 기억이 몸을 통해 터져 나오는 심리적 신호입니다. 증상이 나타난다고 해서 모두 병리로 해석할 필요는 없습니다. 가슴이 뛰고 숨이 막히는 순간, 몸은 그동안 말하지 못했던 내면의 진실을 표현하고 있는지도 모릅니다. 중요한 것은, 공황 경험과 공황장애는 다르다는 점입니다. 공황은 누구에게나 일어날 수 있는 일시적인 생존 반응입니다. 예를 들어, 중요한 발표를 앞둔 A씨가 갑자기 가슴이 두근거리고 손에 땀이 나는 경험을 했다고 가정해 봅니다. 발표가 끝난 뒤 증상은 사라지고 일상으로 돌아갔다면 이는 일시적인 공황 반응입니다. 몸은 그 순간 '긴장하고 있다'는 사실을 알려준 것입니다.

반면, 공황장애는 반복적으로 공황 발작을 경험하고, 또다시 발작이 일어날까 불안해하며 일상생활을 제한하는 상태를 말합니다. 몇 달 전 지하철에서 숨이 막히는 공황을 겪은 B씨가 다시 그 상황을 피하려 하고, 버스나 사람 많은 곳까지 회피하게 되면서 외출 자체를 두려워하게 된 경우가 이에 해당합니다. 공황을 경험하는 것은 결코 부끄럽거나 이상한 일이 아닙니다. 그것은 우리 신체가 생존을 위해 보내는 자연스러운 신호입니다. 중요한 것은 그 신호를 어떻게 받아들이고 다루느냐입니다. 대부분의 일시적 공황은 저절로 가라앉지만, 반복적인 공황과 일상 회피가 심해질 경우에는 전문가의 도움이 필요합니다. 지금의 반응을 자신을 탓하기보다는, 몸이 보내는 정직한 메시지로 받아들이는 태도가 중요합니다.

공황은 통제력을 잃는 감각처럼 느껴지지만, 사실은 삶의 방향을 잃었을 때 울리는 내면의 경고음입니다. 우리가 불안과 공황을 무조건 억누르려 할 때, 오히려 감정은 더 크게 터져 나옵니다. 중요한 것은 두려움을 부정하는 것이 아니라, 그 두려움 속에 숨겨진 내면의 목소리를 듣는 것입니다. 인공지능(AI) 같은 급격한 변화의 이야기들을 들을 때마다 불안과 두려움을 느낄 수 있습니다. 그 불안은 시대의 흐름에 뒤처질까 봐, 변화에 적응하지 못할까 봐 생기는 자연스러운 감정입니다. 젊은 세대들도 학업, 진로, 대인관계 등 다양한 삶의 과제를 앞두고 비슷한 불안을 경험합니다. 불안은 단순히 피해야 할 것이 아니라, 때로는 삶을 밀어주는 강력한 동력이 될 수 있습니다. 상담 현장에서 저는 내담자들과 함께 불안과 공황을 단순히 '문제'로 보지 않고, 그것이 의미하는 바를 함께 탐색합니다. 공황은 억눌린 감정이 특정한 상황을 만나 폭발하는 것입니다. 예를 들어, 과거에 외면했던 두려움이나 상처가 현재 비슷한 상황을 자극하면서 갑작스러운 신체 반응으로 나타날 수 있습니다. 결국 우리는 과거의 감정과 함께 현재를 살아가고 있는 셈입니다.

공황은 내면의 분열이 감당할 수 없을 만큼 커졌다는 신호입니다. 마음속에서 충돌하는 욕구나 감정이 조화를 이루지 못할 때, 그것이 불안과 공황으로 터져 나옵니다. 공황을 억누르기보다는 그 안에 담긴 갈등을 읽어야 합니다. 그래야 벗어날 수 있습니다. 공황을 겪을 때 가장 중요한 것은 혼자 버티려 하지 않는 것입니다. 가까운 사람에게 도움을 요청하고, 내 감정을 숨기지 않고 표현하는 연습이 필요합니다. 감정은 억누를수록 커집니다. 오히려 공황을 통해 우리는 '어디서부터 나와 연결이 끊어졌는지'를 알아차릴 수 있습니다. 올바른 이해와 대처가 있다면, 공황은 단순한 고통이 아니라 회복과 성장의 출발점이 될 수 있습니다. 불안은 삶을 예민하게 느끼게 해주는 감수성이기도 합니다. 불안을 통해 우리는 삶을 더 깊이 이해할 수 있는 부분도 의외로 많습니다. 이것은 사고-감정-행동의 연결 고리로 설명할 수 있습니다. 우리가 어떤 생각을 하느냐에 따라 감정이 변하고, 감정은 행동을 이끕니다. 예를 들어,

남편이 생일을 챙기지 않았다는 사실을 '나를 사랑하지 않아서야'라고 해석하면 외로움과 분노가 커질 것입니다. 그러나 '바빠서 깜빡했을 수도 있어'라고 해석하면 감정은 훨씬 부드러워집니다.

부정적인 사고를 다루기 위해 네 가지 방법을 제시합니다.

<u>첫째, 생각 멈추기입니다.</u> 부정적 사고가 떠오를 때 마음속으로 "그만!" 하고 외치거나 손뼉을 치는 등의 즉각적인 행동을 합니다.

<u>둘째, 사고를 재구성하는 것입니다.</u> 한 가지 사건을 다양한 시각(부정적, 긍정적, 중립적)으로 바라봅니다.

<u>셋째, 현실 검증을 해야 합니다.</u> 최악의 시나리오가 실제로 일어날 가능성을 객관적으로 평가합니다.

<u>넷째, 소크라테스식 질문을 해보세요.</u> 내 생각을 스스로 질문하고 검증하는 훈련을 합니다.

진짜 위기는 위험 그 자체에서 시작되는 것이 아니라, 내 안의 감정을 제대로 감지하지 못하는 데서 비롯됩니다. 공황은 단순히 외부 위험의 결과가 아니라, 억눌리고 무시된 감정들이 더는 숨길 수 없는 지점에 이르렀다는 내면의 신호입니다. 공황은 무조건 피해야 할 병적 증상이 아니라, 내 마음이 "지금 너무 힘들다"는 것을 강하게 알려주는 심리적 경고음입니다. 만약 우리가 그 감정을 정확히 인식하고 다루는 방법을 배운다면, 공황은 통제 불가능한 혼란이 아니라 삶을 다시 바라보게 만드는 전환점이 될 수 있습니다.

감정을 부정하는 대신, 그 감정이 나에게 무엇을 말하고 있는지를 천천히 들여다보는 것이 중요합니다. 공황은 삶이 망가졌다는 증거가 아니라, 지금 이 삶을 다시 돌보고 회복할 필요가 있다는 강력한 메시지입니다. 위기는 그렇게 다시 삶을 시작할 수 있는 기회가 됩니다.

06
결정 앞에서 흔들릴 때
배려인가, 두려움인가

    혹시 메뉴 하나를 고르는 데 한참을 고민하거나, 작은 결정을 내릴 때마다 주변 사람들의 눈치를 지나치게 살핀 적이 있으신가요? 스스로 결정하지 못하고 누군가 대신 정해주기를 바란 적은 없었나요? 결정하지 못하는 것은 단순히 '결정장애' 때문만은 아닙니다. 결정에 대한 어려움은 무의식 깊은 곳에 자리한 거절 불안, 실패에 대한 두려움, 그리고 타인의 반응에 대한 과도한 민감성에서 비롯될 때가 많습니다. 우리는 하루에도 수십 번 크고 작은 결정을 내리며 살아갑니다. 아침에 무엇을 입을지, 점심 메뉴를 고를지, 직장에서 중요한 판단을 내릴지 선택의 순간은 쉼 없이 찾아옵니다.

하지만 때로는 이런 평범한 결정조차 큰 부담으로 느껴질 수 있습니다. 이것은 단순한 우유부단함이 아니라, 내면에 숨겨진 심리적 갈등의 신호일 수 있습니다.

결정하지 못하는 것은 종종 자신의 욕구를 말하지 못하고, 타인의 기대에 휘둘리게 될 때 나타나는 현상입니다. 겉으로는 배려처럼 보이지만, 사실은 자신의 욕구를 숨기고 주체적인 선택을 피하고 있을 수 있습니다. 결정이 어려운 사람들에게는 공통적인 특징이 있습니다. ① 결정을 내릴 때 불안이 느껴집니다. ② 결정을 미루거나, 시간이 오래 걸립니다. 타인의 시선을 과도하게 의식합니다. ③ 책임을 지는 것을 피하고 싶어 합니다. ④ 남이 대신 결정해 주길 기대합니다. ⑤ 결정 이후 후회를 두려워합니다. ⑥ 결정 과정을 고통스럽게 느낍니다. ⑦ 사소한 선택조차 버겁게 여깁니다. ⑧ 결국 아무것도 선택하지 못하는 경우도 많습니다. 이러한 우유부단함은 점점 자신의 삶을 통제할 수 없다는 무력감을 심화시키며, 삶의 만족도를 떨어뜨립니다.

왜 이런 현상이 생길까요? 심리적으로 네 가지 핵심 요인을 나열해봅니다. 낮은 자존감, 완벽주의적 사고, 대처 능력 부족, 타인에게 과도하게 의존하는 경향 때문입니다. 이들은 결정을 '실패하면 안 되는 것'으로 여기며, 혹시나 틀릴까 봐 선택을 계속 미룹니다. 하지만 결정을 내리는 능력은 타고난 것이 아닙니다. 연습을 통해 얼마든지 키울 수 있는 기술입니다. 처음부터 완벽한 결정을 기대하지 말고, 작은 선택부터 스스로 해보는 것이 중요합니다. 실패해도 괜찮다는 인식을 갖고, 책임을 피하지 않고 받아들이는 태도가 결정력을 성장시킵니다. 그리고 기억해야 합니다. "결정하지 않는 것 역시 하나의 결정입니다." 결정을 피하는 삶은 결국 자신을 더 깊은 불안과 무력감 속에 가두게 됩니다.

결정을 어렵게 만드는 심리적 메커니즘은 크게 세 가지입니다. <u>첫째, 인지적 과부하입니다.</u> 사람의 뇌는 동시에 많은 정보를 처리하는 데 한계가 있습니다. 선택지가 많아질수록 피로와 혼란을 느끼며, 결국 결정을 미루거나 포기하게 됩니다. 예를 들어, 쇼핑몰에서 수십 가지 비슷한 상품을 보며 아무것도 고르지 못한 경험이 있으신가요? 바로 이 현상입니다.

<u>둘째, 손실 회피 경향입니다.</u> "사람은 같은 크기의 이익보다 손실을 더 크게 두려워합니다." 어떤 선택을 했을 때 얻는 이득보다, 혹시라도 잃을 수 있는 것을 훨씬 더 무겁게 느끼기 때문에 결정을 주저하게 됩니다. '이걸 선택했다가 실패하면 어쩌지?', '지금보다 상황이 나빠지면 어떡하지?' 하는 불안이 강력한 심리적 장벽이 됩니다.

<u>셋째, 사회적 배려입니다.</u> 선택이 타인에게 영향을 줄 때 우리는 그 책임을 피하고 싶어집니다. 예를 들어 친구들과 외식할 때 "아무 데나 괜찮아"라고 말하거나, 연인에게 "네가 하고 싶은 대로 하자"고 하는 경우입니다. 표면적으로는 배려 같지만, 실제로는 책임을 피하고 싶은 마음일 수 있습니다.

배려일까요? 순응일까요? 진정한 배려는 자신과 타인을 모두 존중하는 것입니다. 그러나 결정장애에서 오는 '가짜 배려'는 자신의

욕구를 억누르고 타인의 욕망에 맞추게 만듭니다. 완벽한 선택은 존재하지 않습니다. 중요한 것은 자신의 선택을 신뢰하고, 그 선택에 책임을 지는 힘입니다. 부리단의 당나귀 이야기처럼, 결정하지 못해 시간을 허비하면 결국 더 큰 손실을 초래할 수 있습니다. 배고픈 당나귀가 두 건초더미 사이에서 고민하다 굶어 죽은 이야기처럼 말입니다. 결정을 두려워하는 것은 나약함의 증거가 아닙니다. 오히려 자신을 돌아보며, 관계 속에서 균형을 찾으려는 성숙의 과정입니다. 선택을 반복하면서 우리는 자신을 더 잘 알게 되고, 더 단단해질 수 있습니다.

마지막으로, 결정을 연습하는 실제 방법 세 가지를 제안드립니다.

<u>첫째, 자기감을 회복하는 것입니다.</u> 자기감을 잃으면 선택은 외부에 휘둘립니다. 자기 욕구를 명확히 인식하고, 작은 것부터 내 욕구에 따라 선택하는 연습을 하세요.

<u>둘째, 제3자의 시선으로 바라보는 것입니다.</u> 마치 나와 같은 고민을 가진 사람이 조언을 구한다고 생각하고, 스스로에게 질문을 던져보세요. 예를 들어, 지금 결정을 내리지 못하는 이유는 무엇인가요?, 그 선택이 주는 두려움은 무엇인가요?, 나 자신에게 해주고 싶은 조언은 무엇인가요?

<u>셋째, 실패를 두려워하지 않는 것입니다.</u> 작은 실패를 받아들이며 연습하세요. 실패도 나의 일부입니다. 작은 선택과 실패 하나 하나가 삶 전체를 바꿀 수 있습니다. 두려움보다 용기가 앞설 때, 우리는 비로소 조금씩 자유로워질 수 있습니다. 두려움은 늘 결정 앞에서 우리를 주저하게 만들지만, 그 순간 용기를 내는 선택이 삶의

방향을 바꾸는 출발점이 됩니다.

 결정을 두려워하지 마십시오. 완벽한 선택은 없습니다. 중요한 것은 실패하지 않는 것이 아니라, 스스로의 선택을 통해 나아가려는 태도입니다. 오늘의 용기가 내일의 나를 더 단단하게 만들고, 어제까지 반복되던 불안을 멈추게 할 수 있습니다. 변화는 먼 데 있는 것이 아니라, 지금 이 순간 내 안에서 시작됩니다.

07
부모와 자녀, 감정으로 얽힌 숙명의 관계

"부모와 자녀는 단순한 혈연이 아닙니다. 서로의 상처와 결핍, 욕망이 맞닿아 있는 감정의 관계입니다. 이 만남은 선택이 아닌 운명처럼 느껴지기도 합니다."

자녀와 부모는 그저 우연히 만난 존재일까요? 부모가 되면 우리는 자신의 상처를 다시 만나게 됩니다. 양육은 단순히 돌봄이 아니라, 나 자신의 결핍과 상처를 다시 마주하고, 그것을 자식과의 관계 안에서 새롭게 해석해 나가는 과정입니다. 이 관계는 생물학적 연결을 넘어서, 감정과 무의식이 맞닿은 깊은 심리적 여정입니다. 부모가 자녀를 걱정하는 마음은 당연합니다. 하지만 그 걱정이 어디서부터 오는지를 들여다보는 것이 중요합니다. 부모가 자녀를 어떻게 대하는지는, 결국 자신을 어떻게 다루고 있는지의 반영입니다. 예를 들어, 사춘기 자녀가 명품 옷에 집착하거나 친구를 따라 소비를 반복할 때, 그 이면에는 '비교당하고 싶지 않다', '사랑받고 싶다'는 욕구가 숨어 있습니다. 이때 단순한 절약이나 통제보다도, 돈의 가치와 책임감을 자연스럽게 배워가게 하는 것이 더 효과적입니다.

청소년기에 있는 아이들은 돈의 '기능'보다 '기분'에 더 집중합니다. 내가 원하는 것을 당장 살 수 있느냐가 더 중요합니다. 어느 고등학생은 180만 원짜리 니트를 사고, 이를 부러워하는 친구는 '우리 집은 왜 이렇게 못 살아?'라며 부모를 원망합니다. 이럴 때 부모가 억울해하는 것도 낭연하지만, 중요한 건 비난이 아니라 대화입니다. 돈이 많다고 자존감이 생기지는 않습니다. 오히려 부족함을 통해 삶을 의미 있게 살아내는 법을 배우는 것이 경제 교육의 핵심입니다. 부모와 자녀는 종종 서로를 원망합니다. 자녀는 감정적 지지를 받지 못했거나, 과도한 간섭, 형제자매 간 차별, 이중적인 부모의 태도, 폭언, 무관심, 완벽주의 강요 등으로 인해 상처를 입습니다. "나는 부모에게 어떤 말을 듣고 싶었지만 듣지 못했는가?", "나는 부모의 기대에 맞추려다 나를 잃은 적이 있는가?" 같은 질문은 자녀가 자신을 탐색하는 데 큰 도움이 됩니다.

한편, 부모 역시 자녀를 원망할 수 있습니다. '내 인생을 포기하고 너를 키웠는데', '다 해줬는데 왜 이러니'라는 말 뒤에는, 자신의 상처와 기대가 숨어 있습니다. 이럴 때 부모는 자신에게 이런 질문을 던져볼 수 있습니다. "나는 자녀에게 어떤 감정을 감추고 있는가?", "나는 자녀를 통해 어떤 보상을 기대했는가?", "나는 자녀에게 내 과거를 투사하고 있는 건 아닐까?" 자녀와의 갈등을 해결하려면, 서로가 내면의 상처를 바라보고, 감정을 들여다보는 일이 먼저라고 생각합니다. 그 안에 우리가 서로를 통해 회복될 수 있는 가능성이 있습니다. 우리는 부모를 선택하지 않았다고 믿지만, 때로는 '이 관계는 단순한 우연이 아니라 필연이었을지도 모른다'는 생각이 들기도 합니다. 서로가 서로를 통해 성장하기 위해, 이 생에 다시 만난 관계일지도 모릅니다. 중요한 것은 주어진 인연 안에서, 각자의 삶을 주체적으로 살아가려는 마음입니다.

자녀 입장에서, 부모에게 사랑받기 위해 과잉 노력을 합니다. 예를 들어, 중학생 A는 성적이 조금만 떨어져도 부모의 눈치를 본다. "엄마가 슬퍼할까 봐"라는 이유로, 좋아하는 운동도 포기하고 공부만 한다. 여기에 흐르는 감정은 사랑받기 위한 두려움, 죄책감입니다. A는 사랑을 '성과'로 얻는 것이라 믿고 있습니다. 부모의 사랑을 잃을까 봐 자신을 억누르는 패턴이 형성된 것입니다. 부모와 자녀와의 관계 회복하기 위해서는 '결과'가 아니라 '존재' 자체로 사랑받을 수 있다는 경험이 필요합니다.

이번에는 부모 입장에서 자녀에게 '희생에 대한 보상 요구'를 하는 경우입니다. 50대 B는 대학생 아들에게 "내가 너 하나만 보고 이렇게 살았는데 너는 고맙다는 말도 없다"고 서운함을 토로합니다. 여기에는 희생감, 억울함, 인정 욕구가 내포되어 있습니다. B는 자녀를 위해 포기한 자신의 삶에 대한 슬픔과 상실을 자녀에게 인정받고 싶어 합니다. 그러나 표현은 '원망'으로 나타난 것이죠. 이럴 때는 자신의 감정을 자각하고, 희생이 아닌 자신의 선택을 존중하는 자세가 필요합니다. 마지막으로 상호 관계에서의 '감정의 악순환'입니다. 고등학생 C는 "엄마는 나를 믿지 않는다"고 서운해하고, 엄마는 "네가 나를 무시한다"고 상처를 받습니다. 이때 느껴지는 감정은 불신, 실망, 방어적 태도입니다. 서로의 감정이 제대로 인정되지 못하면서, 작은 실망이 쌓여 불신의 고리가 만들어진 상태입니다.

이런 경우에는 상대방의 감정을 문제 삼지 않고 '그 감정을 느끼는 이유'를 함께 듣고 공감하는 대화가 필요합니다. 서로의 입장에서 생각해 볼 필요가 있습니다. 자녀 입장에서는 '너 하나만 보고 산다'라는 말이 얼마나 부담을 주는 말인지 부모가 자녀 입장이 되어 깊이 생각해봐야 합니다. 감정표현을 잘 하는 아이라면, "누가 나만 보고 살라고 했어?"라고 말하고도 남겠지요. 이제는 부모도 자녀도 서로에게 이렇게 묻는 연습이 필요합니다.

"나는 지금 어떤 감정으로 이 관계를 대하고 있는가?"
"나는 이 감정을 통해 무엇을 배우고 싶은가?"

이 질문들은 단순한 성찰을 넘어, 관계의 본질을 다시 바라보게 하는 중요한 출발점이 됩니다. 감정은 단지 느끼는 것이 아니라, 이해하고 해석할 때 비로소 성장의 자원이 됩니다. 우리는 종종 관계 안에서 상대방의 말이나 행동에 집중하느라, 정작 그 안에서 느끼는 나 자신의 감정을 놓치곤 합니다. 그러나 진정한 이해는 타인을 분석하는 것이 아니라, 나의 감정을 자각하는 것에서 시작합니다.

이 두 가지 질문을 스스로에게 던져보십시오. 그 순간부터 감정은 나를 삼키는 것이 아니라, 나를 이끄는 힘이 됩니다. 감정의 언어를 이해하려는 태도는 서로를 깊이 있게 이해하는 첫 걸음이 되며, 건강한 관계를 만들어가는 중요한 디딤돌이 됩니다.

08
나를 있는 그대로 받아들이는 연습

"나는 왜 이럴까?"
"내 모습이 싫어."

이런 생각, 한 번쯤 해보신 적 있으시죠? 혹은, '지금의 나를 그냥 인정해 보자'는 시도를 해보신 적은 있으신가요? 대부분 자기 자신을 끊임없이 개선해야 한다고 느낍니다. 더 똑똑해야 하고, 더 예뻐야 하고, 더 성숙해야 한다고 생각하죠. 그러나 역설적으로 그런 노력 속에서 삶은 더 무거워지고, 자신에게 실망하는 순간이 많아집니다. 자기 성장은 '더 나은 나'를 만드는 것만이 아닙니다. '있는 그대로의 나도 괜찮다'는 감정을 느낄 수 있을 때, 성장의 문은 열립니다. '해야 한다'는 압박에서 '이래도 괜찮아'라는 수용으로 시선이 바뀌면, 삶은 조금 가벼워집니다. 예를 들어, A는 작은 실수에도 자신을 심하게 비난했습니다. "이런 것도 못 하다니, 난 왜 이 모양일까." 그런데 그 말 뒤에 숨은 진짜 마음은 '나는 부족하면 버려질까 봐 무섭다'는 불안이었습니다. 우리는 종종 그 불안을 없애려 애쓰지만, 그보다는 그 불안을 '이해'하고 '인정'하는 것이 먼저입니다.

그렇다면 우리는 왜 자기 자신을 받아들이기 어려울까요? 세 가지 이유로 간추려봅니다.

<u>첫째, 끊임없는 비교입니다.</u> SNS에서 반짝이는 일상을 보며 '나는 왜 저렇지 못할까' 자책하게 되죠. 하지만 그것은 그들의 '잘 편집된' 모습일 뿐, 진짜 삶은 그보다 훨씬 복잡합니다.

<u>둘째, 도덕적 우월감과 자기 고양입니다.</u> '그래도 저 사람보다는 낫지' 하는 식의 위안은 오래가지 못합니다. 오히려 이런 위안은 기대에 못 미쳤을 때 자기 비난으로 돌아옵니다.

<u>셋째, 완벽주의입니다.</u> '실수하면 안 돼', '항상 잘해야 해'라는 생각은 자기 수용을 가로막는 가장 큰 벽입니다. 완벽함은 인간의 본성이 아닙니다. 실수하고 흔들리기에, 우리는 더 깊이 성장할 수 있습니다.

지금의 나는 아직 완벽하지 않지만, 그렇다고 해서 무가치한 건 아닙니다. 실수해도 괜찮고, 부족해도 괜찮습니다. 이 말은 단순한 위로가 아닙니다. 도전을 가능하게 하는 힘이기도 합니다. 자기 자

신을 있는 그대로 인정할 수 있을 때, 우리는 자신에게 말할 수 있습니다. "나는 부족할 수 있지만, 앞으로 나아갈 수 있어." 자기 수용은 현실에 안주하는 게 아닙니다. '나는 지금 이렇지만, 그럼에도 불구하고 괜찮다'는 태도는 우리를 앞으로 이끌어줍니다. 실제로 자기 수용이 높은 사람들은 감정 조절이 잘 되고, 실패에도 쉽게 흔들리지 않으며, 관계 속에서도 더 안정적입니다. B는 항상 '좋은 사람'으로 보이기 위해 자신을 꾸며왔습니다. 그러나 어느 순간부터 감정이 터져 나왔고, 혼란스러움을 호소했습니다. 억지로 괜찮은 척하지 않아도 괜찮습니다. 진짜 감정을 표현할 때 비로소 내면이 숨을 쉴 수 있습니다.

자기 수용을 실천하기 위한 다섯 가지 방법을 제안합니다.
첫째, 자기 대화를 격려형으로 바꿔보세요. "왜 이 모양이야?" 대신 "지금도 괜찮아, 성장 중이야"라고 말해보세요.
둘째, 완벽이 아니라 충분함을 목표로 하세요. 완벽함은 끝이 없습니다. "지금도 괜찮아"는 마음의 여유를 만들어 줍니다.
셋째, 비교의 기준을 타인이 아닌 어제의 나로 삼아보세요. 어제보다 한 걸음 나아간 오늘의 나를 칭찬해 보세요.
넷째, 장점과 감사한 일을 매일 세 가지씩 적어보세요. 작지만 소중한 기록들이 자존감을 지켜줍니다.
다섯째, 비판적 목소리에 당당히 질문해 보세요. "넌 안 돼"라는 속삭임이 들릴 때 "정말 그럴까?"라고 반문해보세요.

이 여정은 하루아침에 끝나지 않습니다. 그러나 그 길의 시작만으로도 삶은 달라집니다. 지금 당신은 이미 충분히 괜찮은 사람입니다. 완벽하지 않아도, 때로 흔들려도 괜찮습니다. 자기 수용은 결국 자율적인 삶으로 이어집니다. 여기서 자율이란 '내 마음대로 사는 것'이 아니라, 내가 스스로 선택하고, 그 선택에 책임을 지는 삶을 말합니다. 반대로 타율적인 삶은 타인의 시선과 평가에 따라 흔들리고, 감정에도 쉽게 휘둘리게 됩니다. 자율적인 삶은 외부의 기준보다 자신의 내면 기준을 따라 사는 연습에서 시작됩니다.

진정한 자유는 자기 자신을 따뜻하게 안아줄 수 있는 사람만이 누릴 수 있는 삶입니다. 자신을 있는 그대로 받아들이고, 그 존재를 지지하는 것. 그것이야말로 우리 삶에서 가장 깊고 단단한 자유의 시작점입니다. '나' 자체로 내가 되는 것을 두려워하지 마십시오. 그 자체로 충분한 가치가 있습니다. 우리는 지금, 그 자유를 향해 조심스럽지만 단단하게 첫걸음을 내딛고 있습니다. 그리고 그 걸음은 무엇보다 당신 자신을 존중하는 마음에서 비롯됩니다.

09
남편의 공감은 어떻게 자라는가, 감정 언어를 배우는 여정

"왜 남편은 '공감'보다 '해결책'을 먼저 말할까?"라는 질문은 부부 상담에서 자주 듣게 됩니다. 아내 입장에서 이렇게 말합니다. "내가 힘들다고 말했을 뿐인데, 남편은 어떻게든 고치려 하더라고요. 그냥 좀 들어주면 좋겠는데." 공감은 마음을 이해하려는 감정의 언어입니다. 하지만 남편에게 이 언어는 익숙하지 않습니다. 감정을 느끼는 것과 표현하는 것은 다릅니다. 공감은 단지 감정을 느끼는 데서 멈추지 않고, 그것을 언어로 꺼내는 능력에서 시작됩니다. 공감은 배려가 아니라, 감정을 나누는 언어입니다. 이 언어는 연습으로 자라고, 관계 속에서 배워갑니다. 공감은 타고나는 성향이 아니라 익혀지는 기술이며, 반복된 정서적 교류를 통해 점차 깊어집니다.

예를 들어, A와 B는 결혼 7년 차 부부입니다. 아이가 생긴 후 대화가 줄고 각자의 역할에 몰입해 살고 있었죠. 어느 날, A가 피곤한 목소리로 말합니다. "나 요즘 너무 힘들어." B는 곧바로 대답합니다. "그럼 일 줄이든가. 애는 엄마한테 맡기고." A는 아무 말도 하지 않았습니다. 그날 밤, A는 울고 싶었습니다. B가 단 10초라도 "정말 힘들었겠다"는 말을 해줬다면, 마음이 좀 나아졌을 것입니다. A는 해결이 아니라 '공감'을 원했던 겁니다.

남편의 공감 능력이 부족한 게 아닙니다. 다만 그것을 표현하는 언어를 배우지 못했을 뿐입니다. 남성들은 자라면서 감정보다 성취, 표현보다 침묵을 배우며 자랍니다. "울지 마", "말하지 말고 행동으로 보여줘" 같은 말들이 감정 표현의 통로를 막아버립니다. 그래서 남편이 침묵할 때, 그것은 무관심이 아니라 '어떻게 말해야 할지 몰라서'일 수 있습니다. 공감은 노력 이전에 감정을 다룰 수 있는 내면의 '기초 체력'이 필요합니다. 자기 감정을 알아차리고, 그것을 표현할 수 있어야 상대의 감정에도 반응할 수 있습니다.

감정을 언어로 표현하는 것은 자신을 정돈하는 과정입니다. 기분이 나쁘다고 느낄 때, "나 지금 속상해"라고 말하면 그 감정이 명확해지고, 스스로도 이해할 수 있게 됩니다. 이렇게 정돈된 감정은 타인에게도 전달되기 쉬워집니다. 말하지 않으면, 상대는 알 수 없고 결국 마음은 더 멀어집니다. 공감은 '상대의 감정을 이해하는 능력'이기 전에, '자기 감정을 이해하는 능력'에서 출발합니다. 남편이 감정을 말할 수 있으려면, 먼저 자신의 감정을 알아차릴 수 있어야 합니다. 그리고 그것을 꺼낼 수 있는 '정서적으로 안전한 공간'이 필요합니다. 그 공간이 바로 부부 관계입니다. 아내가 "당신은 왜 내 마음을 몰라?"라고 말할 때, 그 속에는 '나를 있는 그대로 받아주지 않는 외로움'이 숨어 있습니다.

하지만 남편은 아내의 감정을 자신의 무능함으로 오해할 수 있습니다. 그래서 회피하거나, 문제 해결로 돌진하기도 합니다. 이것은 '감정을 나누는 언어'를 배우지 못했기 때문입니다. 남편의 공감 능력은 '자신의 감정에 솔직해지는 연습'에서 시작됩니다. 그리고 그 감정을 누군가 받아주는 따뜻한 시선이 함께할 때, 그 연습은 용기가 됩니다. 아내가 먼저 공감의 언어로 말을 걸어줄 때, 남편도 점차 마음을 내어줄 수 있습니다.

예를 들어, "요즘 나 좀 힘들어. 그냥 네가 옆에 있어줬으면 좋겠어."라는 말은 비난이 아닌 감정의 공유입니다. 이럴 때 남편이 "그랬구나. 많이 힘들었겠다."라고 진심으로 반응한다면, 둘 사이의 정서적 연결은 훨씬 깊어질 수 있습니다. 공감은 단순한 동의가 아니라, 서로의 감정을 조율하는 섬세한 감각입니다. 감정을 알아차리고, 말로 꺼내고, 그것을 누군가가 받아주는 과정을 반복하면서 공감은 조금씩 자라납니다. 남편의 공감 능력은 단순히 '잘 들어주는 기술'이 아니라, 자신을 돌아보고 감정을 언어로 표현할 수 있는 정서적 문해력입니다. 그래서 중요한 건, 남편을 가르치려 하기보다는 남편이 자신의 감정을 안전하게 표현할 수 있는 관계의 분위기를 만들어주는 일입니다.

우리는 단순히 사랑받을 때가 아니라, 진심으로 이해받을 때 비로소 깊이 치유됩니다. 이해받는다는 것은 단순한 동의가 아니라, 내 감정과 상처가 존중받고 받아들여진다는 경험입니다. 공감은 어느 날 갑자기 생기는 능력이 아닙니다. 그것은 사랑이라는 관계 안에서 실수하고, 오해하고, 다시 이야기하며 서로를 지켜보는 과정을 통해 조금씩 자라납니다. 공감은 말보다 태도에서 비롯되며, 듣는 연습과 기다림, 판단하지 않는 마음에서 시작됩니다. 반복되는 관계의 충돌 속에서도 서로를 향한 관심을 놓지 않을 때, 우리는 점점 더 상대의 마음에 다가갈 수 있게 됩니다.

그렇게 우리는 완벽한 공감이 아닌 '노력하는 공감'을 통해 진짜 이해와 치유를 경험하게 됩니다. 사랑은 감정의 시작이지만, 공감은 관계의 지속을 가능하게 하는 힘입니다.

10
손해보고 싶지 않은 심리, 내 것을 꼭 챙기고 싶은 마음
– 경계와 욕구 사이, 인간의 본능을 이해하는 심리학

"내가 왜 항상 손해를 봐야 하지?"

이런 생각을 자주 하게 될 때, 우리는 '쪼잔한가?'라는 자책과 '그래도 참아야지'라는 자기 억제를 반복합니다. 하지만 이런 마음은 인간 본능에서 비롯된 자연스러운 감정이며, 우리가 잘못해서 생기는 감정이 아닙니다. 인간은 생존 본능에 따라 손해를 피하고, 자기 몫을 확보하려는 경향이 있습니다. 이는 단순히 물질적인 소유 문제가 아니라, 인정, 존중, 안정감에 대한 갈망과도 깊은 연관이 있습니다. 이런 욕구는 우리가 자신의 필요를 제대로 인식하고 존중할 수 있을 때, 진정으로 타인을 돕는 행동이 의미를 갖게 된다는 점에서 중요한 심리적 요소입니다. 손해를 보고 싶지 않은 마음은 우리의 뇌 구조와 밀접하게 연관되어 있습니다. 뇌는 생존을 위해 끊임없이 에너지 예측을 하며, 불확실한 상황에서 손해를 줄이려는 방향으로 작동합니다. 따라서 손해에 민감하게 반응하는 것은 본능적 경계 시스템이 작동하고 있다는 증거입니다.

그러나 이 심리가 지나치게 강해지면, 인간관계에서 고립감을 느끼거나 끊임없는 비교와 의심으로 마음이 지칠 수 있습니다. 이런 때, '내가 지키려는 것은 물질적인 것일까, 아니면 내 감정에 따른 관계일까?'라는 질문을 던져보면, 우리가 실제로 무엇을 지키고 싶은지에 대해 더 명확히 인식하게 됩니다.

'쪼잔하다'는 감정은 단순히 인색함을 넘어서, 내면에 있는 불안과 결핍, 인정받고 싶은 욕구에서 비롯됩니다. 이런 감정은 무의식적으로 더 움켜쥐려는 행동으로 나타나며, 자주 비교와 자책을 동반합니다. 칼 로저스는 "우리는 있는 그대로의 자신을 받아들일 수 있을 때, 비로소 변화할 수 있다"고 말했습니다. 즉, 자기비판보다는 자기이해가 회복의 시작점이라는 의미입니다. 쪼잔함도 결국 나 자신을 보호하려는 자연스러운 심리적 반응일 수 있다는 것을 이해하는 것이 중요합니다. 예를 들어, 식사 자리에서 계산 문제로 마음이 상한 적이 있다면, 단지 '내가 돈을 냈다'는 사실보다는 '상대가 나를 당연하게 여긴 것 같았다'는 감정이 더 큰 부분을 차지했을 수 있습니다. 이는 물질의 문제가 아닌 정서적 공정성에 대한 갈망이며, 우리 모두가 겪는 보편적인 욕구입니다. 우리는 타인을 통해 우리의 욕구가 충족되길 바라지만, 그 욕구를 이해하지 못하면 관계는 점점 힘을 잃고 맙니다. 내 것이 소중한 이유를 정직하게 바라보는 순간, 우리는 손해를 피하려는 강박에서 벗어나, 필요한 것을 건강하게 요청할 수 있게 됩니다.

우리는 때때로 손해를 보고 싶지 않다는 마음을 부끄럽게 여깁니다. 사회에서는 여유롭고 배려심 많은 태도를 미덕으로 여기지만, 현실에서는 감정, 시간, 에너지, 자원을 아끼려는 마음이 필요할 때도 있습니다. 이러한 마음을 숨기거나 억누르다 보면 자기혐오나 죄책감이 커질 수 있으며, 타인에 대한 신뢰도 줄어들 수 있습니다. 그래서 감정의 근원을 살펴보고, 일상에서 감정을 수용하는 루틴을 만들며, '쪼잔함'이라는 단어의 고정관념을 바꾸는 것이 중요합니다. 이 감정은 부정적이지 않으며, 오히려 나의 경계와 나를 보호하는 신호일 수 있습니다. 감정은 수치심의 대상이 아니라, 삶을 조율하는 나침반이기 때문입니다.

경계는 사랑을 막는 벽이 아니라, 오히려 사랑을 지키는 문입니다. 이 단순한 진실을 잊지 말아야 합니다. 경계를 제대로 세우지 못해 관계에서 상처받고, 스스로를 잃어버리는 사람들이 생각보다 많습니다. 우리는 흔히 "쪼잔하다"는 감정을 부끄러워하고 숨기려 하지만, 그런 마음이 완전히 사라지는 것은 쉽지 않습니다. 중요한 것은 그 감정을 없애려 애쓰기보다, 그것도 나의 일부임을 인정하고 따뜻하게 바라보는 태도입니다.

　진정한 치유는 완벽한 내가 되는 데서 시작되지 않습니다. 오히려 불완전한 나를 인정하고 받아들일 때, 우리는 비로소 더 단단해질 수 있습니다. 타인에게 너그러워지고 싶다면, 먼저 나 자신의 부족함에 관대해질 수 있어야 합니다. 우리는 모두 완벽하지 않습니다. 그러나 그 불완전함을 감싸 안을 수 있을 때, 쪼잔한 마음은 타인을 밀어내는 벽이 아니라, 자신을 섬세하게 돌보는 감정의 센서가 됩니다. 경계는 그렇게 건강한 사랑을 가능하게 합니다. 진짜 친밀함은 서로의 경계를 존중할 때 비로소 시작됩니다.

11
경쟁의 그림자: 반칙이라는 이름의 본능

인간의 본성, 습성을 생각해봅니다. 운동회에서 벌어지는 반칙의 현장을 보면, 우리는 당황과 동시에 어떤 본능적인 에너지를 마주하게 됩니다. 박치기를 하고, 손등을 밟고, 몸을 밀치면서까지 이기고자 하는 모습은 단순히 규칙 위반을 넘어, 인간이 가진 본성의 일면을 드러내는 장면입니다.

처음에는 '아줌마의 근성'이라는 표현처럼 특정 집단의 기질로 치부하기 쉽지만, 이 장면은 인간 일반의 보편적인 심리를 상징합니다. 인간은 이성적인 존재이기 이전에, 살아남고자 하는 존재입니다. 우리는 이러한 행위를 어떻게 해석해야 할까요?

먼저 인간은 집단 속에서 경쟁하고 협동하는 존재입니다. 운동회와 같은 공개된 경쟁 상황에서는 '관중'이라는 제3자의 시선이 존재하며, 이는 개인의 자아를 과도하게 각성시키는 요인이 됩니다. "관중효과"가 인간의 자기과시 욕구를 자극합니다. 이길 경우 소속 집단의 명예가 올라간다는 인식은 개인의 승부욕을 극단적으로 고조시킵니다. 이러한 상황에서는 공정성보다는 '우리가 이겨야 한다'는 집단 중심의 사고가 앞서며, 반칙도 정당화되기 쉽습니다. 도덕적 기준이 느슨해지는 이러한 상황을 '도덕적 해이'라고 부르기도 합니다. 도덕이란 인간이 스스로를 감시할 때 생기는 감정입니다.

이러한 행동은 '생존본능' 혹은 '적응적 공격성'으로도 볼 수 있습니다. 진화심리학자들은 경쟁 상황에서 승리하는 것이 생존과 번식 확률을 높인다고 설명합니다. 리처드 도킨스의 『이기적 유전자』에서도 생존을 위한 이기적 선택은 인간 유전자의 자연스러운 속성이라고 강조합니다. 반칙은 규범 위반일 수 있지만, 궁극적으로는 "내 유전자를 이어가기 위한 경쟁"이라는 본능적인 코드가 작동하는 결과일 수 있습니다. 뇌과학적으로도 경쟁 상황에서 아드레날린과 도파민이 급격히 분비되며 공격성과 충동성이 강화되는 경향이 확인됩니다. 즉, 반칙이라는 행위는 비이성적 판단이 아닌, 본능적 생존 전략의 표현일 수 있습니다. 우리가 문명이라 부르는 것은 본능 위에 세운 얇은 막에 불과합니다.

한편, 이러한 과도한 경쟁성과 공격성을 초기 관계 경험과 연결지어 해석할 수 있습니다. 인간은 아주 어린 시절부터 '좋은 대상'

과 '나쁜 대상'을 분리하고 투사하는 과정을 통해 외부 세계를 이해합니다. 만약 아동기에 경쟁 속에서 사랑과 인정이 조건화되었다면, 타인을 위협으로 지각하고 '이겨야만 생존할 수 있다'는 내면의 세계관을 형성하게 됩니다. 이 경우 운동회와 같은 상황은 무의식 속의 '생존 게임'으로 변모하고, 반칙조차도 심리적 자기 보호 기제로 작동합니다. 즉, 타인의 실패를 나의 생존 조건처럼 받아들이는 심리구조가 반칙으로 드러나는 것입니다. 우리가 싸우는 이유는 때로 상대가 아니라, 과거의 상처를 반복해서 이기고자 하기 때문입니다. 결국 운동회에서의 반칙은 단순한 일탈이 아니라 인간의 심층적인 본성, 생존과 인정의 욕구, 관계에서 형성된 자아 구조의 복합적인 결과입니다. 우리는 그것을 '부도덕'이라고 쉽게 판단하기보다, 왜 이런 행동이 일어나는지를 다층적으로 바라보아야 합니다.

인간은 단순히 규칙을 따르는 기계적인 존재가 아니라, 때로는 규칙 너머의 욕망과 상처로 움직이는 복합적인 존재입니다. 운동회라는 일상의 평범한 장면조차, 우리에게 인간 본성의 민낯을 적나라하게 보여줍니다. 그 안에는 이기고 싶은 본능, 집단에 속하고자 하는 욕망, 어린 시절 채워지지 않은 인정 욕구가 켜켜이 얽혀 있습니다. 반칙은 분명히 바로잡아야 할 행동입니다. 그러나 그 행위만을 문제 삼기보다, 왜 그런 선택을 했는지를 함께 살펴보아야 인간을 더 깊이 이해할 수 있습니다.

행동의 이면에는 언제나 감정의 층위가 존재합니다. 누군가의 규칙 위반이 단순한 무례가 아니라, 외면당할까 두려워 애쓰는 마음의 신호일 수 있다는 것을 이해한다면, 우리는 더 따뜻하고 넓은 시선으로 사람을 바라볼 수 있습니다. 자신의 이면을 마주하는 일은 불편하지만, 그 불편함 속에서 진정한 성찰이 시작됩니다. 그렇다면 지금, 당신은 자신의 민낯을 어떤 시선으로 바라보고 있습니까? 비난이 아닌 이해의 눈으로, 부끄러움이 아닌 연민의 마음으로 자신을 바라본다면, 우리는 더 이상 과거에 머무르지 않고 앞으로 나아갈 수 있습니다. 이해는 타인을 위한 것이기 이전에, 스스로를 위한 시작입니다.

제4장

마음을 읽는 심리 수업

01
상담은 약한 사람의 선택이 아니라, 성장하는 사람의 용기이다

"상담은 문제가 있는 사람만 받는 거 아니에요?"

일반적으로 심리상담을 떠올릴 때 '우울증', '불안', '트라우마' 같은 단어를 먼저 떠올립니다. 그리고는 "난 그 정도는 아니니까 괜찮아"라고 생각하시곤 합니다. 하지만 마음은 그렇게 단순하지 않습니다. 상담은 고장 난 마음을 고치는 작업이 아니라, 더 나은 삶을 위한 정기 점검입니다. 삶이 망가져서 상담을 받는 것이 아니라, 더 잘 살기 위해 상담실 문을 두드리는 것입니다. 신체 검진이 건강을 지키기 위한 수단이라면, 상담은 내면의 건강을 돌보는 방식입니다. 병이 있어서 병원에 가는 것이 아니라, 건강을 유지하기 위해 정기 검진을 받듯이 말이죠.

한 30대 남성의 사례가 떠오릅니다. 그는 이미 베스트셀러 작가였고 외국계 기업에서 일하며 성공적인 삶을 살고 있었습니다. 그런데 그는 늘 자신이 가는 길이 맞는지 불안했고, 그것을 상담실에서 처음으로 정직하게 마주했습니다. 과거의 가난, 어린 시절의 열등감, 끊임없는 자기 증명의 삶. 결국 그는 '이제는 성취보다 자기 자신을 돌봐야 할 때'라는 중요한 사실을 깨달았습니다. 글쓰기가 단순한 도구가 아닌, 자기 감정의 거울이라는 것도요.

상담은 세 가지 측면에서 우리 삶에 깊이 스며듭니다.
첫째, 나를 이해하는 힘이 생깁니다. 살다 보면 반복되는 행동이 있습니다. 늘 비슷한 실수를 하고, 같은 감정에 갇히곤 하죠. 예를 들어, 어떤 분은 늘 타인의 인정을 받으려 애쓰지만 정작 마음은 공허합니다. 상담을 통해 '부모에게 인정받지 못했던 과거의 기억'이 지금의 행동에 영향을 주고 있었다는 사실을 알게 됩니다. 그 순간부터는 달라집니다. 타인의 평가가 아니라 자기 인정의 중요성을 배우게 되기 때문입니다.

둘째, 감정을 조절할 수 있습니다. 우리는 불안하거나 분노하거나 슬플 수 있습니다. 그 자체가 문제가 아니라, 그것을 어떻게 다루느냐가 중요합니다. 한 여성 내담자는 사소한 일에도 쉽게 화를 냈지만, 상담을 통해 분노 이면의 불안과 상처를 마주하게 됩니다. 이후 그는 감정을 억누르지도, 폭발시키지도 않고 차분히 표현할 수 있게 되었습니다.

셋째, 관계가 건강해집니다. 사람과 사람 사이의 갈등은 대개 감정에서 시작됩니다. 한 남성은 연인과의 관계에서 늘 불안했고, 상대를 의심하곤 했습니다. 상담을 통해 그는 어린 시절 부모와의 불안정한 애착이 지금의 관계에 영향을 주고 있다는 사실을 알게 됩니다. 그렇게 관계를 다시 세워가기 시작했습니다.

상담은 때로 다음과 같은 세 가지 심리적 메커니즘을 이해하는 데도 도움을 줍니다.

첫째, 인지 왜곡입니다. 예를 들어, '내가 실수하면 다 나를 무시할 거야' 같은 생각은 사실이 아니라 해석일 뿐입니다. 상담은 왜곡된 사고를 바로잡고 현실을 있는 그대로 보게 돕습니다.

둘째, 감정 전이입니다. 과거의 상처가 현재의 사람에게 투사될 수 있습니다. 예를 들어, 상사가 나를 싫어한다고 느끼는 감정은, 실제로는 부모에게 인정받지 못한 과거 감정일 수 있습니다.

셋째, 자기 성찰입니다. 상담은 나의 패턴을 인식하고 더 나은 선택을 할 수 있는 힘을 길러줍니다. 가장 중요한 건 이것입니다. 상담은 고치는 게 아니라, 함께 머무는 것입니다. 마음의 고통은 누가 대신 해결해줄 수 있는 문제가 아닙니다. 다만 그 고통을 이해하고 나눌 수 있는 사람이 곁에 있을 때, 우리는 비로소 숨 쉴 수 있습니다.

실제로 상담사들도 정기적으로 자기 상담을 받고, 사례 슈퍼비전을 받으며 끊임없이 성장합니다. 상담사는 완벽한 존재가 아니라, 자기 점검을 멈추지 않는 사람입니다. 상담사의 인간적인 고민을 비웃는 말들―'상담사인데 왜 본인 문제는 못 푸세요?' 같은 표현―은 상담이라는 과정을 오해하는 대표적인 사례입니다. 의외로 상담사의 길은 외롭고 고독합니다. 이 감정은 긍정도 부정도 아닙니다. 함께 나눌 수 없는 심리적 고통이 그들에게는 있습니다. 이해를 받지 못해서도 아닙니다. 직업적 특성과 개인적 성향이 함께 공존하고 있는 부분도 많습니다.

내 마음이 어디쯤 와 있는지 궁금하다면, 바로 지금이 그 타이밍(때) 일 수 있습니다. 상담은 누구에게나 열려 있는 마음의 공간입니다. 문제 있는 사람이 아니라, 삶을 더 진실하게 살고 싶은 사람이 찾는 곳입니다. 자기애와 자기 돌봄에서 출발하는 상담은, 더 단단한 나를 만들어가는 중요한 여정입니다. 상담은 단순한 선택이 아니라, 건강한 삶을 위한 꾸준한 연습입니다.

마음을 돌본다는 것은 자신의 상처를 부정하지 않고, 그 안을 직접 바라보겠다는 결심에서 시작됩니다. 이 결심은 고통을 회피하려는 태도가 아니라, 고통을 품고도 앞으로 나아가려는 용기입니다. 상담실의 문을 두드리는 사람은 약해서가 아니라, 자신의 마음을 더 이상 방치하지 않겠다는 강한 의지를 가진 사람입니다.

우리는 모두 누군가의 말 한마디에 무너지기도 하고, 어떤 시선 하나에 다시 일어서기도 합니다. 상담은 그런 우리의 마음을 이해하고 다듬는 과정입니다. 내면의 균형을 회복하고, 내 감정을 말할 수 있는 언어를 찾아가는 시간입니다. 결국 상담은 내가 나를 더 깊이 이해하고 사랑할 수 있도록 돕는 가장 현실적인 도구입니다. 그 문을 열 수 있는 당신은, 이미 치유의 첫걸음을 내디딘 사람입니다.

02
지문(指紋)으로 들여다보는 나의 심리지도

"자신의 지문을 자세히 들여다본 적이 있으신가요?"
"지문의 모양이 성격이나 감정 반응과 연결되어 있다면, 믿기 어려우신가요?"
"지문이 내가 미처 몰랐던 내면의 성향을 말해준다면, 어떤 점이 가장 궁금하신가요?"

지문은 단순히 신분을 확인하는 도구로 여겨지지만, 그 안에는 생각보다 더 많은 정보가 담겨 있습니다. 지문의 모양, 깊이, 흐름은 단순한 신체 정보가 아니라, 우리가 세상을 어떻게 대하고 살아가는지를 보여주는 단서가 됩니다. 말투, 감정 반응, 선택의 습관은 모두 나만의 반복된 심리 패턴이고, 이것은 지문처럼 나만의 고유한 흔적으로 남아 있습니다. 지문은 태아 시절, 자궁 안에서 생기고 평생 변하지 않습니다. 이런 특성 때문에 오랫동안 지문은 수사나 신원 확인에 사용되어 왔지만, 이제는 심리적 이해를 위한 도구로도 주목받고 있습니다. 지문을 분석하면 타고난 성향, 감정 처리 방식, 사고의 흐름을 파악할 수 있기 때문입니다.

(사례 1)

A는 지문이 안쪽으로 말려 있는 '내선형'인데, 이들은 감정 표현이 풍부하고 공감 능력이 뛰어난 경우가 많습니다. 반면, 바깥으로 뻗은 '외선형'을 가진 사람은 창의적이고 독특한 관점을 갖고 있는 경우가 많습니다. 지문은 마치 감정의 언어처럼, 말보다 더 깊은 내면의 신호를 담고 있습니다. 어떤 사건을 기억할 때, 우리는 사실보다 그때 느낀 감정을 기억합니다. 이처럼 감정은 기억의 핵심이고, 지문은 그 감정을 받아들이고 반응했던 우리 몸의 첫 기록입니다. 지문은 뇌 발달과도 밀접하게 연관되어 있으며, 일부 질환이나 심리적 경향성과도 연결되는 것으로 알려져 있습니다. 심리 상담 현장에서는 지문 분석을 통해 내담자의 감정 표현 방식, 스트레스 반응, 대인관계 성향 등을 파악하는 데 활용할 수 있습니다.

(사례 2)

B는 반복되는 인간관계의 어려움으로 상담을 받았습니다. 이분의 지문은 '쌍선형'이었고, 이는 타인을 조율하고 배려하는 성향이 강하다는 특징을 가집니다. 실제로 이분은 항상 타인의 갈등을 중

재하고자 했고, 정작 자신의 감정은 뒤로 미뤄두는 경향이 있었습니다. 지문을 통해 이를 인식하고, 자신에게 집중하는 연습을 시작하면서 삶의 균형이 잡히기 시작했습니다. 지문은 나의 무의식이 남긴 서명과도 같습니다. 겉으로는 평범해 보일 수 있지만, 반복되는 행동이나 감정의 습관에는 내가 인식하지 못한 마음의 흐름이 담겨 있습니다. 지문은 나의 욕망, 상처, 희망이 담긴 내면의 나침반처럼 작동합니다. 지문을 들여다보는 일은 나를 더 깊이 이해하는 첫걸음입니다. 삶의 습관을 바꾸고 싶은데 어디서부터 시작할지 막막할 때, 지문은 타고난 나의 성향을 말해주는 힌트가 되어줍니다. 억눌린 감정, 반복되는 관계의 패턴, 피하고 싶은 상황을 들여다보면, 그 안에는 지문처럼 고유한 내 방식이 있습니다.

우리는 모두 각자의 지문처럼 고유한 삶의 방식과 감정의 경로를 가지고 있습니다. 지문은 외적으로 드러난 흔적이지만, 그 속에는 부모의 영향, 사회의 기대, 억압된 감정까지 녹아 있습니다. 이 작은 무늬 안에는 나의 과거와 현재, 그리고 앞으로 살아갈 방식이 모두 담겨 있습니다. 인생은 내가 지닌 흔적에 따라 펼쳐집니다. 이처럼, 우리의 감정과 경험은 단지 과거의 기억에 그치지 않습니다. 그 모든 것이 현재의 나를 형성하고, 앞으로 나아갈 방향을 결정하는 중요한 요소가 됩니다. 자신의 삶의 흔적을 인식하고 이해하는 것이, 더 나은 방향으로 나아가는 첫걸음이 될 수 있습니다.

지금부터는 10가지 지문 유형에 따라 성격의 경향을 간단히 소개하겠습니다. 나에게 어떤 패턴이 있는지, 어떤 감정 반응을 자주

하는지 돌아보시길 권합니다. 이해는 변화의 시작입니다. 지문은 변화하지 않지만, 그 해석은 삶을 바꿀 수 있습니다.

(1) 감성주의자
내선지문, 타인의 감정을 잘 이해하고, 감정을 솔직하게 표현하는 성향입니다. 주변 사람에게 따뜻한 위로를 잘 건네며, 창의적인 표현에 강점을 보입니다. 감정 기복이 클 수 있으나, 경청과 배려의 태도를 갖추면 더욱 빛나는 사람입니다.

(2) 창의적 사고자
외선지문, 독특한 시각과 아이디어로 사람들을 놀라게 합니다. 관찰력과 상상력이 뛰어나고, 기존 틀을 벗어난 사고에 강합니다. 다만 자신의 개성을 이해받지 못할 때 혼란을 겪을 수 있으니, 자기표현과 소통 방식에 주의가 필요합니다.

(3) 원칙주의자
궁형지문, 책임감이 강하고 안정적인 환경을 선호합니다. 변화를 두려워하기보다 익숙한 방식을 신뢰합니다. 조용히 따라가는 성향이지만, 자기 의견을 명확히 표현하는 연습이 필요합니다.

(4) 개척주의자
융기궁형지문, 혼자만의 시간을 소중히 여기며, 실용적인 태도를 지닌 긍정적인 사람입니다. 반복적인 일을 싫어하고, 다양한 경험을 통해 삶의 의미를 찾아갑니다. 의미 없는 일에는 쉽게 지치기도 하므로, 내면의 동기를 자주 확인하는 것이 좋습니다.

(5) 협력 조력자
쌍선지문, 관계와 팀워크를 중요하게 생각하며, 사람들 사이의 조화를 중시합니다. 중재 능력이 뛰어나고, 타인을 돕는 데 기쁨을 느낍니다. 다만 갈등 상황을 피하려는 경향이 있어, 때로는 명확한 의사 표현이 필요합니다.

(6) 헌신주의자   타원쌍선지문, 경쟁보다는 조화를, 표현보다는 배려를 선택합니다. 내향적이며 책임감이 강한 성향으로, 타인의 감정을 먼저 헤아립니다. 자신을 돌보는 시간도 꼭 필요합니다.

(7) 완벽주의자   환형지문, 공정성과 정의를 중요하게 여기며, 자신의 원칙과 기준이 높은 편입니다. 미래지향적이며, 진보적인 사고방식을 가지고 있습니다. 책임감이 강하고 예의를 중시하며, 체면을 지키려는 경향이 있습니다. 자기관리 능력이 뛰어나며, 인내심이 강하며, 한 번 믿음을 주면 쉽게 변하지 않는 우직한 성향이 있습니다. 약속을 번복하는 것을 싫어하며, 이로 인해 신뢰를 주는 사람이 많습니다.

(8) 지도자   나선지문, 자신의 생각과 주장이 분명하며, 타고난 리더십을 보입니다. 책임감과 독립심이 강해 자기 계발에 많은 시간을 투자합니다. 자존심이 강하고 체면을 중요시해 신중한 태도를 유지합니다. 사람을 평가하는 기준이 높으며, 양보다 질을 중시합니다. 신뢰와 신용을 중요하게 여겨, 쉽게 타인을 믿지 않는 경향이 있습니다. 다른 사람들로부터 존경과 인정을 받는 것을 중요하게 생각하며 감정이나 생각을 겉으로 잘 드러내지 않는 편입니다.

(9) 현실주의자   타원지문, 삶을 개척하려는 의지가 강하며, 목표를 달성하는 능력이 뛰어납니다. 일처리 능력이 탁월하며, 계획한 바를 성실히 수행합니다. 공감 능력이 뛰어나고, 포용력과 이해력이 좋아 갈등을 최소화하려 합니다. 다툼을 싫어해 다소 소극적인 태도를 보이기도 합니다. 상대방의 이야기를 경청하며, 원만한 대인관계를 유지하는 편이며 다양한 관점에서 사고하고 이를 실제로 적용하는 능력을 지니고 있습니다.

> **(10) 이상주의자**
>
> 공작지문, 예술적 감각이 뛰어나며, 품위를 유지하려는 경향이 있습니다. 사람들의 시선을 끄는 것을 즐기며, 주목받는 것을 좋아합니다. 글쓰기나 말하기 등의 표현 능력이 뛰어납니다. 자부심과 자신감이 넘치며, 자기 주장이 확고한 편입니다. 스스로 목표를 설정하고 추진하는 능력이 강해 성취욕이 높습니다. 열정적이며, 타인의 일에도 적극적으로 나서 협력하는 모습을 보입니다. 뛰어난 설득력을 지니고 있어, 사람들을 효과적으로 이끄는 능력이 있습니다.

이렇게 10가지 지문 심리 유형은 '나를 이해하는 감정의 언어'로서 기능할 수 있습니다. 지문은 단지 생물학적 흔적이 아니라, 우리의 정서적 구조와 관계 방식에 대한 내면의 지도를 제공해 주는 열쇠와도 같습니다. 지문은 나를 해석하는 하나의 언어입니다. 나만의 무늬를 이해하는 순간, 삶의 방향도 분명해질 수 있습니다. 지금 손끝을 들여다보며, 나의 심리지도를 펼쳐보는 건 어떨까요?

참고자료 – 지문 심리 유형

지문의 형태는 자신의 손가락을 직접 보고 판단할 수도 있고, 인주 등으로 지장을 찍어서 판단할 수도 있다. 여기에 제시한 지문은 지장을 찍었을 때의 모양이다.

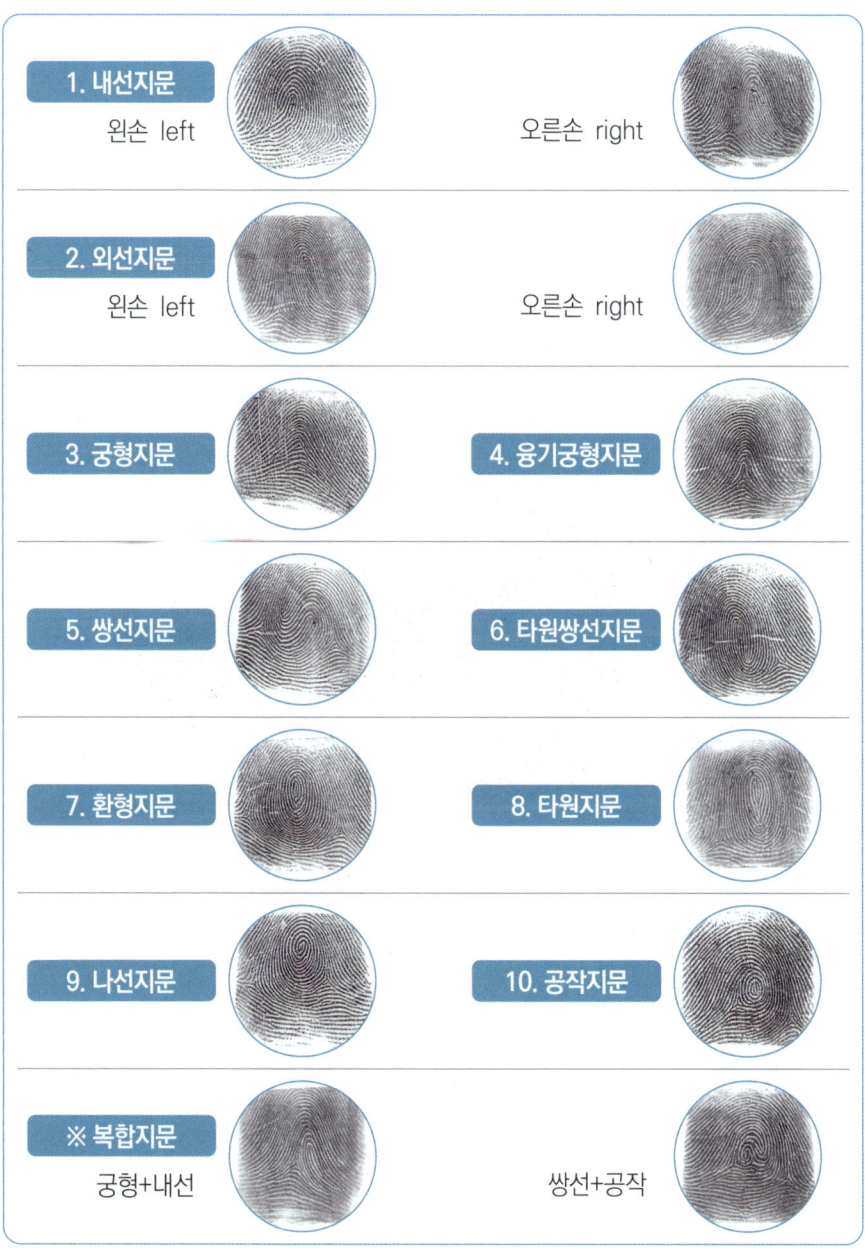

03
색안경을 벗으면, 다른 세상이 보인다

　우리는 자주 같은 문제를 같은 방식으로 해결하는데 익숙해져 있습니다. 다른 상황을 익숙한 시각(사고)으로 세상을 보고 있는 건 아닌지요? 지금의 고정된 틀을 내려놓으면, 문제는 전혀 다른 모습으로 다가올 수 있습니다. 인간은 감정의 존재입니다. 특히 관계 속에서 우리는 상대의 감정에 영향을 받고, 때로는 내 감정을 타인에게 전가하기도 합니다. 긍정적인 감정은 쉽게 받아들여지지만, 불안, 분노, 우울 같은 감정은 쉽게 외면당하거나 억눌리기 쉽습니다. 그 과정에서 어떤 사람은 '감정의 쓰레기통' 역할을 하게 되기도 합니다. 이 모든 갈등과 혼란 뒤에는 고정관념이라는 투명한 벽이 숨어 있습니다. 그 벽은 익숙하고 안전해 보이지만, 동시에 우리 시야를 가리고 새로운 가능성을 차단합니다. 예를 들어, 어떤 분은 '나는 원래 소심해서 안 돼'라고 단정지으셨습니다. 하지만 그분은 실은 매우 신중하고 공감 능력이 뛰어난 분이었습니다. 시각을 바꾸자, 단점처럼 보였던 부분이 관계의 장점으로 작용하기 시작했습니다. 이처럼 생각의 틀을 바꾸는 순간, 삶의 방향이 달라질 수 있습니다.

고정관념을 넘어서기 위한 세 가지 제안을 드립니다.

<u>첫째, 문제를 없애야 할 것이 아니라 '이해해야 할 것'으로 바라보는 것입니다.</u> 예를 들어, '나는 왜 이렇게 불안하지?'라는 자책보다는, '이 불안은 나에게 어떤 메시지를 주고 있을까?'라고 물어보는 것이 필요합니다. 감정은 억누를 대상이 아니라, 내면의 신호이기 때문입니다.

<u>둘째, 같은 상황을 새로운 시각으로 해석하는 연습이 필요합니다.</u> 예를 들어, '나는 너무 예민해'라는 말을 '나는 섬세하고 감각이 예민한 편이야'라고 바꿔보는 겁니다. 이는 단순한 긍정적 사고가 아니라, 나를 다시 바라보는 힘입니다.

<u>셋째, 자신을 고정된 틀에 가두지 말고, 변화 가능성을 열어두어야 합니다.</u> '나는 원래 이런 사람이야'라는 말 대신, '나는 지금 이렇지만, 달라질 수도 있어'라고 말해보세요. 유연한 사고는 삶의 폭을 넓혀줍니다.

사실 우리는 무의식 중에 문제를 바라보는 방식 자체에 갇혀 있습니다. 이것을 '인지적 고착'이라고 부릅니다. 익숙한 해석만을 반복하다 보면, 새로운 선택을 볼 수 없습니다. 예를 들어, '성공은

사회적 지위나 돈을 많이 버는 것이다'라는 믿음이 있으면, 관계의 만족이나 내면의 평화는 성공의 기준에서 빠지게 됩니다. 시야가 좁아지는 겁니다. '우울'도 마찬가지입니다. 대부분 우리는 우울을 무조건 제거해야 할 감정으로만 생각합니다. 하지만 우울은 지금 내 삶이 만족스럽지 않다는 신호일 수 있습니다. '나는 우울해' 대신 '나는 지금 내 삶에서 바꾸고 싶은 무언가를 찾고 있어'라고 표현해 보세요. 그렇게 말하는 순간, 우리는 더 주체적이 되고 창의적으로 삶을 바라볼 수 있습니다.

이처럼 우리는 무의식적으로 색안경을 쓰고 세상을 바라봅니다. 빨간 셀로판지를 눈앞에 대면 세상이 붉게 보이듯, 익숙한 인식 틀은 우리의 현실을 왜곡시킬 수 있습니다. 그리고 그 안에는 여덟 가지 심리적 메커니즘이 작동하고 있습니다.

<u>첫째, 범주화입니다.</u> 뇌는 세상을 단순화하기 위해 정보를 분류합니다. 예를 들어, '노인은 보수적이다'라는 인식은 이런 분류의 결과입니다.

<u>둘째, 사회적 학습입니다.</u> 우리는 부모, 학교, 미디어로부터 고정관념을 배웁니다. 어릴 적 '여자는 수학을 못 해'라는 말을 들었다면, 자연스럽게 내면화할 수 있습니다.

<u>셋째, 집단 내 편향입니다.</u> '우리는 옳고, 그들은 틀리다'는 생각입니다. 같은 학교 친구는 '착한 사람'으로 보고, 다른 학교 친구는 '문제 있는 사람'으로 볼 수 있습니다.

<u>넷째, 자기고양 편향입니다.</u> 자신에게 유리한 정보만 받아들이는 경향입니다. 예를 들어, 누군가를 '게으르다'고 생각하면, 그 사람

이 노력하는 모습은 눈에 잘 들어오지 않습니다.

다섯째, 자기실현적 예언입니다. 기대가 행동에 영향을 미쳐 결국 현실이 되는 것입니다. 교사가 '이 아이는 성적이 낮을 거야'라고 생각하면, 실제로 학생이 성적을 내기 어려워집니다.

여섯째, 도식입니다. 이것은 과거의 경험과 학습을 통해 생긴 인식 틀입니다. '사람은 쉽게 믿으면 안 돼'라는 도식을 가진 사람은, 호의를 가진 사람도 의심하게 됩니다.

일곱째, 투사입니다. 내 불안이나 열등감을 타인에게 전가하는 심리기제입니다. 예를 들어, 자신이 부족하다고 느낄수록, 상대를 '나를 무시해'라고 오해할 수 있습니다.

마지막으로, 애착 유형입니다. 어린 시절 부모와의 정서적 관계가 타인을 해석하는 방식에 영향을 줍니다. 불안형 애착을 가진 사람은, 아무리 다정한 말도 '진심일까?'라고 의심하게 됩니다.

우리는 각기 다른 심리적 렌즈를 통해 세상을 바라봅니다. 어떤 렌즈는 나를 보호하지만, 때로는 진실을 왜곡하기도 합니다. 중요한 것은, 질문을 바꾸는 일입니다. '왜 이런 일이 계속 생기지?'라는 질문 대신, '나는 지금 어떤 색안경을 쓰고 있을까?'라고 스스로 물어보세요. 질문이 바뀌면, 인생의 방향도 달라질 수 있습니다. 자신의 렌즈를 자각하고 바꾸는 순간, 세상은 새로운 모습을 드러냅니다. 자신이 외면한 것은 언젠가 자신을 다시 찾아오게 되어있습니다. 세상을 어떻게 해석하느냐에 따라, 지금 나의 현실은 변할 수 있습니다.

04
오해를 넘어 이해로:
관계를 단단하게 하는 연습

누구나 한 번쯤은 사소한 말 한마디, 무심한 행동 하나로 마음이 불편했던 경험이 있습니다. 때로는 가까운 친구의 농담이 상처가 되고, 사랑하는 사람의 무심한 표정이 오해로 이어지기도 합니다. 오해는 몇십 년 된 우정을 무색할 만큼 깨트리기도 합니다. 관계 속에서 오해는 피할 수 없는 감정이지만, 이를 어떻게 다루느냐에 따라 관계의 깊이는 달라질 수 있습니다.

오해를 줄이기 위해 가장 중요한 첫걸음은 '내가 보기엔 그렇다'는 생각을 내려놓는 것입니다. 사람마다 성격, 가치관, 경험이 다르기 때문에 내 기준만으로 상대를 해석하면 오해는 반복될 수밖에 없습니다. 오해는 '나는 그런 의도가 아니었다'고 말한다고 쉽게 풀리지 않습니다. 상대방이 어떻게 느꼈는지에 귀 기울이는 태도가 필요합니다. 오해를 푸는 데 가장 중요한 것은 감정의 조율과 이해하려는 노력입니다. 단순한 해명이 아니라, 상대방의 입장에서 감정을 느껴보려는 태도가 핵심입니다. 때로는 한마디 '괜찮아'라는 말이 관계의 벽을 허무는 열쇠가 되기도 합니다.

하지만 말을 꺼냈다가 오히려 더 깊은 오해를 낳을 때도 있습니다. 그래서 어떤 오해는 '시간'이 해결해 주기도 합니다. 중요한 것은 오해를 방치하지 않고, 내 감정과 상대방의 감정을 성찰하는 자세를 잃지 않는 것입니다. 특히 감정에 민감하거나 상상력이 풍부한 사람과의 관계에서는 오해가 더 빠르게 증폭될 수 있습니다. 이럴수록 신속하고 부드러운 소통이 필요합니다. 세상에는 다양한 감정의 표현 방식이 존재합니다. 친근하지만 갈등을 자주 유발하는 사람, 무뚝뚝하지만 믿음직한 사람, 모든 관계는 단순하지 않습니다. 오해 역시 그 복잡성의 일부입니다. 오해를 없애려 애쓰기보다 이해하려는 마음으로 바라보는 것, 이것이 진짜 성숙한 관계의 시작입니다.

여기서, 오해를 줄이는 네 가지 실천법이 제시해봅니다.
<u>첫째, 반응 전에 질문하는 것입니다.</u> 즉각적으로 감정적으로 반응하기보다, 질문을 통해 상대의 진짜 의도를 확인하는 연습이 필요합니다. "그 말을 할 때 어떤 뜻으로 이야기한 거야?"라고 물어보는

것입니다. 질문은 감정의 불씨를 진정시키고, 대화를 이어가는 힘이 됩니다.

<u>둘째, 감정보다 사실에 집중해야 합니다.</u> 감정에 치우쳐 '기분 나빠!'라고 반응하기보다, 구체적인 사실을 중심으로 이야기합니다. "그때 네 표현이 내겐 오해로 들렸어." 이렇게 말하면 상대도 방어적으로 반응하지 않고 상황을 차분히 풀어갈 수 있습니다.

<u>셋째, 피드백을 주고받는 것입니다.</u> 상대의 말을 들은 후 "내가 이해한 건 이런 거야, 맞아?"라고 확인하는 것도 오해를 줄이는 데 효과적입니다. "네 입장에서는 그렇게 느낄 수도 있겠구나." 이런 피드백은 서로의 입장을 좁히는 데 큰 도움이 됩니다.

<u>넷째, 내 해석이 절대적이지 않음을 인정하는 것입니다.</u> 우리는 흔히 '내가 느낀 대로가 맞다'고 생각하지만, 해석은 언제든 틀릴 수 있습니다. "나는 이렇게 느꼈지만, 혹시 내가 오해했을 수도 있어." 이런 열린 태도는 상대방의 마음을 열게 만듭니다.

사례를 통해 오해를 극복하는 것을 보여 드리겠습니다.

<u>첫째, 직장 동료와의 오해입니다.</u> A는 회의 중 B가 자신의 아이디어를 무시했다고 느꼈습니다. 서운함을 품은 A는 거리를 두었지만, 실제로 B는 상사의 질문에 급히 답하느라 A의 의견을 듣지 못한 상황이었습니다. A가 "내가 말할 때 반응이 없어서 무시당한 느낌이 들었어. 그때 상황이 어땠어?"라고 묻자 B는 상황을 설명하고 사과했고, 오해는 풀렸습니다.

<u>둘째, 연인 사이의 오해입니다.</u> 여자친구 C는 주말에 남자친구 D의 연락이 뜸해지자 사랑이 식은 것 같다고 느꼈습니다. 그러나 D

는 직장 프로젝트로 정신없이 바쁜 상태였습니다. C가 "주말에 연락이 없어서 서운했어. 혹시 무슨 일 있었던 거야?"라고 솔직히 말하자, D는 상황을 설명하며 오해가 풀렸습니다. 이처럼 오해는 줄일 수 있고, 이해는 키울 수 있습니다. 오해는 인간관계의 위협이 아니라, 이해로 가는 문이 될 수 있습니다.

<u>셋째, 문자 답장이 늦을 때입니다.</u> 상대는 바빠서 못 본 것일 수 있습니다. 그러나 우리는 "무시당했나?"라고 오해하기 쉽습니다. 넷째, 차가운 표정이나 말투입니다. 단지 피곤하거나 무표정할 뿐인데, "내가 뭘 잘못했나?"라고 해석하게 됩니다.

<u>넷째, 대화 중 말을 자를 때입니다.</u> 급히 떠오른 아이디어를 말했을 뿐인데, "내 말을 무시했다"고 오해할 수 있습니다.

<u>다섯째, SNS 반응이 없을 때입니다.</u> 상대는 SNS를 잘 보지 않는 사람일 수도 있습니다. 반응이 없다고 해서 관계가 식은 것은 아닙니다.

<u>여섯째, 건조한 칭찬입니다.</u> 표현이 서툴 뿐 진심일 수 있습니다. 그런데 "비꼰 거 아냐?"라고 오해하게 됩니다.

이처럼 대부분의 오해는, 직접 확인하지 않고 감정적으로 해석하는 데서 비롯됩니다. 작은 상황일지라도 서로의 입장을 생각하고 직접 물어보는 자세가 오해를 줄이는 가장 좋은 방법입니다. 그리고 오해를 자주 하거나 쉽게 상처받는 사람은 특정한 심리적 특성을 가지고 있을 가능성이 높습니다. 이는 성격의 일부일 수도 있고, 과거의 상처나 경험에서 비롯된 방어적인 심리일 수도 있습니다.

오해를 잘하는 사람들에게서 자주 나타나는 심리적 특성 일곱 가지로 나열해 보겠습니다.

<u>첫째, 높은 감정 민감성입니다.</u> 감정에 예민하게 반응하며, 타인의 말이나 표정에서 부정적인 의미를 쉽게 감지합니다. 상대방의 의도보다 자신의 감정을 우선적으로 해석합니다.

<u>둘째, 낮은 자존감입니다.</u> 자신에 대한 신뢰가 낮기 때문에, 타인의 작은 표현이나 무심한 말도 "나를 싫어하나?" "내가 잘못했나?" 라고 받아들입니다.

<u>셋째, 과거의 상처 경험 때문입니다.</u> 반복된 배신, 무시, 비난의 경험이 있다면, 현재의 관계에서도 그런 일이 반복될까 봐 과도하게 경계하고 해석합니다.

<u>넷째, 경계성 인격 특성을 지니고 있습니다.</u> 감정의 기복이 크고, 관계에 있어서 '전부 아니면 전무'의 사고를 하며, 타인의 말과 행동을 극단적으로 받아들입니다. 이로 인해 반복적으로 오해가 발생할 수 있습니다.

<u>다섯째, 의심과 불신의 사고 경향성이 있습니다.</u> 사람을 쉽게 믿지 않고, 숨은 의도를 찾으려는 경향이 강합니다. 말보다 말하지 않은 부분에 의미를 부여하려고 합니다.

<u>여섯째, 자기중심적 사고가 많습니다.</u> 모든 상황을 자신과 연결 지어 해석하며, 상대방의 말이나 행동이 자신을 향한 것이라고 단정 짓는 경향이 있습니다.

<u>마지막으로, 의사소통의 왜곡이 있습니다.</u> 직접 묻기보다 혼자 판단하고 결론을 내리며, 실제 의도와는 전혀 다른 의미로 받아들이는 경우가 많습니다.

이러한 특성은 누구에게나 어느 정도 있을 수 있지만, 반복적으로 오해가 생기고 관계가 어려워질 정도라면, 스스로의 해석 습관을 점검해볼 필요가 있습니다. (전문적) 상담을 통해 자신의 감정 반응과 인지 왜곡을 알아차리고, 관계 안에서 더 건강하게 소통하는 방법을 익힐 수 있습니다. 오해를 줄이는 가장 효과적인 방법은 상대의 의도를 직접 확인하고, 내 감정을 명확히 표현하는 연습입니다. 우리는 모두 완전하지 않기에, 오해는 피할 수 없습니다. 그러나 이해하려는 노력은 언제나 가능하며, 그것이 관계의 품질을 바꿔갑니다.

05
마음을 도형으로 보다
－ ○△□S 심리 분석법

"지금 내 마음에 가장 끌리는 도형은 무엇인가요?"

○(원), △(삼각형), □(사각형), S(곡선) 중 하나를 선택해 보시면 됩니다. 사람은 누구나 고유한 기질을 가지고 있습니다. 하지만 우리는 언제나 하나의 성격으로만 살아가지는 않습니다. 상황과 관계에 따라 다른 모습이 드러나며, 자아는 여러 성향이 공존하는 유기적인 구조를 가지고 있습니다. 자아는 감정, 관계, 욕망, 질서가 균형 있게 만나는 공간이며, 네 가지 도형이 조화를 이루어야 건강한 마음이 만들어집니다.

○형은 관계를 중요하게 여기며, △형은 욕망과 갈등 속에서 중심을 잡고자 하고, □형은 자기만의 질서를 추구하며, S형은 감정을 유연하게 흐르게 합니다. 특정 도형이 지나치게 강해지면 심리적인 불균형이 생길 수 있고, 네 가지 성향이 유기적으로 작동할 때 심리적 성숙이 이루어집니다. 예를 들어, 평소에는 온화한 ○형이더라도 직장에서는 목표 지향적인 △형의 모습을 보일 수 있습니다. 반대로, 외부에서는 추진력 있는 △형이지만, 가정에서는 안정과 예측 가능성을 중시하는 □형일 수 있습니다. 이런 심리 도형은 내면의 유연함을 확인하게 해주며, 지금 내 삶에서 어떤 성향이 강하게 작동하고 있는지 점검할 수 있도록 도와줍니다. 이 분석법은 시각적으로 감정과 무의식을 표현할 수 있다는 점에서 강력한 도구입니다. 도형은 단순한 그림이 아니라 삶의 패턴과 심리 에너지를 상징합니다. 말로 설명하기 어려운 마음을 도형으로 그려보면, 내면의 생각과 감정을 더 쉽게 인식할 수 있습니다.

　　예를 들어, 평소에는 감성적이고 온화한 원형(○) 기질을 가진 사람이, 직장에서는 도전적인 삼각형(△)의 성향을 발휘할 수 있습니다. 반대로 바깥에서는 추진력이 강한 사람처럼 보여도, 집에서는 질서를 중시하는 사각형(□) 기질일 수 있습니다. 이렇게 상황에 따라 드러나는 심리적 도형을 인식하는 것이 자기 이해의 첫걸음입니다. 이 분석은 단순히 성격 유형을 구분하는 것이 아니라, 지금의 나를 시각적으로 표현하고 성찰하는 방법입니다. 도형을 그리는 행위 자체가 나의 정서 상태, 대인관계 방식, 현재 삶의 방향성을 드러냅니다. 말로 표현하기 어려운 감정을 도형이라는 이미지로 나타낼 수 있다는 점에서 큰 장점이 있습니다. 추진력은 강하지만 관계에서 부드러움이 부족하다면, ○형의 감성적인 면을 키울 필요가 있습니다. 반대로, 안정적인 □형이지만 변화에 유연하지 않다면, S형의 흐름을 연습해 보는 것이 좋습니다. 도형을 활용한 심리 탐색은 나를 이해하고 성장하는 데 실질적인 도움을 줍니다. 이 분석법은 고대의 4기질론에서 영감을 받아 만들어졌습니다. 인간의 성향은 기질적으로 다르고, 그 기질은 삶의 태도와 대인관계 방식에 큰 영향을 줍니다. 도형은 우리 내면에 있는 기질적 에너지를 상징하는 하나의 언어입니다. 그래서 자신이 어떤 도형에 가까운지를 인식하고 조율하는 과정은 자아 성찰과 정서적 균형을 위한 중요한 단계입니다.

(1) 다혈질 ○형의 대인관계

사람은 누구나 처음엔 하나였다가, 떨어지며 상처를 받습니다. ○형은 관계의 원형으로, 타인과 연결되고 하나이고 싶은 욕망이 이 도형 안에 담겨 있습니다. 원은 사랑과 융합을 상징하지만, 동시에 그 융합이 위협받을 때 불안을 경험하게 됩니다. ○형은 대체로 따뜻하고 친절하며 타인의 문제에 관심이 많고, 정에 약해 쉽게 감동하거나 부탁을 거절하지 못하는 경향이 있습니다. 표현력이 풍부하고 감정이입도 뛰어나지만, 때론 감정 기복이 심하고 의지력이 약할 때도 있습니다. 이들은 말이 많아질수록 감정적으로 압박을 받고 있다는 신호일 수 있으며, 대화를 통해 회복력을 키워가는 특징이 있습니다. 조용히 경청해 주는 능력도 뛰어나지만, 지나치게 타인을 배려하다 보면 자기주장이 약해질 수 있어 주의가 필요합니다. ○형은 애착이론 중 안정 애착 유형과 비슷하며, 공감 능력과 정서적 유대를 중요시합니다. 원의 위치, 크기, 표현 방식에 따라 대인관계의 양상도 달라질 수 있으므로, 이를 통해 자신의 관계 방식을 돌아보는 기회로 삼을 수 있습니다.

(2) 담즙질 △형의 대인관계

욕망은 결핍에서 나오고, 결핍은 삶을 움직이게 합니다. △형은 욕망의 구조이며, '나-타인-대상'의 삼각 구도 속에서 갈등, 긴장, 경쟁심이 나타납니다. △형은 목표 지향적이며, 리더십이 강하고 빠른 판단력과 실행력을 지닌 사람이 많습니다. 미래에 대한 열망이 크며, 실패에 굴하지 않고 다시 도전하는 근성을 가지고 있습니다. '자율성과 유능성' 욕구가 강한 이 유형은, 일을 통해 자아를 확인하고자 합니다. 하지만 이 과정에서 타인의 감정을 고려하지 못하거나 경쟁심이 과해질 경우 갈등을 유발할 수도 있습니다. 아이의 경우 성취 욕구가 충족되지 않으면 감정이 격해질 수 있으며, 운동이나 활동을 통해 스트레스를 해소할 수 있도록 도와주는 것이 중요합니다. 또한 금전에 예민한 편이므로 인간관계에서 지나치게 계산적으로 비춰지지 않도록 유의할 필요가 있습니다.

(3) 점액질 □형의 대인관계

무의식은 혼돈이지만, 자아는 질서를 원합니다. 그래야 편안함을 느낍니다. □형은 방어와 구조를 상징하며, 예측 가능성과 논리를 통해 안정감을 얻습니다. 이 유형은 신뢰성과 책임감이 강하고, 체계적인 사고를 지니며 안정적인 환경을 선호합니다. 감정보다는 원칙과 이성을 중시하며, 예의 바르고 보수적이면서도 유머 감각도 있는 경우가 많습니다. 그러나 지나친 경직성은 감정을 억압하고 타인과의 연결을 방해할 수 있으며, 혼자 있는 것을 선호하거나 자기방어적으로 고립되는 경향도 있습니다. 현실 감각이 뛰어나지만 때때로 유연성이 부족할 수 있습니다. □형은 자신과 타인의 경계를 잘 세우지만, 고립이나 과도한 통제로 이어지지 않도록 스스로를 점검하는 것이 중요합니다.

(4) 우울질 S형의 대인관계

인간은 자신을 지키기 위해 사람에게 다가가거나, 멀어지거나, 맞서거나 이 세 가지 방향으로 움직입니다. S형은 그중 '자신 안으로 움츠리는 방향'을 상징하며, 깊은 내면성과 감수성을 지닌 도형입니다. S형은 물결처럼 감정의 흐름이 크고, 내면에서 많은 생각과 감정을 소화합니다. 섬세하고 예민하며, 한 번 관계를 맺으면 깊은 정서적 유대를 형성하지만, 낯선 관계나 변화에는 두려움을 느낄 수 있습니다. 우울질 기질은 에너지의 흐름이 내향적이며, 사람들과 거리를 두고 자신의 세계에 몰입하는 경향이 있습니다. 이들은 혼자 있는 시간을 소중히 여기고, 내면의 깊은 사유를 통해 정체성을 형성해갑니다. 이러한 유형을 '내향성 자기애적 경향'이라 부르기도 하며, 자존감의 기반을 외부 인정이 아닌 내면의 의미 추구에서 찾습니다. S형은 감정이 격해질 때 침묵하거나 몸으로 신호를 보낼 수 있으므로, 이를 놓치지 않고 정서적 돌봄이 필요합니다. 예술적 감각이 뛰어나며, 글쓰기나 음악 등 감정을 표현할 수 있는 채널을 통해 마음을 치유해나가는 경우가 많습니다. 이들은 관계 속에서 상처를 받으면 쉽게 움츠러들지만, 한 번 신뢰가 쌓이면 매우 충실하고 깊은 교감을 나눌 수 있는 유형입니다.

○형은 '연결'과 '감정'을 중심으로, △형은 '목표'와 '욕망'을 중심으로, □형은 '질서'와 '논리'를 중심으로 관계를 맺습니다. 각 도형은 인간 내면의 욕구와 방어, 그리고 대인관계의 방식을 상징하며, 이를 이해하면 자기 자신과 타인을 좀 더 깊이 이해할 수 있습니다. 이제 종이에 네 가지 도형을 자유롭게 그려보시기 바랍니다. 크기, 위치, 배열 등을 살펴보면 현재 내 심리 상태를 직관적으로 확인할 수 있습니다. 그리고 이 분석을 다른 사람과 나누면, 서로를 이해하고 공감하는 창이 될 수 있습니다. 도형은 내 마음을 보는 거울이자, 타인의 마음을 엿볼 수 있는 열린 창입니다. 심리 분석은 추상적인 개념이 아닌, 삶 속에서 구체적으로 활용될 때 더 큰 힘을 발휘합니다. 같은 원을 좋아하더라도, 그것을 어떻게 그렸느냐에 따라 전혀 다른 대인관계 성향이 나타납니다. 예를 들어, 원을 그리게 했을 때 어떤 사람은 원을 겹치게, 어떤 사람은 각각 따로, 또 어떤 사람은 아주 작게 혹은 크게 그렸습니다. 각각은 다음과 같은 성향을 보여줍니다. 원을 겹친 사람은 사람들과 친밀하게 연결되기를 원하며, 함께 하는 가치와 유대감을 중요하게 여깁니다. 원을 따로 그린 사람은 독립적인 관계를 선호하며, 자신만의 공간과 거리를 유지하려는 경향이 있습니다. 이처럼 도형의 표현 방식에 따라 대인관계 스타일을 구체적으로 이해할 수 있습니다.

도형으로 알아보는 성격유형검사

○ △ □ S

위의 네 가지 도형 중 제일 좋아하는 도형 한 개를 골라 위치나 크기에 관계없이 3번을 그리고, 나머지 도형들은 각각 한 번씩 그린다.

06
성격의 틀을 넘어 관계를 회복하는 심리 수업

"대인관계에서 자주 부딪히는 순간은 언제인가요?"
"왜 나는 비슷한 갈등을 반복하게 될까요?"
"내 성격이 관계에서 어떤 영향을 주고 있는지 돌아본 적 있나요?"

이런 질문은 누구나 해볼 수 있습니다. 사람과 사람 사이의 갈등은 대부분 성격 차이에서 비롯됩니다. 어떤 사람은 쉽게 상처받고, 어떤 사람은 상처를 주었다는 사실조차 모를 수 있습니다. 하지만 이런 충돌도 서로의 성격을 이해하고, 그에 맞는 방식으로 접근한다면 충분히 회복될 수 있습니다. 대부분 '성격은 바뀌지 않는다'고 생각합니다. 하지만 성격은 단단한 돌덩이가 아니라, 환경과 경험 속에서 서서히 모양을 바꿔가는 점토 같은 존재입니다. 어쩌면 바뀌지 않는다는 생각의 울타리 때문에 바꿀 수가 없을지도 모릅니다. 우리는 상황에 적응하며 자신도 모르게 새로운 반응을 배웁니다. 그래서 지금의 성격은 '원래의 나'가 아니라, 살아남기 위해 만들어낸 심리적 습관일 수 있습니다. 예를 들어, 누군가에게 늘 예의 바르고 착한 태도를 유지하는 이유가 정말 따뜻한 마음에서일 수도 있지만, 혹시 거절당하는 것이 두려워서 그럴 수도 있습니다.

성격은 바꿔야 한다고 강요받을 대상이 아닙니다. 다만 그 성격이 반복적으로 관계를 어렵게 만들고 있다면, 그 지점을 점검해 볼 필요는 있습니다. 변화는 가능하며, 그것은 '더 나은 나'를 위한 선택입니다. 완벽해 보이는 사람도, 타인의 기대에 맞춰 살아오다 보면 '나는 진짜 나로 존재한 적이 없구나'라는 공허함을 느낍니다. 자신에게 귀 기울이고, 존재 그 자체로 괜찮다고 느끼는 순간부터 관계도 편안해지기 시작합니다. 관계가 멀어지는 순간은 대부분 경계선이 무너질 때입니다. 관심이 지나치면 간섭이 되고, 친밀감은 애증으로 뒤바뀌기도 합니다. 서로가 서로의 경계를 존중할 때, 건강한 거리감 속에서 진짜 친밀감이 자라납니다. 성격 유형은 다양하지만, 그에 맞는 접근을 알면 갈등을 예방할 수 있습니다.

아래는 다양한 성격 유형과 그에 따른 관계 치유의 핵심입니다.

(1) 내향형 vs. 외향형: 에너지 방식의 차이를 인정하세요.

내향형은 혼자 있어야 에너지가 회복되고, 외향형은 사람들과 어울릴 때 살아납니다. 내향적인 분은 깊은 관계를 원하지만 속도는 느릴 수 있습니다. 외향적인 분은 대화를 통해 유대감을 느끼기 때문에, 지나친 침묵은 단절로 느껴질 수 있습니다. 회식 자리에서 조용히 있는 동료를 보고 외향적인 사람이 "왜 이렇게 말이 없어요?"라고 물었을 때, 내향형은 '내가 문제인가?'라는 부담을 느낄 수 있습니다. 서로가 다를 뿐 문제는 아니라는 것을 기억해야 합니다.

(2) 감정형 vs. 논리형: 서로의 언어를 배우세요.

감정형은 배려와 공감을 중시합니다. 논리형은 사실과 해결에 집중합니다. 감정형은 "그 말은 너무 차가워요"라고 느끼고, 논리형은 "왜 이렇게 감정적으로 반응하지?"라고 생각할 수 있습니다. 감정형 친구가 힘든 얘기를 털어놓았을 때, 논리형 친구가 "그럼 이렇게 해봐"라고 바로 해결책을 제시하면 위로받지 못한 기분이 듭니다. 이럴 땐, 먼저 감정을 인정해 주는 말이 더 큰 힘이 됩니다.

(3) 불안형 vs. 회피형: 애착의 역동을 이해하세요.

불안형은 조금의 거리도 불안하게 느끼며, 끊임없는 확신을 원합니다. 회피형은 가까워질수록 스스로를 보호하려 멀어집니다. "요즘 왜 연락이 줄었어?"라고 묻는 불안형에, 회피형은 "너무 부담스러워"라고 느낍니다. 악순환이 시작되는 지점입니다. 이럴 땐 서로의 애착패턴을 알고, 일정한 거리와 소통의 규칙을 함께 만들어가는 것이 중요합니다.

(4) 완벽주의자 vs. 자유로운 영혼: 기준을 내려놓으세요.

완벽주의자는 계획과 통제를 통해 안정감을 얻습니다. 자유로운 성향은 즉흥성과 유연함에서 자유를 느낍니다. 여행 일정 짤 때, 한 명은 시간 단위로 계획을 짜고, 다른 한 명은 "그때 기분 봐서 가자"고 말할 때 충돌이 생깁니다. 이럴 때는 각자의 방식을 존중하며, 최소한의 구조만 합의하고 나머지는 자유롭게 두는 방법도 있습니다.

자신의 성격을 이해하는 일은, 더 좋은 관계를 만들어가기 위한 첫걸음입니다. 성격은 고정된 것이 아니라, 조금씩 다듬고, 더 편안하게 나답게 살아가는 연습 속에서 자연스럽게 변화할 수 있습니다. 많은 갈등은 성격이 달라서 생기는 것이 아니라, 그 차이를 이해하지 못했을 때 더 깊어집니다. 진짜 나를 알고, 상대를 이해하려는 태도에서 관계의 회복은 시작됩니다. 우리는 '성격'이라는 이름으로 고립된 사람이 아닙니다. 우리는 연결될 수 있고, 성장할 수 있는 가능성의 존재입니다.

우리는 타인을 이해하려는 마음을 가질 때, 관계는 더 이상 갈등의 장이 아니라 성장을 위한 공간이 됩니다. 이해는 상대방을 바꾸는 일이 아니라, 나의 시선을 넓히는 일입니다. 지금 이 순간, 상대를 이해하려고 애쓰는 마음 자체가 관계의 회복을 위한 출발점이 됩니다.

관계의 문은 큰 변화가 아닌, 사소한 공감에서 열립니다. "그럴 수도 있겠다"는 생각, "나는 어떻게 들었을까?"라는 질문이 서로를 향한 길을 넓혀줍니다. 때로는 내 감정보다 상대의 서사를 먼저 들어보는 여유가 필요합니다. 우리를 이해하려는 지금 이 순간이, 서로를 연결하는 열쇠입니다. 이해는 완전한 동의가 아니라, 다름을 받아들이는 용기입니다. 이 용기를 낼 때, 우리는 진정한 만남에 한 걸음 다가갈 수 있습니다.

07
자존감, 나를 단단하게 지키는 힘

누군가의 말 한마디에 하루 종일 기분이 가라앉고, 작은 실수에 '나는 왜 이럴까' 자책하며 우울해지신 적 있으신가요? 자존감이란, 그런 순간에도 스스로를 지켜낼 수 있는 마음의 면역력입니다. 자존감은 성과나 타인의 인정이 아니라, 존재 자체의 가치를 믿는 데서 시작됩니다. 내가 잘해도, 못해도, 그저 존재하기에 의미 있다는 사실을 받아들이는 것. 그 수용의 태도가 내면을 단단하게 만듭니다. 상담실에서 자주 듣는 말이 있습니다.

"우리 아이는 자존감이 낮은 것 같아요."
"저는 자존감이 바닥을 쳤어요. 어떻게 회복해야 할까요?"

물론 자존감이 약해 보이는 순간은 누구에게나 있습니다. 하지만 자존감은 성격의 문제가 아니라 회복 가능한 심리적 탄력성입니다. 환경이나 감정 상태에 따라 흔들릴 수는 있지만, 다시 회복될 수 있는 힘이기도 합니다. 실제로 내향적이고 말이 적은 아이가 자존감이 낮다고 오해받는 경우가 많습니다. 하지만 조용하다고 해서 자존감이 약한 건 아닙니다. 오히려 내면이 성숙한 경우도 많습니다. 다만 이런 아이들이 관계에서 상처를 받을 경우, 무기력감에 빠져 스스로를 자책하면서 자존감이 낮아진 것처럼 느낄 수 있습니다. 이때 중요한 건, 무기력함과 자존감의 약화는 다르다는 것입니다. 무기력에서 벗어나면 자존감은 서서히 회복됩니다.

A씨는 직장에서 타인의 감정을 먼저 살피며 조화를 중요시하는 사람입니다. 적극적으로 자기 주장을 하지 않는다는 이유로 자존감이 낮아 보일 수 있지만, 그는 오히려 자신의 성향을 잘 이해하고 있는 사람이었습니다. 고등학생 시절부터 자신의 기질을 알아가기 시작했고, 자신을 부정하기보다 수용하며 살아온 덕분에 타인의 시선에도 쉽게 흔들리지 않습니다. 진짜 자존감은 '내가 나를 어떻게 대하는가'에서 시작됩니다.

나를 끊임없이 의심하는 태도는 자존감을 약화시킵니다. 반대로, 실패나 평가에도 스스로를 포기하지 않는 태도가 자존감을 지켜냅니다. '나는 이만큼밖에 안 돼'라는 생각은 대부분 스스로 만든 프레임일 뿐입니다. 자존감이 낮아질수록 관계는 더 불편해집니다. 자주 갈등을 겪는다면, 그 근원은 자기 자신을 충분히 받아들이지 못하는 데 있을 수 있습니다. 자신과 잘 지내는 법을 배우는 것이 인간관계의 시작입니다.

어떤 경우에는 자존감이 낮다는 말을 듣기 싫어서, 평소와는 다르게 눈을 똑바로 오랫동안 바라보며 말하는 사람이 있습니다. 평소에 그렇게 하지 않던 사람이라면, 그 변화가 낯설게 느껴지기도 합니다. 이야기를 듣는 동안, 눈도 깜빡이지 않은 채 시선을 고정하고 말하는 그 모습에서 어떤 긴장과 방어가 느껴질 때가 있습니다. 그럴 때 문득 이런 생각이 듭니다. '혹시 두려워서 저러는 걸까? 자신을 지키기 위해 억지로 애쓰는 걸까?' 그 모습을 보며 안쓰러운 마음이 들기도 합니다. 마치 '자존감이 낮다'는 말이 그 사람에게 낙인처럼 새겨져 있는 것처럼 느껴집니다. 그래서 누군가의 평가로부터 자신을 증명하려고 애쓰는 모습이, 사실은 자존감의 문제가 아니라 '자존감에 대한 오해'에서 비롯된 행동일 수 있다는 것을 이야기해주고 싶습니다.

자존감은 겉으로 얼마나 당당해 보이는가로 판단되는 것이 아닙니다. 오히려 자신의 불안과 흔들림을 있는 그대로 인정하고, 그것마저도 부끄럽지 않게 바라보는 힘에서 비롯됩니다. 자신을 숨기거나 억압하지 않고, 자연스럽게 표현할 수 있을 때 진짜 자존감은 자라납니다. 누군가가 너무 애써 당당해 보이려 한다면, 그 이면에는 '약해 보여선 안 된다'는 내면의 싸움이 숨어 있을지도 모릅니다. 그럴 때 우리는 평가 대신 공감으로 다가갈 필요가 있습니다. 자존감은 스스로를 끊임없이 지켜내려는 애씀 속에서 깎여 나가는 것이 아니라, 그런 애씀마저 이해받을 때 비로소 회복됩니다.

우리는 자존감을 지키기 위해 몇 가지 태도를 연습할 필요가 있습니다. 다음 다섯 가지는 내면을 단단하게 만드는 데 도움이 됩니다.

첫째, 있는 그대로의 나를 인정하는 것입니다. 자존감은 완벽한 내가 아니라, 부족한 나를 있는 그대로 수용할 수 있을 때 자라납니다. 실수 하나에 스스로를 심하게 비난하지 마세요. 예를 들어 발표 도중 실수를 했을 때, "긴장하면 누구나 실수할 수 있어"라고 말하는 사람이 있는가 하면, "왜 이렇게 못해?"라고 자책하는 사람도 있습니다. 후자의 마음엔 수용보다 평가가 앞서 있습니다. 자기 수용은 나를 향한 너그러움에서 시작됩니다.

둘째, 자기 대화를 바꾸는 것입니다. 하루에도 수십 번 스스로와 대화를 나누고 있습니다. 그 목소리가 부정적이라면 자존감은 점점 약해집니다. "나는 안 될 거야"라는 말은 진짜 그렇게 만들 수 있습니다. 반대로 "나는 해볼 수 있어"라는 말은 행동을 바꾸고 결과도 바꿉니다. 실제로 한 내담자는 면접 전 "분명 떨어질 거야"라는 생각에 움츠러든 자세로 면접에 실패했지만, 다른 사람은 "나는 준비를 잘했어. 나를 보여주자"는 마음으로 당당히 합격했습니다.

셋째, 실패를 정체성으로 여기지 않는 것입니다. 실패는 경험이지, 내가 잘못된 사람이란 뜻이 아닙니다. 실패를 통해 배우고 다시 시도할 수 있어야 자존감은 지켜집니다. 중요한 건 '실패했는가'가 아니라 '그 실패 앞에서 나를 어떻게 대했는가'입니다.

넷째, 나만의 기준을 세우는 것입니다. 자존감은 비교에서 약해집니다. 타인의 삶을 기준 삼아 살다 보면, 나는 언제나 뒤처진 사람처럼 느껴질 수 있습니다. 진짜 자존감은 내 삶의 기준을 나 자신에게 두는 데서 시작됩니다. 오늘 내가 어제보다 단 1%라도 성장했는지, 나만의 눈으로 바라보는 연습이 필요합니다.

<u>다섯째, 감정의 어두운 면도 인정하는 것입니다.</u> 항상 밝고 좋은 사람처럼 보이려는 노력은 때로 자존감을 깎아먹습니다. 누구나 분노하고 질투하고 슬퍼할 수 있습니다. 감정의 어두운 면을 억누르기보다, 그것을 자연스러운 나의 일부로 받아들이는 태도가 진짜 자존감을 키웁니다. 억눌린 감정을 직면할 때, 우리는 비로소 내면의 집 주인이 되어갑니다.

우리는 살아가며 수많은 관계와 사건 속에서 흔들릴 수밖에 없습니다. 하지만 그 흔들림 속에서도 나를 다시 세우는 힘, 바로 그 중심을 잡는 힘이 자존감입니다. 자존감은 누구에게나 존재합니다. 다만 외부의 평가나 기대, 또는 상처에 가려 잘 보이지 않을 때가 있을 뿐입니다. 지금 마음이 흔들리고 있다면, 괜찮습니다. 그 흔들림은 당신이 무너졌다는 증거가 아니라, 다시 나를 바라볼 기회일 수 있습니다. 자신을 믿고 지켜주는 태도, 바로 그 순간부터 자존감 회복은 시작됩니다. 스스로를 지켜주는 마음이야말로 진정한 안정의 시작입니다. 우리 모두는 이미 다시 일어설 수 있는 힘을 가지고 있습니다.

08

산만함 뒤에 숨겨진 마음
– ADHD를 새롭게 이해하기

"중요한 약속을 자꾸 잊어버리거나, 한 가지 일에 집중하기 어려운 경험이 있으신가요?"

"주변에 유독 가만히 있지 못하고, 끊임없이 움직이거나 말을 멈추지 못하는 분이 계신가요?"

"혹시 내 아이, 배우자, 혹은 나 자신이 ADHD(주의력결핍 과잉행동장애)는 아닐까 고민해보신 적 있으신가요?"

이런 질문들은 ADHD라는 이름을 들어보았지만, 제대로 이해하지 못한 상태에서 떠오르기 쉬운 생각들입니다. ADHD는 단순히 산만하고 집중을 못하는 성격 문제가 아니라, 뇌의 구조와 기능이 다르게 작동하는 신경발달의 차이입니다. 예를 들어, 한 초등학생이 수업 중 자꾸 자리에서 일어나고, 숙제를 깜빡 잊고, 친구가 말을 다 끝내기 전에 먼저 끼어들곤 한다면, 이 아이는 '버릇 없는 아이'가 아니라 ADHD일 수 있습니다. 이 행동은 단지 규칙을 어기려는 것이 아니라, 본인의 감정을 말로 표현하지 못해 몸으로 나타나는 방식일 수 있습니다.

ADHD는 뇌의 실행 기능에 어려움이 있는 상태입니다. 집중, 충동 조절, 계획 세우기, 감정 조절 등 삶을 조직하는 여러 능력에 영향을 줍니다. 그래서 해야 할 일을 알아도 막상 실행하는 데 어려움을 겪는 것이지요. 성인도 예외는 아닙니다. 어릴 때는 단순히 산만하거나 충동적인 모습으로 보이지만, 성인이 되면 감정 조절의 어려움, 시간 관리 실패, 인간관계 갈등 등으로 이어집니다. 실제로 많은 성인들이 '나는 왜 이렇게 미루기만 할까', '왜 항상 중요한 걸 놓칠까' 하며 자책하곤 합니다.

ADHD는 아동기만의 문제가 아니라 성인기까지 이어질 수 있는 특성이며, 삶의 전반에 영향을 줄 수 있습니다. ADHD는 뇌의 전두엽 기능 저하와 도파민·노르에피네프린 같은 신경전달물질의 불균형과 관련이 있습니다. 그래서 ADHD를 가진 사람들은 흥미 있는 일에는 몰입하지만, 지루하거나 구조화되지 않은 일에는 쉽게 산만해지는 특징이 있습니다. 누군가 '게임은 몇 시간씩 하는데, 공부는 10분도 못 해요'라고 한다면, 이는 의지의 문제가 아니라 뇌의 작동 방식의 차이입니다.

ADHD는 다양한 얼굴을 가집니다. 어떤 아이는 충동적으로 행동하고 주의가 산만하며, 어떤 어른은 감정 조절에 어려움을 겪고, 시간 관리나 정리 정돈에 서툽니다. 또 어떤 이들은 겉으로는 조용해 보이지만, 속으로는 끊임없이 불안하고, 자신을 비난하는 생각으로 괴로워합니다. 중요한 것은 이 행동들의 이면에 감정이 있다는 사실입니다. 산만함과 충동, 반항은 불안, 두려움, 자기비하 같은 감정이 표현된 방식일 수 있습니다. 그래서 이들을 혼내거나 고치려 하기보다, '왜 이런 행동을 보이고 있는가?'를 먼저 들어보는 것이 필요합니다. 그 안에 감춰진 감정과 이야기를 이해하는 것이 진짜 치료의 시작점입니다.

ADHD는 단점만 있는 것이 아닙니다. 창의적이고, 독창적이며, 순간적인 순발력이 뛰어난 사람들이 많습니다. 틀에 박히지 않은 사고방식은 새로운 아이디어와 혁신을 만들어내기도 합니다. ADHD는 '장애'라기보다 '다른 방식의 두뇌 작동'으로 볼 수 있습니다. 중요한 것은 이 다름을 인정하고, 강점을 살리는 방향으로 지원하는 것입니다.

현장에서 들었던 한 부모님의 말이 기억납니다. 우리 아이는 남들과 다르게 생각하고, 다르게 움직입니다. 처음엔 걱정도 많았지만, 지금은 이 아이만의 리듬을 이해하게 되었다고 하셨습니다. ADHD를 가진 분들은 스스로 왜 이런 행동을 하는지 몰라 괴로워하고, 반복되는 실패로 자존감이 낮아질 수 있습니다. 그래서 무엇보다 중요한 것은 따뜻한 격려와 구체적인 전략입니다. 예를 들면 이런 말이 큰 힘이 될 수 있습니다. "너는 정말 참신한 아이디어가 많아.", "너에게 집중이 어렵다는 걸 알아. 그래도 포기하지 않고 해보려는 모습이 멋져.", "네 방식대로 해도 괜찮아. 네게 맞는 방법을 함께 찾아보자." ADHD는 완치의 대상이라기보다, 잘 이해하고 조율해나가야 할 특성입니다. 약물은 증상을 조절하는 데 도움이 되지만, 근본적인 해결책은 아닙니다. 약물과 함께 환경 조정, 행동 치료, 정서적 지지 등이 병행되어야 합니다. ADHD와 유사해 보이는 품행장애는 원인이 다릅니다. ADHD는 기질적 요인이 크고, 품행장애는 환경적 스트레스—예컨대 적대적인 부모, 빈곤, 방임 등—가 주요 원인으로 작용합니다. ADHD 아동은 자기비판이 강하고, 실망감에 위축되는 경우가 많지만, 품행장애 아동은 반사회적 행동을 보이기도 합니다. 두 장애는 구분되어야 하며, 접근법도 달라야 합니다.

ADHD는 전체 아동의 약 3~5%에서 나타나며, 남자아이에게 더 흔합니다. 과잉활동이 동반된 경우가 일반적이며, 일부는 조용하고 내성적인 모습으로 나타나 ADHD임을 인지하지 못하는 경우도 있습니다. ADHD를 제대로 이해한다는 것은 단지 문제를 해결하기 위함이 아닙니다. 그 사람의 삶을 존중하고, 더 나은 방향으로 이끌어주는 일이기도 합니다. ADHD를 가진 사람들도 자신만의 방식으로 성공적인 삶을 살아갈 수 있습니다. 다만 그 여정을 함께 이해하고 지지해 주는 사람이 필요합니다.

09
감정과 쾌락, 사랑을 건강하게 다루는 법

 연애를 할 때 우리는 감정과 육체적 끌림 사이에서 균형을 잡아야 합니다. 사랑은 단순히 좋아하는 감정만이 아닙니다. 함께 있고 싶은 마음, 스킨십을 통한 만족감, 그리고 그로 인해 생기는 뇌의 보상 반응까지 모두 포함됩니다. 예를 들어 연인이 함께 영화를 보고 손을 잡는 순간, 단순한 스킨십 같지만 뇌에서는 도파민이라는 쾌락 호르몬이 분비되어 상대에 대한 애정이 더 강화됩니다. 감정은 관계의 온도를 만들고, 쾌락은 관계를 지속하게 만듭니다. 두 요소는 함께 작용하면서 친밀감을 키워나갑니다. 하지만 성과 감정은 항상 같은 속도로 움직이지 않습니다. 때로는 육체적 끌림이 강하지만 감정적 유대는 약할 수 있습니다. 반대로 감정은 깊지만 성적 욕구가 적을 수도 있습니다. 이는 뇌의 다른 영역이 각각 따로 작용하기 때문입니다. 실제로, 소개팅으로 만난 25세 A씨는 외로움과 인정받고 싶은 마음에 상대방과 급하게 친밀해졌습니다. 처음엔 위로받는 느낌이 들었지만, 상대방의 관심은 금세 식었고 A씨는 자신이 이용당한 것 같은 깊은 상실감을 경험했습니다. 감정 없이 이루어진 관계는 마음의 허기만 남긴다는 사실을 보여주는 사례입니다. 성은 감정과 신뢰의 연장선에서 이루어질 때 비로소 따뜻한 연결감을 만듭니다. 40대 부부 C씨는 오랜 갈등 끝에 대화를 통해 감정적 유대를 회복했고, 성관계 또한 신뢰와 애정의 표현으로 다시 자리 잡았습니다. 단순한 육체적 충족이 아니라 서로를 이해하고 위로하는 과정이 되면서, 관계는 다시 깊어졌습니다.

억눌린 감정과 욕구는 언젠가 더 큰 형태로 드러납니다. 억지로 맞춘 성이나 진심 없는 관계는 내면에 상처와 분노를 남길 수 있습니다. 성은 억누르거나 감추는 도구가 아니라, 감정을 나누는 심리적 언어가 되어야 합니다. 연애와 성은 결코 본능만의 문제가 아닙니다. 우리는 때로 성적 흥분을 사랑으로 착각하는 '착각된 각성'을 경험하기도 합니다. 롤러코스터를 타고 난 직후 옆 사람에게 호감을 느끼는 것처럼, 강한 신체적 흥분 상태는 감정적 끌림으로 오인될 수 있습니다. 하지만 진정한 사랑은 일시적 흥분이 아니라, 시간이 흐른 후에도 남아 있는 신뢰와 감정입니다. 초반의 강렬한 설렘은 페닐에틸아민(PEA)이라는 물질 덕분이지만, 시간이 지나면 자연스럽게 줄어듭니다. 이후 관계를 지탱하는 것은 '옥시토신'입니다. 이 호르몬은 신뢰와 안정감을 강화하며, 사랑을 지속시키는 데 중요한 역할을 합니다.

쾌락은 결핍에서 시작됩니다. 완벽한 충족이 아니라, 갈망을 인식하고 그것을 향해 다가가는 움직임 속에서 우리는 살아있음을 느낍니다. 갈망은 고통일 수도 있지만, 동시에 삶의 에너지가 됩니다. 성은 사랑의 종착점이 아닙니다. 오히려 서로의 내면을 확인하고 교감하는 과정입니다. 감정과 신뢰 없이 이루어진 성은 오히려 외로움과 공허함을 깊게 만들 수 있습니다. 반대로 감정이 준비된 상태에서 이루어지는 성은, 서로를 깊이 위로하고 치유하는 경험이 됩니다.

연애는 감정과 쾌락이 어우러진 복합적인 경험입니다. 어느 한쪽이 지나치면 균형이 깨지고 관계는 불안정해집니다. 감정을 존중하면서 쾌락을 건강하게 나누는 것이 진정한 친밀감을 만들어냅니다. 사랑은 '좋아하는 마음'만이 아니라, 함께 있는 순간의 기쁨을 나누는 과정입니다. 감정이 쌓이고, 쾌락이 조화롭게 이어질 때 우리는 비로소 '관계'의 진짜 의미를 느끼게 됩니다.

결국 우리는 자기 자신을 존중할 때, 비로소 건강한 연애와 성을 선택할 수 있습니다. 자신에 대한 존중은 내가 무엇을 원하는지, 어디까지가 괜찮고 어디서부터 불편한지를 인식하는 데서 시작합니다. 이 인식은 타인과의 관계에서도 자연스럽게 드러납니다. 사랑은 단지 감정의 교류만이 아닙니다. 그것은 감정적, 신체적으로 서로가 '안전하다'고 느끼는 공간에서 자라납니다. 진정한 사랑은 상대의 마음을 배려하면서 동시에 나의 경계를 지킬 수 있는 힘에서 비롯됩니다. 관계 속에서 자신의 욕구를 솔직하게 표현할 수 있고, 타인의 욕구도 존중할 수 있을 때 우리는 비로소 성숙한 사랑을 경험하게 됩니다.

건강한 연애와 성은 서로를 소유하는 것이 아니라, 서로의 자유와 감정을 존중하는 데 기반합니다. 억지로 맞추거나 참고 견디는 관계는 언젠가 불균형을 드러냅니다. 반대로 자신을 소중히 여길 줄 아는 사람은 상대에게도 그 존중을 전할 수 있습니다. 자기 존중은 연애의 출발점이자 관계를 지속시키는 핵심입니다. '내가 나를 대하는 방식'은 곧 '내가 상대를 대하는 방식'으로 이어집니다. 그러므로 우리는 언제나 자신을 존중하는 연습을 통해 더 깊이 있는 사랑을 배워갈 수 있습니다.

10
감사, 불 속에서도 피어나는 마음

 안동 근처 고속도로를 달리던 중, 산불이 지나간 풍경과 마주한 적이 있습니다. 까맣게 그을린 나무들과 무너진 산등성이를 바라보는 순간, 마음 깊은 곳에서 무언가가 함께 타들어 가는 듯한 느낌이 들었습니다. 그것은 단순한 두려움이 아니라, 인간의 힘으로 어찌할 수 없는 무력감이었습니다. 그때 문득 떠오른 생각이 있습니다. '불 속의 나'와 '불 밖의 나'는 전혀 다른 존재라는 깨달음이었습니다. 불 속에 서 본 사람만이 느낄 수 있는 감정이 있습니다. 절망, 침묵, 공포 같은 것들입니다. 반면, 불 밖에 있는 사람은 그저 바라볼 뿐입니다. "산불이 났다"는 말만으로는 그 고통의 온도를 담을 수 없습니다. 불 밖에 있는 나를 바라보며 떠오른 감정은

'이기적'이라는 것이었습니다. 타인의 고통은 언제나 멀게 느껴집니다. 직접 겪어보지 않은 고통은 상상조차 어렵습니다. 그래서 우리는 종종 "왜 저렇게까지 힘들어할까?"라고 쉽게 판단합니다. 저 역시 그랬습니다. 그러나 가스 폭발 사고를 겪은 이후, 상처의 깊이는 겉으로는 결코 알 수 없다는 사실을 절실히 깨달았습니다. 어떤 고통은 시간이 지나도 옅어지지 않습니다. 오히려 더 깊이 마음속에 스며들어, 말없이 내면에 내려앉습니다. 그런 사람에게 "이제 괜찮잖아"라는 말은 위로가 아니라, 고통을 외면하는 듯한 가혹한 말이 될 수 있습니다. 상처는 시간만으로 치유되지 않습니다. 그 안에는 반복되는 기억, 예기치 못한 감정의 파도, 그리고 설명할 수 없는 불안이 존재합니다.

모든 사건이 내게, 혹은 우리 가족에게 직접 닥치지 않는 한, 우리는 쉽게 강 건너 불구경하듯 반응합니다. 나와는 상관없는 일처럼 느껴지기 때문입니다. 하지만 고통은 결코 멀리 있지 않습니다. 언제든 누구에게나 닥칠 수 있는 현실이며, 바로 곁에 있는 사람의 삶을 바꾸어 놓을 수 있습니다. 설령 그 고통을 직접 겪지 않았더라도, 진심으로 함께 아파하려는 마음은 큰 위로가 됩니다. "무슨 말을 해야 할지 모르겠지만, 당신의 아픔을 외면하지 않겠습니다"라는 태도만으로도, 상처받은 이에게는 한 줄기 빛이 될 수 있습니다. 때로는 말보다 조용히 곁을 지키는 것이 더 깊은 공감이 됩니다.

진정한 위로는 정답을 말하는 것이 아니라, 그 사람이 느끼는 감정을 있는 그대로 인정하는 데서 시작합니다. 우리가 할 수 있는 일은 완벽한 해결이 아니라, 진심 어린 동행입니다. 고통을 겪는 이들이 조금 더 덜 외롭다고 느낄 수 있도록, 우리는 마음의 문을 더 자주 더 깊이 열어야 합니다.

공감은 말 없이 그 곁에 서 있으려는 용기입니다. 판단하지 않고, 조언하지 않으며, 다만 "당신이 그 불 속에 있다는 걸 알고 있습니다"라고 전하는 따뜻한 시선입니다. 그 마음은 저를 조금씩 바꾸어 놓았습니다. 누군가 울고 있을 때, 더 이상 "왜 우느냐"고 묻지 않게 되었습니다. 이제는 말보다 귀 기울이는 일이 더 큰 위로가 된다는 사실을 알게 되었습니다. 사람은 본래 선한 존재일까요? 저는 오랫동안 성선설을 믿고 살아왔습니다. 인간은 본래 따뜻하고, 상처조차 선의의 오해에서 비롯된다고 생각해 왔습니다. 그러나 마흔을 넘긴 어느 날, 반복되는 실망과 이해할 수 없는 배신 앞에서 그 믿음이 흔들리기 시작했습니다. 그때는 성선설을 버려야겠다고 생각했습니다. 삶이 무너지는 듯한 괴로움도 뒤따랐습니다. 하지만 결국 저는 '선하게 살겠다'는 선택을 하게 되었고, 그 선택은 저를 다시 감사의 자리로 이끌었습니다. 감사는 좋은 일이 있을 때만 느끼는 감정이 아닙니다. 혼란과 고통 속에서도 삶의 본질을 놓치지 않으려는 태도에서 비롯됩니다.

감사는 최고의 덕목인 듯합니다. 감사하는 마음은 행복의 열쇠이며 지름길입니다. 감사의 마음을 잃어버린 순간 불평과 불만, 부정적인 생각들이 서서히 삶을 잠식해 버립니다. 그리고 사람들과의 관계조차 피하고 싶어졌습니다. 감사가 사라진 자리에 어둠의 그림자가 자라게 됩니다. 감사는 저절로 피어나는 감정이 아니라, 매일의 의도적인 실천으로 길러지는 태도라는 것을 그제야 알게 되었습니다.

감사는 삶의 본질입니다. 감사는 선택이며, 실천이고, 훈련이 필요한 마음의 자세이며 삶의 태도입니다. 따뜻한 햇살, 무심코 건넨 인사, 따뜻한 밥 한 끼. 감사는 특별한 사건이 아닌, 소소한 순간에서 피어나는 법입니다. 그리고 무엇보다 대자연이 주는 경이로움, 그 중에서도 '생명'이라는 기적 앞에 설 때마다 저도 모르게 고개를 숙이게 됩니다.

인간의 탄생은 단순한 생물학적 사건을 넘어선, 우주의 문이 열리는 경험입니다. 그 첫 울음은 우리 존재 자체가 축복임을 알리는 감사의 외침처럼 느껴집니다. 한 아이가 이 세상에 오기까지 수많은 우연과 필연이 겹쳐져야 합니다. 그러니 존재 자체로도 이미 감사할 이유는 충분합니다. 또한 태어날 장소에서 태어난 것이라 믿고 팔자타령 운명타령은 하지 않습니다, 탄생 자체로 감사함이 충만합니다. 생명의 시작은 한 사람의 인생일 뿐 아니라, 새로운 관계와 미래, 사랑과 기회의 문이기도 합니다. 감사는 자신을 비춰주는 등불이었으며, 어두운 시절에도 저를 무너지지 않게 해준 단단한 버팀목이었습니다. 오늘, 묻습니다. '나는 지금 불 속에 있습니까, 불 밖에 있습니까?' 그러나 더 중요한 질문은 이것입니다.

'어디에 있든, 누군가의 곁을 지킬 준비가 되어 있습니까?'

이 질문은 단순한 다짐이 아니라, 인간으로서의 성숙함을 묻는 물음입니다. 누군가의 곁을 지킨다는 것은 단지 물리적인 존재만을 의미하지 않습니다. 그 사람의 고통에 귀 기울이고, 마음의 기후가 어떠한지 살피며, 침묵을 견디는 인내를 품는 일입니다. 상처 입은 마음에 풀 한 포기 자라듯, 감사는 조용히 마음의 황무지를 녹여냅니다. 억지로 얹은 말보다, 조용히 지켜보며 진심을 담은 한마디가 더 깊이 스며듭니다. 감사는 때때로 말이 아닌 태도에서 피어나며, 그것은 곁을 지키는 사람의 진정성을 통해 자라납니다.

누군가의 아픔 곁에 머무르는 일은 결코 쉬운 일이 아닙니다. 마음이 불편해지고, 무기력해지며, 도와줄 수 없음에 답답함을 느낄 수 있습니다. 그러나 그 기다림의 태도 속에서, 우리는 점점 더 인간다워집니다. 상대를 향한 존중과 배려, 스스로의 한계를 인정하는 겸손이 우리를 더 단단하게 만듭니다. 우리는 모두 누군가에게 기댄 기억이 있습니다. 그리고 언젠가는 또 누군가에게 기댈 날이 올지도 모릅니다. 그렇기에 곁을 지키는 일은 인간 존재의 깊은 윤리이며, 연대의 가장 근본적인 모습입니다. 감사는 그렇게 태도 속에서 피어나고, 곁에 머무는 연습 속에서 자라납니다. 오늘, 당신은 누군가의 마음 곁을 지킬 준비가 되어 있습니까? 그리고 누군가가 당신의 곁에 있어 주었을 때, 그 따뜻한 기억을 가슴에 새기고 있습니까? 그 마음이야말로 인간다운 삶의 출발점입니다.

제5장

나로 살아가기 위한 심리적 태도

01
정신과 약, 먹어야 할까?
마음으로 견뎌야 할까?

"정신과 약, 정말 꼭 먹어야 할까요?"
"의지만 있으면 극복할 수 있는 건 아닌가요?"

상담실에서 자주 듣는 질문입니다. 많은 분들이 정신과 약물에 대해 궁금해하지만, 여전히 뿌리 깊은 오해와 편견 속에 머무르는 경우가 많습니다. '한 번 먹으면 평생 못 끊는다', '성격이 변한다', '정신력이 약한 사람만 먹는 거다'와 같은 말들은 과학적으로 근거가 없습니다. 공황장애나 우울증은 단순한 마음의 문제가 아니라, 뇌에서 신경전달물질의 균형이 무너졌을 때 나타나는 복합적인 반응입니다. 이를테면, 공황발작이 오면 숨이 가빠지고 가슴이 두근거리며 죽을 것 같은 공포에 휩싸입니다. 우울증은 먹고 자는 것부터 삶의 의욕까지 모든 기능이 무너지는 상태입니다. 이 모든 증상은 결코 '마음 약한 사람의 문제'가 아닙니다. 이럴 때 약물은 회복의 발판이 될 수 있습니다. 감기에 해열제를 먹듯, 마음의 감기에도 도움이 필요한 시점이 있는 것입니다. 다만, 약물은 문제를 해결하는 '끝'이 아니라 '시작'에 가깝습니다. 뇌의 기능을 회복시키는 동안, 감정을 마주하고 삶의 의미를 찾아가는 과정이 병행돼야 진정한 변화가 일어납니다.

상담을 통해 만난 한 30대 A씨는 갑작스런 공황발작으로 일상생활이 무너졌고, 처음엔 약에 대한 거부감이 심했습니다. 하지만 최소한의 약물 치료와 함께 상담을 병행하면서 '죽을 것 같은 공포'가 점차 '지나가는 감정'으로 인식되기 시작했습니다. 그녀는 "약이 절 살려줬지만, 상담이 저를 이해하게 해줬어요."라고 말했습니다.

B씨는 반복되는 공황 발작으로 지하철을 타지 못했습니다. 심호흡, 상담, 운동을 병행했지만, 결국 약물의 도움을 받으며 일상 복귀의 발판을 마련했습니다. 이후 그는 약을 서서히 줄이며 심리치료에 집중했고, 지금은 약 없이도 안정된 생활을 이어가고 있습니다. 이처럼 약은 '영원히 먹어야 하는 것'이 아니라, 회복 과정 중 필요할 때 쓰는 하나의 방법입니다.

약물에 대한 대표적인 오해 세 가지를 짚어보면 이렇습니다.

첫째, "약을 먹으면 평생 끊을 수 없다?" 아닙니다. 증상이 호전되면 전문가의 판단에 따라 서서히 줄이고 끊을 수 있습니다.

둘째, "약을 먹으면 성격이 변한다?" 약물은 성격을 바꾸는 것이 아니라, 무너진 감정 조절 능력을 회복시켜주는 역할을 합니다.

셋째, "의지력이 약해서 약을 먹는 거다?" 정신질환은 신경전달물질의 불균형에서 비롯되는 생물학적 문제입니다. 의지와 무관한 영역입니다.

중요한 건 약물만으로는 충분하지 않다는 점입니다. 인지행동치료를 함께 병행할 때 가장 효과적입니다. 예를 들어, "공황 발작이 오면 나는 죽을 거야"라는 생각을 "공황은 위험하지 않고, 곧 지나갈 감정이야"라고 재구성하는 것이 필요합니다. 이처럼 왜곡된 사고를 바로잡고, 심호흡과 명상, 규칙적인 생활습관을 함께 실천해야 합니다. 물론 정신과 약물이 항상 바람직하게만 쓰이는 것은 아닙니다. 특히 중독 문제나 충동조절의 어려움으로 인해 강제 입원된 이들의 경우, 약물 의존만으로는 근본적인 회복이 어려울 수 있습니다. 실제로 상담 중 만난 한 도박 중독자는 병원에서 강한 항정신병 약을 맞고 퇴원했지만, 그 뒤로는 약물과 도박 모두에서 벗어나지 못했습니다. 감정은 억눌렀을지 몰라도, 삶은 여전히 무너져 있었습니다.

또한 강제 입원의 현실도 짚어야 합니다. 도박 중독과 알코올 의존으로 인해 병원에 입원된 분들을 만났습니다. 이들의 가족은 더 이상 방법이 없다는 절박함 속에서 입원을 결정합니다. 그러나 병원에서는 종종 중독 그 자체보다는 '조용히 만들기 위한' 약물 치료에 초점을 맞춥니다. C씨는 도박으로 재산을 잃고 입원되었지만, 약물로 감정과 사고가 억제되었을 뿐, 근본적인 중독 문제는 다뤄지지 않았습니다. 결국 퇴원 후에도 도박은 반복되었고, 삶은 더 고립되었습니다.

약물 중심의 치료는 단기적으로 안전을 확보할 수는 있지만, 삶의 변화까지 이끌지는 못합니다. 중독이나 감정 문제는 결국 그 사람의 내면, 관계, 삶의 맥락을 함께 보아야 합니다. 필요한 경우 약물은 쓰되, 상담과 치료적 관계 속에서 회복의 길을 찾아야 합니다. 약은 문제를 잠시 멈추게 해주는 도구일 뿐, 근본적 삶의 변화는 자기 이해와 성찰에서 비롯됩니다. 우리가 해야 할 일은 약물에 대한 막연한 두려움을 걷어내고, 필요한 경우에 현명하게 선택하며, 동시에 스스로의 감정과 삶을 돌보는 데 용기를 내는 것입니다.

정신과 약은 고통을 억누르거나 무시하기 위해 존재하는 것이 아닙니다. 감정을 잠재우는 것이 아니라, 감정을 제대로 마주할 수 있도록 도와주는 다리입니다. 약물은 치료의 본질이 아니라, 치료를 시작할 수 있도록 돕는 하나의 열쇠입니다. 그래서 중요한 것은 '약을 먹느냐 마느냐'의 이분법적인 판단이 아닙니다. 오히려 중요한 것은 그 약이 나의 삶을 어떤 방향으로 이끄는가, 그리고 내가 그 약을 통해 나 자신을 어떻게 더 깊이 이해하고 돌볼 수 있는가입니다.

마음이 아프고 혼란스러울 때, 혼자 견디는 것이 결코 용기가 아닙니다. 오히려 자신의 상태를 인정하고, 전문가의 도움을 받아 치료를 시작하는 것이 가장 지혜롭고 용기 있는 선택입니다. 몸에 열이 나고 기침이 나면 병원을 찾듯이, 마음이 아프고 무너질 때에도 치료가 필요합니다. 그것은 부끄러운 일이 아니라, 오히려 회복을 향한 첫 걸음입니다.

약물치료는 치료의 전부가 아닙니다. 그러나 때로는 감정의 소용돌이 속에서 균형을 잡을 수 있도록 돕는 안전띠가 되어줍니다. 스스로를 지탱할 힘이 부족할 때, 약은 잠시 기댈 수 있는 구조물이 되어줍니다. 정신과 약을 선택한다는 것은 패배가 아니라, 나를 지키기 위한 결단입니다. 그 결단을 통해 우리는 더 이상 혼자가 아니라는 사실을 깨닫고, 진짜 회복의 길 위에 발을 내디딜 수 있습니다. 이제는 고통을 숨기지 말고, 도움을 요청하는 것이야말로 진정한 용기임을 기억해야 합니다.

02
실수를 대하는 나만의 방식 바꾸기

"왜 같은 실수를 반복하고 있을까요?"
"그 순간 내 몸과 마음에는 어떤 변화가 있었을까요?"
"내가 왜 이런 선택을 반복하는 걸까요?"

이러한 질문은 우리를 실수의 반복에서 벗어나게 만드는 중요한 출발점입니다. 모든 사람은 실수를 하고, 그 실수들 중 일부는 반복되는 경향을 보입니다. 반복되는 실수는 마치 인생이 '재생 모드'에 걸린 듯, 우리가 원하지 않는 방식으로 삶을 반복하게 만듭니다. 그러나 이러한 반복은 단순히 우연이 아닙니다. 무의식 속에 억눌린 감정이나 상처가 우리 행동의 뿌리가 되어 반복적인 패턴을 만들어내기 때문입니다. 이러한 반복을 인식하고 그 원인을 파악하는 것이 실수의 패턴을 바꾸는 첫걸음이 됩니다 실수는 단순히 의지력의 부족이 아니라, 우리가 무의식적으로 가진 감정과 행동의 연결고리에 기인합니다. 예를 들어, 다이어트를 결심했지만 밤마다 야식을 먹는다면, 이를 단순히 의지력 부족으로만 설명할 수 없습니다. 이 행동 뒤에는 밤의 허기나 외로움, 또는 스트레스와 같은 감정이 숨겨져 있을 수 있습니다. 우리는 뇌가 예측 가능한 패턴을 '안전'하다고 인식하기 때문에, 때때로 건강한 선택보다 익숙한 선택을 반복하게 됩니다. 또 자신을 무시하거나 휘두르는 사람에게 끌리는 경우, 이는 어린 시절의 불안과 사랑이 뒤섞인 감정이 몸에 익숙해져 있기 때문일 수 있습니다. 이러한 반복적인 감정과 상처가 실수로 이어지는 것이며, 이를 인식하는 것이 변화의 시작입니다.

우리는 무의식적으로 감정의 패턴을 반복할 때가 많습니다. "나는 왜 늘 이런 선택을 할까?", "그 순간 나는 어떤 감정을 느꼈을까?"라는 질문을 던지며, 반복적인 실수에서 벗어나기 위한 첫걸음을 내디딜 수 있습니다.

이 과정에서 네 가지 연습 방법을 소개하고자 합니다.
<u>첫째, 실수의 패턴을 인식하고 기록하는 것입니다.</u> 감정이 작용하는 순간을 포착하고 이를 기록하는 것이 매우 중요합니다. 예를 들어, 스트레스를 받을 때마다 충동구매를 한다면, 핵심은 '구매'가 아니라 '스트레스 반응'입니다. 자신이 반복하는 감정 패턴을 파악하는 것이 변화를 위한 첫걸음입니다.
<u>둘째, '한 번만' 실천해 보는 것입니다.</u> 큰 결심을 내기보다는, 작

은 실천이 실현 가능성을 높입니다. 작은 목표부터 차근차근 실천함으로써 점진적인 변화를 이끌어낼 수 있습니다.

<u>셋째, 내면의 언어를 바꾸는 것입니다.</u> "나는 원래 이런 사람이야"라는 고정된 언어를 "나는 지금 변화하는 중이다"로 바꾸는 것이 중요합니다. 이렇게 말하는 것만으로도 자신에게 긍정적인 메시지를 전달할 수 있습니다.

<u>넷째, 관계 속에서 내 감정과 거리감을 점검하는 것입니다.</u> 반복되는 실수는 관계에서도 나타나기 마련입니다. 내가 왜 특정한 사람에게 끌리는지, 그 관계에서 어떤 감정이 작용하는지 점검하는 것도 실수를 줄이는 방법 중 하나입니다.

변화는 결심에서 시작되지만, 그 변화의 핵심은 태도에서 비롯됩니다. 실수는 누구에게나 있을 수 있으며, 실수는 우리가 얼마나 성장할 수 있는지를 보여주는 기회이기도 합니다. 실수의 감정과 패턴을 이해하고, 이를 받아들이며 다정한 태도로 자신을 들여다본다면, 우리는 더 건강한 방향으로 나아갈 수 있습니다. 실수에서 벗어나기 위한 변화는 하루아침에 이루어지지 않지만, 작은 결심이 쌓여 큰 변화를 이끌어냅니다.

자신을 있는 그대로 받아들이는 순간, 우리는 진정한 변화의 출발점에 서게 됩니다. 완벽하지 않은 나를 인정하고, 따뜻한 시선으로 자신에게 한 걸음을 내딛는 그 순간부터, 삶은 조금씩 달라지기 시작합니다. 변화는 거창한 결심에서 시작되는 것이 아닙니다. 오히려 조용한 자기 수용에서, 그리고 작은 실수 하나를 대하는 태도에서 비롯됩니다. 우리가 실수를 부끄러워하거나 억누르기보다, 그것을 삶의 일부로 받아들이는 연습을 할 때, 마음의 힘은 더욱 단단해집니다.

마지막으로, 진정한 변화는 '지금의 나'와 손잡는 데서 시작됩니다. '왜 이랬을까'보다 '지금 내가 무엇을 느끼고 있는가'를 묻는 태도가 중요합니다. 스스로를 이해하고 품으려는 자세가 있을 때, 우리는 어제보다 더 나은 오늘로 나아갈 수 있습니다. 완벽하지 않아도 괜찮습니다. 중요한 것은 스스로를 외면하지 않고, 매일의 삶 속에서 조금씩 앞으로 나아가려는 당신의 그 따뜻한 마음입니다. 변화는 이미, 그 마음에서 시작되고 있습니다.

03
나를 용서할 수 있을 때, 진짜 자유가 시작된다

"왜 그때 그렇게밖에 행동하지 못했을까?"
"아직도 떠오르는 그 장면이 나를 괴롭힌다…"

이런 생각을 하며 밤을 새우셨던 적이 있으신가요? 우리는 모두 실수를 합니다. 그리고 그 실수를 반복적으로 떠올리며 자신을 탓하고, 그로 인해 괴로워합니다. 그러나 이러한 자기 비난의 반복은 결국 자신을 괴롭히고, 더 큰 고통을 불러옵니다. 자기 용서가 없이는 진정한 자유를 경험할 수 없으며, 그 자유는 우리 내면에서 시작됩니다. 자기 용서의 진정한 의미를 이해하고, 그 과정을 통해 내면의 자유를 얻을 수 있는 방법에 대해 살펴보겠습니다. 자기 용서의 시작은 '내가 왜 그렇게 했는지'를 이해하는 것입니다. 우리는 실수를 통해 성장하지만, 그 실수를 단순히 덮어두고 무시하려 하면 오히려 더 큰 상처가 될 수 있습니다. 무작정 용서하는 것이 아니라, 그 실수가 왜 일어났는지를 깊이 들여다보는 것이 중요합니다. 예를 들어, 한 내담자는 중요한 발표에서 실수를 한 이후 자신이 '무능하다'고 생각하며 모든 일에서 위축되었습니다. 그러나 상담을 통해 그가 완벽주의적인 기대에 눌려 있었고, 어린 시절 부모님의 꾸지람이 내면에 여전히 남아 있다는 사실을 깨닫고 나서야 비로소 숨통이 트이기 시작했습니다. 그는 "그땐 그게 최선이었어요. 이제야 그게 보이네요."라고 말하며 자기 용서를 할 수 있었습니다. 이처럼 자기 용서는 단순히 실수에 대한 면죄부를 주는 것이 아닙니다. 그것은 자신의 선택과 행동을 이해하고 받아들이는 과정이며, 그로 인해 새로운 힘을 얻는 일입니다.

자기 비난의 무게를 내려놓는 것은 더 이상 자신을 억누르는 것이 아니라, 과거의 나를 이해하고, 더 나은 나로 나아갈 수 있는 길을 여는 과정입니다. 자기 자신을 용서하는 사람만이 자유로울 수 있게 됩니다. 진정한 자유는 타인이나 환경에 의존하는 것이 아니라, 내가 내 자신을 받아들이고 용서할 때 비로소 얻어질 수 있습니다. 대부분 실수 후 그 자체를 받아들이기보다는, "나는 원래 그런 사람이라서"라며 자기 합리화를 합니다. 하지만 그렇게 감정을 눌러두면, 그 감정은 사라지지 않고 언제든지 다시 튀어나와 내 삶을 흔들게 됩니다. 자기 용서의 핵심은 '책임을 인정할 수 있는 용기'에서 시작됩니다. 우리가 실수를 반복하게 되는 이유는 책임을 회피하고, 그 상황에서 어떻게 대응할지를 배우지 않기 때문입니다. 결국 반복되는 실수는 나를 더욱 실망시키고, 부정적인 자기 인식을 강하게 만듭니다. 진정한 자기 용서는 자기 자신에게 따뜻한 말을 건네는 것에서 시작됩니다. 우리는 타인에게는 "그럴 수 있어"라고 말할 수 있지만, 정작 나 자신에게는 그 말을 아끼고, 지나친 비판을 가하기 쉽습니다. 그런 자신을 대할 때, '나는 왜 나에게만 그렇게 차가웠을까?'라는 질문을 던져보세요. 감정의 물꼬가 트이고, 그동안 억눌렀던 감정들이 풀리기 시작할 것입니다. 자기 용서는 '약해지는 일'이 아니라, '다시 일어설 수 있는 힘을 기르는 일'입니다. 나 자신을 이해하고, 그 과거의 실수조차도 하나의 경험으로 받아들이는 태도에서 힘이 나옵니다.

한 예로, 실수한 자신을 향해 "넌 왜 그렇게 했을까?"라고 질문하기보다는, "그때는 정말 힘들었지. 괜찮아, 그럴 수 있어."라고 말해 보세요. 이 작은 변화가 큰 힘이 되어, 더 이상 과거에 얽매이지 않고, 더 나은 내일로 나아갈 수 있는 힘을 줍니다. 자기 자신과의 화해가 바로 진정한 자유의 시작입니다. 자기 용서는 타인을 위한 것이 아닙니다. 그것은 내가 나 자신을 자유롭게 하고, 더 단단한 나로 살아가기 위한 용기의 표현입니다. 그 용기는 언제나 나 자신에게 가장 먼저 주어야 하는 선물입니다.

오늘 하루의 시작이나 끝에, 잠시 거울 앞에 서서 자신에게 이렇게 말해보세요.

"괜찮아, 그럴 수 있어. 그리고 참 잘 살아왔어."

이 짧은 말 한마디가 자기 자신을 향한 따뜻한 위로가 됩니다. 실수했던 순간도, 주저앉고 싶었던 날들도 모두 포함해서 '그럼에도 불구하고 여기까지 왔다'는 사실을 스스로 인정하는 것입니다. 이것이 바로 자기 용서의 첫걸음입니다. 자기 자신을 비난하는 목소리를 잠시 내려놓고, 있는 그대로의 나에게 고개를 끄덕여주는 연습을 시작하는 것입니다. 우리는 완벽해서 사랑받는 존재가 아니라, 불완전함을 끌어안는 용기 덕분에 더 깊어지고 단단해지는 존재입니다.

자기 용서는 나약함이 아니라 회복의 문을 여는 힘입니다. 오늘 당신이 스스로에게 건네는 따뜻한 말이, 내일을 살아갈 용기로 이어집니다. 용서는 때로 남이 아닌, 자기 자신에게 가장 먼저 필요한 선물입니다.

04
함께 살아가기 위해, 나를 지키는 연습

"요즘 나는 '혼자'와 '함께' 중 어디에 가까운가요?"
"내가 말하는 '함께'는 어떤 모습인가요?"
"우리는 정말 누군가와 건강하게 연결되어 있나요?"

살면서 우리는 늘 '혼자'와 '함께' 사이를 오갑니다. 누군가는 혼자가 편하다고 말하고, 또 어떤 이는 사람들과 어울릴 때 비로소 살아있음을 느낍니다. 하지만 어느 쪽이든 한쪽으로만 기울면 마음의 균형은 쉽게 무너집니다. 사람은 관계 속에서 자기 자신을 느끼고, 타인의 시선을 통해 자기를 인식하게 됩니다. 어린 시절부터 우리는 타인의 반응을 거울 삼아 자존감을 형성해왔습니다. 그러나 때로는 관계에서 받은 상처가 고립을 선택하게 만들기도 합니다. 외로워서 혼자인 게 아니라, 상처받을까 봐 두려워서 혼자를 고집하는 경우도 있습니다. 그렇다고 관계를 피해서는 진짜 의미 있는 연결을 경험할 수 없습니다. 진정한 친밀감은 갈등을 피하지 않고, 그 속에서 나를 지켜내는 데서 시작됩니다. 불편함을 감수하고 마주할 수 있을 때, 우리는 관계 안에서 성장하게 됩니다.

예를 들어, 친구와의 반복되는 갈등에서 늘 침묵으로 넘겨왔던 사람이 용기 내어 자신의 생각을 표현해본다면, 그 관계는 단절되지 않고 새로운 신뢰를 쌓을 수 있습니다. 그렇게 한 걸음씩 나아가야 합니다.

함께 살아가기 위해 중요한 다섯 가지 원칙을 제안합니다.
첫째, 자신을 이해하는 것이 먼저입니다. 나는 어떤 사람에게 끌리는가, 어떤 상황에서 힘들어지는가를 돌아보는 시간은 관계의 출발점입니다. 스스로를 모르면 타인에게 휘둘릴 수밖에 없습니다.
둘째, 혼자만의 시간을 두려워하지 마세요. 혼자 있는 시간은 감정을 정리하고 자신을 회복하는 기회입니다. 혼자의 평화를 누릴 줄 알아야, 함께 있을 때에도 흔들리지 않습니다.
셋째, 관계의 불편함을 외면하지 마세요. 갈등이 생겼을 때 회피하지 말고 대화로 풀어가야 합니다. 진짜 친밀감은 바로 그 갈등을 잘 넘기는 데서 자라납니다.
넷째, 타인을 바꾸려 하지 마세요. 상대방이 조금만 달라졌으면 좋겠다는 마음은 자연스럽지만, 변화는 강요가 아닌 존중 속에서 일어납니다. 있는 그대로 받아들이는 것에서 관계는 시작됩니다.

다섯째, 주고받음의 균형을 유지해야 합니다. 한쪽이 일방적으로 희생하거나 기대할 때 관계는 금방 지칩니다. 감정의 흐름이 자연스럽게 오갈 수 있어야 오래갑니다.

사람은 고립되어서는 깊은 만족을 느끼기 어렵습니다. 사회적 유대가 강한 사람은 스트레스에 덜 흔들리고, 정서적으로도 안정되어 있다는 연구도 많습니다. 반대로 고립이 길어지면 외로움은 우울과 불안으로 번질 수 있습니다.

그렇다면 어떻게 함께하면서도 나를 지킬 수 있을까요? 세 가지 연습이 필요합니다.

첫째, 경계를 세우는 용기를 가지세요. 모든 걸 나눌 필요는 없습니다. 나만의 감정, 생각, 공간을 지키는 것이 건강한 관계의 기반입니다.

둘째, 자율적인 관계를 지향하세요. 의존하지 않고, 서로가 독립된 존재임을 인정하는 것이 진짜 '함께'입니다. 함께 있으면서도 내 삶을 주체적으로 살아가는 태도가 중요합니다.

셋째, 나 자신을 사랑해야 합니다. 자기를 돌볼 줄 아는 사람만이 타인을 진심으로 대할 수 있습니다. 자존감이 낮으면 관계 안에서도 쉽게 상처받고 흔들립니다.

혼자 있을 때 우리는 자유를 느낍니다. 그러나 함께 있을 때 우리는 성장합니다. 혼자가 나쁘고, 함께가 좋다는 이분법이 아니라,

삶의 어느 순간에 무엇이 나에게 필요한지를 아는 것이 중요합니다. 외로움은 인간에게 자연스러운 감정입니다. 그것을 억지로 없애려 하지 말고, 그 시간을 나를 알아가는 기회로 삼아야 합니다. 오히려 그 고요 속에서 스스로를 돌보는 연습이 관계에서도 나를 잃지 않게 해줍니다. 우리는 누구의 감정 쓰레기통이 되기 위해 존재하지 않습니다. 타인을 위해 나를 지우는 방식은 오래가지 못합니다.

관계는 타고나는 것이 아니라, 끊임없이 익히고 성장해가는 기술입니다. 우리는 매 순간 관계 속에서 연습하고, 실수하고, 때로는 후회하면서도 다시 배워야 합니다. 친밀한 사이일수록 더 많은 감정이 오가고, 그만큼 더 섬세한 이해와 조율이 필요합니다. 건강한 관계는 저절로 주어지지 않습니다. 의식적인 선택과 반복적인 연습을 통해 만들어집니다. 상대의 말에 귀 기울이고, 자신의 감정을 솔직하게 표현하며, 서로의 차이를 존중하려는 노력이 중요합니다. 이러한 태도는 하루아침에 완성되지 않으며, 지속적인 성찰과 실천을 통해 조금씩 다듬어집니다.

지금 이 순간부터 '건강한 함께'를 선택해보세요. 그것은 내가 진짜 나로 살아가기 위한 첫걸음입니다. 관계 속에서 나를 잃지 않으면서도, 타인과 연결될 수 있는 길은 분명 존재합니다. 그 길을 선택하는 사람이 결국 더 자유롭고 단단한 삶을 살아갈 수 있습니다.

05
오늘 하루가, 나의 역사가 된다

"오늘 하루를 어떻게 살고 계신가요?"

어제 하루를 떠올렸을 때, '정말 의미 있었다'고 느껴지셨나요? 아니면 그저 흘러간 하루처럼 느껴졌나요? 오늘의 선택이 1년 뒤, 5년 뒤의 나에게 어떤 의미로 남을지 생각해 보신 적 있으신가요? 우리가 살아가는 하루하루는 단순한 시간이 아니라, 나의 인생이자 역사가 됩니다. 오늘의 감정, 오늘의 말, 오늘의 선택이 모두 쌓여 결국 '나'라는 사람을 만들어갑니다. 사람들은 인생을 특별한 사건으로 기억하려는 경향이 있습니다. 시험에 붙은 날, 첫 직장을 얻은 날, 사랑에 빠졌던 날처럼요. 그러나 진짜 인생은 그런 몇몇 날이 아닌, 아무 일 없이 흘러가는 '평범한 하루들'로 채워져 있습니다. 그리고 그 평범한 하루를 어떻게 보내느냐가 나의 삶을 결정짓습니다. 우리는 종종 과거의 후회와 미래에 대한 불안에 갇혀 현재를 놓치곤 합니다. 하지만 우리가 온전히 바꿀 수 있는 시간은 오직 지금 이 순간뿐입니다. 오늘 하루를 충실히 살아낸다면, 어제는 자부심이 되고, 내일은 희망이 될 수 있습니다.

나를 만드는 건 '하루를 대하는 태도'입니다 나는 자주 이런 말을 합니다. "하루를 어떻게 쓰느냐가, 인생 전체를 어떻게 쓰게 되는지를 결정합니다." 무언가 특별한 일만 기다리는 사람은 삶을 지나치게 거창하게만 바라봅니다. 그러나 실은, 아주 사소한 하루의 태도들이 우리를 변화시킵니다. 오늘 책 한 페이지를 읽는다면, 일 년 후의 나는 더 지혜로워져 있을 것입니다. 오늘 가벼운 운동을 시작한다면, 내년의 나는 분명 더 건강할 것입니다. 오늘 누군가에게 따뜻한 인사를 건넨다면, 훗날 관계의 깊이가 달라질 수도 있습니다.

어느 날 태풍이 불었습니다. 거대한 숲의 나무들은 줄줄이 쓰러졌지만, 길가에 외롭게 서 있던 가로수는 꿋꿋하게 견뎠습니다. 겉보기에는 외로워 보였던 나무가 오히려 더 단단했던 겁니다. 그 이유는 숲의 나무들은 함께 있기에 살아낼려는 안간힘보다 의존하는 경향이 있었고, 가로수의 나무는 버텨야 하는, 살아내야 하는 생명의 간절함이 있었기에 끝까지 안간힘으로 자신을 지켰기 때문입니다. 마찬가지로, 남들보다 느리고 외로워 보이는 오늘도, 사실은 내면이 단단해지는 시간일 수 있습니다.

우리는 매일 다양한 감정과 마주합니다. 어떤 날은 이유 없이 화가 나고, 어떤 날은 예기치 않은 불안이 밀려오기도 합니다. 똑같은 패턴의 실수를 반복하거나, 늘 비슷한 상황에서 상처받는 자신을 발견하기도 합니다. 이런 반복은 그냥 우연이 아닙니다. 내면이 보내는 신호입니다. 지금 내가 느끼는 감정과 반복되는 행동을 들여다볼 수 있다면, 우리는 과거를 단단히 붙잡는 무의식에서 한 걸음 벗어날 수 있습니다. 그리고 비로소 '새로운 선택'을 할 수 있는 자신을 발견하게 됩니다. 예를 들어, 한 내담자는 과거에 불편했던 선배와 재회하며 비난을 들었지만, 전과 달리 크게 흔들리지 않았습니다. 오히려 그 선배의 날 선 말에서 상대의 내면 상처를 읽어냈습니다.

이처럼 내가 감정을 어떻게 해석하느냐에 따라, 과거의 장면이 전혀 다른 의미로 다가올 수 있습니다. 관계는 변하지만, 모두 나의 일부가 됩니다. 사람은 변하고, 관계도 변합니다. 어떤 관계는 소중했고, 어떤 관계는 나를 아프게 했습니다. 하지만 그 모든 경험은 내 삶의 한 페이지로 남습니다. 진짜 중요한 건, 오늘 내가 나에게 진실할 수 있는가입니다. 내가 나를 있는 그대로 마주하고, 나의 감정을 정직하게 느낄 수 있을 때, 비로소 억눌려 있던 과거에서 자유로워질 수 있습니다.

좋은 관계만이 인생의 자산이 되는 것은 아닙니다. 오히려 갈등과 상처를 주었던 관계가 내면의 성장을 이끄는 경우도 많습니다. 관계는 늘 이어질 필요가 없습니다. 때로는 끊어내는 선택이야말로 나를 지키는 일이며, 진정한 해방일 수 있습니다. 과거가 중요한 것이 아니라, 그 과거에 어떤 의미를 부여하느냐가 중요합니다. 우리는 과거의 사건 자체를 바꿀 수는 없지만, 그 사건의 '의미'는 지금 이 자리에서 새롭게 해석할 수 있습니다.

오늘 내가 나를 돌보고, 조용히 내면을 들여다보는 이 순간이 바로 변화의 시작입니다. 우리는 바쁜 일상 속에서 자신을 외면한 채 살아가는 경우가 많습니다. 하지만 마음의 소리에 잠시 귀를 기울일 때, 비로소 진정한 회복과 성장이 일어납니다.

내 안에 아직도 울고 있는 상처받은 아이, 그 어린 시절의 나를 다시 품을 수 있다면, 더 이상 과거는 나를 지배하지 못합니다. 그 아이는 외롭고 겁이 나서 울었을 뿐입니다. 그때 아무도 달래주지 못했던 그 손길을, 이제는 내가 줄 수 있습니다. 그 상처 입은 아이를 인정하고 따뜻하게 안아줄 수 있는 지금 이 순간이, 나의 인생을 다시 써 내려가는 첫 문장이 됩니다. 변화는 거창한 결심이 아니라, 지금 이 자리에서 나 자신에게 다정한 한마디를 건네는 것에서부터 시작됩니다. "괜찮아, 네가 참 애썼어." 그렇게 말해주는 오늘이, 어제를 위로하고 내일을 바꾸는 힘이 됩니다.

06
'나는 누구인가'라는 질문 앞에 선 나

하루 동안, 스스로에게 어떤 질문을 던지며 살아가고 계신가요? 이 질문에 '꼭 어떤 질문을 던져야 해?'라고 말하는 사람도 있습니다. 아침에 거울을 보며 '나는 지금 진짜 원하는 삶을 살고 있는가?'라고 물어본 적이 있나요? 중요한 결정을 앞두고 '이 선택은 나다운가?' 하고 망설였던 적은요? 누군가와 대화하면서 '나는 어떤 사람으로 보일까?' 궁금했던 적도 있을 겁니다. '나는 누구인가'라는 질문은 결국 '나는 어떻게 살고 싶은가', '어떤 삶에 책임질 것인가'로 이어집니다. 어떤 사람은 사회적 역할에서 자신을 찾고, 또 어떤 사람은 감정이나 경험 속에서 자기를 정의합니다. 때로는 타인의 시선을 통해 자신을 확인하기도 합니다. 우리는 매일 많은 질문을 하며 살아갑니다. 오늘 점심은 뭘 먹을까, 이 선택이 옳을까, 앞으로 어떤 인생을 살아야 할까. 하지만 그중 가장 근본적인 질문은 단 하나입니다. '나는 누구인가?' 이 물음은 단순하지만 깊고 무겁습니다. 내가 하는 일이 곧 나일까요? 타인이 바라보는 모습이 진짜 나일까요? 아니면 내가 느끼는 감정과 생각이 나일까요?

이 질문에 대한 답은 단번에 나오지 않습니다. 그러나 분명한 것은, 그 물음을 붙들고 있는 과정 자체가 나를 발견해 가는 여정이라는 점입니다. 인간이 고정된 존재가 아니라 끊임없이 변화하고 성장하는 존재라고 생각합니다. 과거의 실수나 경험이 지금의 나를 완전히 결정짓지는 않습니다. 우리는 현재 어떤 선택을 하느냐에 따라 달라질 수 있는 가능성의 존재입니다. 예를 들어, '나는 원래 이런 사람이야'라고 단정짓는 순간, 변화의 문은 닫히고 맙니다. 반대로, '지금의 나도 달라질 수 있어'라고 믿는 순간, 우리는 자기 자신에게 다시 기회를 주게 됩니다.

우리가 맡은 직업이나 역할은 중요한 삶의 일부지만 그것이 곧 나를 전부 설명하지는 않습니다. 만약 직업을 잃거나 역할이 바뀐다면, 그때 남는 나는 누구일까요? 결국 중요한 것은 어떤 일을 하느냐보다 어떤 마음으로 살아가느냐입니다. 사람은 무의식적으로 과거의 관계를 현재에 반복하는 경향이 있습니다. 특히 어린 시절 중요한 인물과의 경험이 지금의 인간관계에 영향을 주곤 합니다. 저는 이런 반복을 의식하고 성찰하는 과정이 '진짜 나'를 만나는 열쇠라고 생각합니다.

(A씨) 어느 날, 설명할 수 없는 공허함이 몰려올 때가 있었습니다. 자신을 둘러싼 세상이 멈춘 듯한 느낌, 사람들 속에 있어도 홀로 떠 있는 것 같은 감각. 그럴 때 문득 이런 질문이 올라옵니다. '나는 무엇인가?' '이 삶은 진짜 나의 것인가?' 예전엔 사람들과의 관계를 가장 소중히 여겼지만, 어느 순간부터 고독이 더 익숙해졌다는 걸 깨달았습니다. 그 변화가 두렵기도 했지만, 지금은 그것이 자신을 돌아보게 하는 또 다른 과정이라는 걸 알게 되었습니다. 삶의 중심이 단단해질수록, 외부의 평가보다 내면의 진실이 중요해집니다. 웃어도 마음이 따라오지 않고, 울어도 감정이 진짜가 아닌 것 같을 때, '나는 누구인가'라는 질문이 다시 고개를 듭니다.

(B씨) 예전엔 한결같은 사람이 되고 싶었습니다. 그러나 이제는 그것이 욕망일 뿐, 본성이 아님을 알게 되었습니다. 한결같음을 유지하려면 늘 긴장하고 자신을 억눌러야 했습니다. 그 안에서는 진짜 감정을 느끼기도 어렵습니다. 인간은 변하는 존재입니다. 삶도, 마음도, 상황도 흘러갑니다. 어느 날 B씨는 타로카드를 보며 이런 생각이 들었습니다. '지금 내게 주어진 것은 그것을 받아들일 준비가 되었기 때문에 온 것이다.' 아무리 좋은 기회나 환경이 주어져도, 마음이 준비되어 있지 않다면 알아채지 못합니다. 그래서 B씨는 삶을 있는 그대로 받아들이는 연습을 하게 되었습니다. 이제는 완벽한 이해보다 조화롭게 살아가는 법을 배우려 합니다. 삶은 머무는 것이 아니라 흐르는 과정이기 때문입니다. 관계에서 느끼는 미련, 두려움, 허탈함도 결국은 흘러가는 감정입니다. 그 감정이 흘러가는 것을 지켜보는 힘, 그것이 성찰이고 성장이라 생각합니다.

사람은 상처를 통과하며 비로소 진짜 자신을 만나는 것 같습니다. 저 역시도 상처받는 경험이 있었기에, 타인의 아픔을 조금 더 깊이 바라볼 수 있게 되었습니다. 그리고 마침내 깨달았습니다. 자신의 내면을 진심으로 들여다보는 일, 그것이야말로 나를 넘어서 세상, 더 나아가 우주와 연결되는 길이라는 것을요. 지금도 여전히 흔들릴 때가 많습니다. 그러나 그 흔들림 속에서 저는 조금씩 더 단단해지고 있다는 것을 느낍니다. 삶은 언제나 완전하지 않기에, 우리는 계속해서 질문을 품고 살아갑니다. 그런데 그 질문들이야말로 삶을 더욱 풍요롭게 만드는 힘이 되어주곤 합니다.

내면 깊숙이 들어가 보면, 결국 우리는 모두 연결되어 있습니다. 타인의 아픔이 낯설지 않은 이유, 누군가의 눈물이 내 마음을 울리는 이유도 그 때문입니다. 상처를 들여다보는 시간은 단순한 고통의 회상이 아니라, 삶의 본질과 마주하는 시간입니다. 고통 속에는 늘 진실이 숨어 있으며, 그 진실은 우리를 더 깊은 이해와 성숙으로 이끌어 줍니다. 그래서 오늘도 조용히 자신에게 다시 물어봅니다.

'지금의 나는 어떤 질문을 던지고 있는가?'

그 물음이야말로 삶의 방향을 잃지 않게 도와주는 나침반이 되어줍니다. 대답을 서두르지 않아도 괜찮습니다. 중요한 것은 질문을 잊지 않고 살아가는 태도입니다. 질문은 흔들리는 나를 붙잡아 주고, 나의 진짜 목소리에 귀 기울이게 합니다. 그 나침반을 따라 하루하루 묵묵히 걸어가며, 저는 제 삶을 조금씩 더 사랑하게 됩니다. 완벽하지 않아도 괜찮다는 사실을 받아들이고, 그 불완전함 속에서 진정한 나를 만나는 여정이 시작됩니다. 그렇게 우리는 조금씩, 더 따뜻한 사람이 되어갑니다.

07
평범한 일상에서 발견하는 진정한 의미

"오늘 하루는 어떻게 보내셨나요?"
"반복되는 일상 속에서 의미를 찾는 방법은 무엇일까요?"
"평범한 일상에서 특별함을 느끼는 순간은 언제일까요?"

우리는 종종 삶에서 큰 변화나 특별한 순간을 기대합니다. 하지만 실제로 우리의 일상은 대부분 반복적인 일들로 채워져 있습니다. 아침에 일어나 커피를 마시고, 출근하고, 저녁을 가족과 함께 보내는 일상적인 루틴 속에서 우리는 살아갑니다. 이러한 반복적인 순간들은 때때로 너무 익숙해서 당연하게 여겨지지만, 사실 그 순간들이 가장 큰 안정감을 줍니다. A씨는 일주일에 한두 번 아침 8

시에 커피 한 잔을 나누는 지인이 있습니다. 나름 특별한 만남이었지만, 어느 순간 그 시간이 A씨에게는 일상의 중요한 부분이 되었고, 그 소소한 루틴에 대한 감사함을 느끼게 되었습니다. 중요한 건, 함께하는 사람이나 특별한 사건이 아니라 그 순간 자체가 주는 충만함입니다.

일상의 반복은 중요한 의미를 갖습니다. 인간은 예측 가능한 구조 속에서 심리적 안정감을 느끼는 존재입니다. 변화를 갈망하면서도 동시에 익숙함 속에서 위안을 받습니다. 예를 들어, 매일 같은 시간에 커피를 마시는 습관은 단순한 루틴 같지만, 뇌는 '오늘도 괜찮을 거야'라는 신호를 보내며 불안을 줄여주는 역할을 합니다. 반복되는 일상은 자아의 균형을 유지하고, 정체성을 형성하는 데 중요한 영향을 미칩니다. 반대로, 익숙한 루틴이 깨지면 우리는 쉽게 불안해하고 무기력해질 수 있습니다. 반복적인 일상은 작은 변화에도 흔들리지 않는 내면의 기반을 제공합니다.

우리는 강렬한 감정이나 특별한 경험을 통해 의미를 찾으려 하지만, 사실 가장 깊은 위로는 평범한 일상에서 발견되는 소소한 기쁨에서 옵니다. 진정한 행복은 어디에 있을까요? 대부분의 사람들은 특별한 순간을 통해 행복을 찾으려 합니다. 하지만 사실 그 행복은 '별것 아닌 순간들' 속에서 발견됩니다. 정해진 시간에 일어나 좋아하는 음악을 듣고, 간단한 대화를 나누는 일상 속에서 우리는 자신을 지탱하고 있습니다. 행복은 거창한 변화나 특별한 날에 있는 것이 아니라, 오늘도 무사히 흘러가는 평범한 일상 그 자체에 존재합니다.

　또한 일상의 따뜻한 순간들은 우리의 정서적 안정에 매우 중요합니다. 예를 들어, 가족과 함께하는 식사 시간은 익숙하게 여겨지지만, 그 시간이 사라지면 우리는 그 순간이 얼마나 소중했는지를 깨닫게 됩니다. 짧은 대화, 퇴근길에 보는 노을, 매일 가는 카페에서의 인사도 우리의 마음을 따뜻하게 해줍니다. 이러한 소소한 순간들이야말로 우리가 '살아 있다'고 느끼게 해줍니다. 하지만 우리는 더 나은 미래를 위해 현재를 종종 희생합니다. 안정감과 불안정감은 우리가 반복적으로 경험한 사람, 환경, 관계에서 비롯됩니다. 매일 만나는 사람들과의 관계에서 우리는 정체성을 형성하고 심리적 안정을 얻습니다. '좋은 대상'은 이런 일상 속 따뜻한 경험이 내면에 저장된 결과입니다. 이 '좋은 대상'이 내면화된 사람은 변화의 순간에도 흔들림 없이 삶의 만족감을 유지할 수 있습니다. 그러나 어린 시절 안정적인 애착을 경험하지 못한 경우, 일상은 지루하고 공허하게 느껴질 수 있습니다. 반복은 지루함이 아니라 안정의 상징입니다. 하지만 안정된 내면이 없는 사람에게는 그것조차 불편함이 될 수 있습니다.

　진정한 삶은 현재에 있습니다. 우리는 종종 더 나은 날을 기다리며 오늘을 흘려보내지만, 삶은 바로 지금 이 순간의 경험으로 채워집니다. 우리는 매일 비슷한 하루를 살아갑니다. 반복되는 일상이 지루하게 느껴질 때도 있지만, 그 하루가 무사히 흘러가는 것 자체가 결코 당연한 일은 아닙니다. 특별한 사건이 없어도 평온하게 지나가는 하루는 사실 얼마나 대단한 일인지, 우리는 종종 잊고 지냅니다. 변화는 갑작스럽게 일어나지 않습니다. 그것은 우리가 일상 속에서 기꺼이 맞이한 작은 움직임에서 시작됩니다. 이처럼 진짜 변화는 거창한 계획이나 극적인 사건에서 시작되는 것이 아니라, 우리가 매일 경험하는 작은 순간들을 의식적으로 살아낼 때 비로소 싹트기 시작합니다.

예를 들어, 아침에 스며드는 따뜻한 햇살, 누군가의 진심 어린 미소, 저녁 식사 후의 따뜻한 차 한 잔 같은 일상의 장면들은 작지만 깊은 위로와 의미를 줍니다. 그런 순간들이 모여 하루가 되고, 그 하루들이 모여 우리의 삶이 됩니다. 결국 중요한 것은 그 익숙하고도 사소한 순간들을 얼마나 의식적으로 살아내는가입니다. 인간은 익숙함 속에서 안정을 추구하면서도 동시에 새로운 것을 향해 나아가려는 본능을 지니고 있습니다. 변화가 너무 크면 불안해지고, 반대로 변화를 완전히 차단하면 무기력함에 빠지게 됩니다. 따라서 익숙한 일상 속에서 작지만 의미 있는 변화를 만들어가는 태도가 가장 건강한 심리적 균형을 만들어냅니다.

결국 삶의 의미는 어떤 특별한 사건이나 성취가 우리에게 찾아오느냐에 달려 있는 것이 아닙니다. 진정한 의미는 지금 이 순간을 어떻게 살아내느냐에 달려 있습니다. 과거의 후회나 미래의 불안에 휘둘리는 대신, 오늘 하루를 의식적으로 살아가는 것. 그 순간순간의 선택과 태도가 바로 인생을 바꾸는 출발점이 됩니다.

작은 감정에 귀 기울이고, 나의 생각을 알아차리며, 지금 이 자리에서 나에게 진실한 삶을 살아내는 연습이 필요합니다. 그렇게 하루를 단단하게 살아낼 때, 우리는 더 이상 외부의 평가나 결과에 흔들리지 않게 됩니다. 이러한 연습이야말로 진짜 변화의 시작이며, 잃어버린 자존감을 회복하는 가장 실질적인 길입니다. 자존감은 멀리 있는 것이 아니라, 하루하루를 살아내는 나의 태도와 실천 안에 있습니다. 오늘 내가 어떻게 숨 쉬고, 어떻게 느끼고, 어떻게 말하며 사는지가 결국 나의 삶을 만들어갑니다. 지금 이 순간, 나의 하루를 존중하는 것. 그 하나가 삶 전체를 바꾸는 씨앗이 됩니다.

08
거울 앞에 선 나, 외모보다 마음을 마주할 때

"거울을 볼 때마다 어떤 감정이 드시나요?"
"변해가는 내 모습이 낯설게 느껴진 적 있으신가요?"
"성형과 보톡스, 그 욕망의 끝은 어디일까요?"

어느 날 문득, 거울을 바라보다가 낯선 얼굴을 마주하게 됩니다. 이마의 주름, 눈가의 그림자, 희미해진 얼굴선이 한순간에 마음을 무겁게 만듭니다. 예전엔 활기차 보이던 얼굴이 이제는 익숙하지 않게 느껴지고, '내가 이렇게 변했나?' 하는 생각에 마음이 철렁 내려앉기도 합니다. 외모에 대한 변화는 단순한 시각적 자극이 아니라, 삶과 나이 듦, 그리고 내면의 감정까지 함께 비추는 상징입니다. 나이가 들수록 피부 재생이 더뎌지고, 치아가 벌어지고, 키가 조금씩 줄어드는 변화는 몸뿐 아니라 마음에도 영향을 줍니다. 이런 변화는 그동안 잘 살아낸 흔적일 뿐이지만, 거울 앞에서는 자신이 작아진 것 같은 기분이 들기도 합니다. 한 번은 모임 자리에서 어떤 분이 말했습니다. "요즘은 성형이 아니라 '관리'라잖아. 보톡스 한 번이면 다 펴져." 결혼을 앞둔 조카도 성형을 예식 준비의 일환처럼 여긴다고 합니다.

주변 남성들은 탈모를 막기 위해 전립선 약까지 복용한다고 합니다. 그만큼 외모에 대한 불안은 남녀 모두에게 공통된 심리입니다. 진짜 늙음은 주름이 아니라, 마음속 깊이 자리 잡은 '내가 더 이상 사랑받지 못할지도 모른다'는 불안입니다. 성형과 보톡스는 단지 외모의 문제가 아닙니다. 내 안의 불안을 조절하려는 시도이기도 합니다. 우리는 어려서부터 타인의 반응을 통해 나 자신을 인식하는 법을 배워왔습니다. 거울 속의 나를 보는 일이 불편한 이유는, 사회가 '젊음'을 가치의 기준으로 삼고 있기 때문입니다. 나이가 들수록 외면받는다는 불안이 생깁니다. 그래서 더 젊어 보이려고 노력하고, 변화된 모습을 감추고 싶어집니다. 하지만 주름이든, 치아의 틈이든, 그것은 모두 내가 지나온 삶의 흔적입니다. 웃음의 수, 고민의 무게, 사랑했던 시간들이 얼굴에 새겨져 있을 뿐입니다. 자기 관리가 필요한 이유는 남에게 잘 보이기 위해서가 아니라, 나 자신을 존중하는 태도 때문입니다.

어느 날 회의실에서 생기 넘치는 신입사원을 바라보며, 한 여성

분이 조용히 말하셨습니다. "예전엔 나도 저랬는데…" 그 순간, 마음 한켠에서 자존감이 살짝 흔들렸을지도 모릅니다. 하지만 그분의 얼굴엔 시간의 깊이를 지나온 사람만이 가질 수 있는 따뜻함과 여유가 배어 있었습니다. 진정한 아름다움은 젊음을 붙잡으려는 데서 오지 않습니다. 오히려 내 마음을 진심으로 이해하고, 있는 그대로의 나를 존중할 때부터 시작됩니다. 나를 받아들이는 깊이가 깊을수록, 세상을 바라보는 눈도 훨씬 따뜻해집니다. 그리고 그런 시선은 타인을 이해하고 보듬는 여백이 되어줍니다.

변화를 받아들이는 일은 결코 쉽지 않습니다. 하지만 거울 앞에 선 오늘의 나는 분명 어제보다 더 단단해졌고, 조금 더 지혜로워져 있습니다. 그 얼굴엔 수술이나 주사로는 결코 만들 수 없는 시간의 무게가 담겨 있고, 그것이 곧 나만의 아름다움입니다. 아름다움은 거울 속의 얼굴에 머물지 않습니다. 진정한 아름다움은 그 얼굴을 있는 그대로 받아들이는 마음, 자신의 시간과 상처를 존중하는 태도 속에 자리합니다. 나이 듦은 어떤 결핍이 아니라, 나로 살아온 시간의 증거입니다. 삶이 흘러가며 만들어준 주름 하나, 깊어진 시선 하나는 그 무엇보다도 강인하고도 따뜻한 나를 말해주고 있습니다. 그 모든 것이 어우러져 오늘의 나를 더욱 빛나게 합니다.

우리는 종종 젊음과 외형에 기준을 두고 아름다움을 판단하려 합니다. 매끈한 피부, 선명한 윤곽, 사회가 정해놓은 '이상적 이미지'에 나를 끼워 맞추려 애씁니다. 그러나 그 틀에 자신을 억지로 끼워 넣는 순간, 우리는 삶의 진짜 아름다움을 놓치게 됩니다. 진정한 아름다움은 타인의 시선을 만족시키기 위한 결과물이 아니라, 스스로를 바라보는 시선에서 시작되는 과정입니다.

나의 얼굴은 내가 살아온 인생의 지문입니다. 눈가의 주름은 내가 얼마나 많이 웃었는지를, 깊어진 이마는 내가 얼마나 고민하고 애썼는지를 말해줍니다. 피부 아래에 있는 세월의 흔적들은 나를 지탱해온 감정과 기억의 파편들입니다. 그 흔적들을 미워할 것이 아니라, 오히려 감사히 바라볼 수 있어야 합니다. 그것이 바로 자기 수용의 첫걸음이며, 삶에 대한 진정한 존중입니다. 어느 순간부터 거울을 보는 일이 두려워지기도 합니다. 피로에 지친 얼굴, 변화하는 외모, 예전과는 다른 분위기 속에서 나를 못 알아보는 때도 있습니다. 하지만 그럴수록 우리는 거울 속의 '형태'보다, 거울 너머의 '마음'을 바라보아야 합니다. 지금 이 자리까지 온 나, 온갖 일들을 견디며 살아온 내가 거기에 있습니다. 그 존재 자체가 이미 충분히 귀하고 아름답습니다.

심리학자 칼 로저스는 "자신을 있는 그대로 받아들일 수 있을 때, 비로소 변화가 일어난다"고 말했습니다. 그 수용의 힘은 외부에서 오는 것이 아닙니다. 타인의 인정을 기다리는 동안 우리는 계속 불안 속에 머뭅니다. 그러나 내가 나를 인정하는 순간, 비로소 타인의 시선에서 자유로워질 수 있습니다. 그리고 그때 비로소 우리는 더 단단한 아름다움에 도달하게 됩니다. 감정적으로 성숙한 사람은 외적인 아름다움보다 자신이 어떤 사람인지에 집중합니다. 어떤 상황에서도 중심을 잃지 않으려 하고, 타인을 대할 때도 자신을 잃지 않습니다. 그들은 단정한 외모보다 단단한 태도, 매끄러운 말투보다 진심 어린 말 한마디를 더 소중히 여깁니다. 그런 태도는 시간이 흐를수록 더 빛을 발하며, 타인에게도 깊은 인상을 남깁니다.

'있는 그대로의 나'를 바라보는 마음은 단지 자존감을 높이는 데 그치지 않습니다. 그것은 삶을 살아가는 전반적인 태도를 바꾸는 시작점입니다. 오늘 거울 앞에 서서 외모를 비판하는 대신, "그동안 참 잘 버텼어. 고마워"라고 말해 보세요. 작은 말 한마디가 마음의 결을 바꾸고, 그 변화는 다시 삶의 방향을 바꾸는 힘이 됩니다. 우리는 매일 거울 앞에서 나를 평가합니다. 그러나 이제는 그 평가 대신, '존중'을 선택해야 합니다. 나의 눈빛, 표정, 목소리, 주름, 모두가 고유한 나의 언어입니다. 그 언어를 미워하지 말고, 다시 읽고, 품어야 합니다. 그때 우리는 외형을 넘어선, 삶이 품은 아름다움을 비로소 이해하게 됩니다.

아름다움은 나를 바라보는 태도에서 비롯됩니다. 나의 결핍을 감추지 않고, 오히려 그 자리에 따뜻함을 심는 용기에서 출발합니다. 매끄럽지 않아도 괜찮습니다. 조금은 어색해도, 그 어색함 속에 나의 진짜 이야기가 숨 쉬고 있습니다. 지금의 내가 좋습니다. 불완전해서 더 인간적이고, 다듬어지지 않아서 더 진실합니다. 오늘도 내 안의 아름다움은 조용히 피어오르고 있습니다. 그리고 그 아름다움은 외적인 것이 아니라, 매일 나를 받아들이고 품어주는 그 마음속에 살아 있습니다. 오늘의 내가, 바로 그 증거입니다.

09
선한 마음을 가꾸는 심리적 태도

　마음을 어떻게 가꾸느냐에 따라 삶의 빛깔은 달라질 수 있습니다. 어떤 날은 세상이 모두 내 편인 듯 느껴지다가도, 또 어떤 날은 작은 일에도 쉽게 상처받고 흔들리게 됩니다. '왜 나는 작은 일에도 이렇게 상처받을까?' '왜 어떤 사람은 늘 단단하고 긍정적일까?' 이런 질문 앞에 우리는 서 있습니다. 선하게 살아간다는 것은 거창한 도덕이 아니라, 일상에서 실천할 수 있는 작은 마음 씀씀이로부터 시작됩니다. 이를테면 부고문자 하나에도 진심을 담아 반응하는 태도처럼 말입니다. 저는 부고문자를 받을 때마다 늦은 시간, 혹은 혼자라도 조문을 갑니다. 한 번도 뵌 적 없는 고인이더라도, '이 세상을 애써 살아오셨습니다'는 마음을 담아 마지막 인사를 드리고 싶었습니다. 2023년 초, 저 역시 두 번이나 부고문자를 보내야 했습니다. 망설임도 있었지만, 스스로에게 말했습니다. '민폐가 아니다. 고인과 유가족을 위한 최소한의 예의를 전하는 것이다.' 그렇게 부고문자를 돌린 경험이 있습니다. 부고는 삶과 죽음을 정성껏 마주하는 태도이며, 남겨진 사람들과 정서적 다리를 놓는 소중한 의례입니다. 슬픔을 함께 나누는 장례식은 공동체의 의미를 다시 느끼게 해줍니다. 결혼식보다 장례식에 더 마음을 쏟는 이유도 여기에 있습니다. 삶을 살아낸 이들의 마지막을 마주할 때, 포도주를 떠올립니다. 포도주는 오래 숙성될수록 맛과 가치가 깊어지듯, 사람의 죽음도 시간이 흐를수록 더 깊은 그리움과 사랑으로 남습니다.

한 번은 이런 일이 있었습니다. 예전에 친하지 않았던 대학 동기의 부모님 부고를 받고 고민하다가 조문을 갔습니다. 동기는 눈물을 흘리며 제 손을 꼭 잡았습니다. "네가 와줘서 정말 고맙다"고 했습니다. 그 짧은 순간, 마음과 마음이 연결되는 깊은 울림을 느꼈습니다. 삶과 죽음을 바라보는 태도는 결국 오늘을 어떻게 살아갈 것인가의 문제로 이어집니다. '어떻게 살아야 잘 떠날 수 있을까?' 그리고 소망합니다. 언젠가 이 세상을 떠날 때, 제 묘비에 이렇게 적히기를 바랍니다.

"기꺼이 내어준 삶, 그 길 위에서 평안히 잠들다."

죽음을 준비한다는 것은 곧 삶을 더 깊이 있게 살아간다는 뜻입니다.

심리적으로 건강한 태도는 외부를 탓하는 것이 아니라, 내면을 들여다보는 데서 시작됩니다. 자기 자신을 이해하는 데는 큰 용기가 필요합니다. 억눌린 감정은 사라지지 않습니다. 오히려 다른 방식으로 몸과 마음에 드러나게 됩니다. 한 내담자의 사례가 떠오릅니다. 그는 항상 '나는 괜찮아'를 입에 달고 살았지만, 어느 날 이유 없이 몸살과 불안에 시달렸습니다. 상담을 통해 감정을 억누르던 자신을 알아차렸고, 서서히 '슬펐어요', '화가 났어요'라고 말할 수 있게 되었습니다. 그때부터 그의 몸과 마음은 조금씩 가벼워졌다고 했습니다.

감정을 억누르는 대신 알아차리고 건강하게 표현하는 연습이 필요합니다. 불편한 감정이 올라올 때, '왜 이런 감정을 느끼는가?', '나는 무엇을 바라고 있는가?'라고 스스로에게 질문해 보는 것입니다. 그 과정 자체가 선한 마음을 가꾸는 첫걸음입니다.

선함은 단순히 착하게 구는 것이 아닙니다. 선함은 마음속 탐욕과 자기중심적 집착을 다스리는 힘입니다. 우리는 누구나 시기, 질투, 욕망을 느낍니다. 중요한 것은 그런 감정을 부정하거나 억누르는 것이 아니라, 알아차리고 성찰의 기회로 삼는 것입니다. 불편한 감정이 올라올 때, 스스로에게 이렇게 질문해 보세요. '나는 왜 이런 감정을 느끼는가?', '지금 나는 무엇을 바라고 있는가?' 이 질문을 던질 수 있다면, 이미 그 순간 선한 마음의 씨앗이 심어지고 있는 것입니다.

선함의 또 다른 얼굴은 '배려'입니다. 배려는 단순한 친절과 다릅니다. 배려는 상대방의 입장이 되어 생각하는 마음입니다. 진심 어린 배려는 대가를 바라지 않습니다. 진정한 배려는 '받으려고' 하는 것이 아니라, '주고 싶어서' 하는 것입니다. 때로는 진심이 오해 받을 수 있습니다. '무슨 의도가 있는 거야?', '낯설다.' 이런 말을 들으면 상처받을 수도 있습니다. 하지만 그것은 진심이 잘못된 것이 아니라, 세상이 아직 진심을 온전히 받아들이지 못했기 때문입니다. 그래서 타인의 반응에 흔들리지 않고, 자신이 지키고 싶은 마음을 스스로 지키는 것이 중요합니다. 선함은 남에게 보이기 위해서가 아니라, 내가 어떤 사람이고 싶은지를 위해 선택하는 것입니다. 선함은 타인의 인정이 아니라, 내면의 확신에서 비롯됩니다.

오늘 당장 할 수 있는 작은 선한 실천 5가지를 소개해 드립니다.

첫째, 누군가의 말을 끝까지 들어주는 것입니다.

말 중간에 끊지 않고 끝까지 들어주는 것만으로도 상대방은 존중받는 느낌을 받습니다. 경청은 가장 강력한 정서적 지지입니다.

둘째, 감사의 메시지를 보내는 것입니다.

고맙다고 생각했던 사람에게 짧은 메시지를 보내보세요. 감사를 표현하면 나 자신도 긍정적인 정서를 경험하게 됩니다.

셋째, 길을 걷다가 쓰레기 줍기를 해보세요.

내 주변을 깨끗하게 하는 작은 행동은 세상과 연결감을 키워줍니다. '나는 이 세상에 좋은 영향을 주는 사람'이라는 자기 이미지를 강화하게 됩니다.

넷째, 오늘 만나는 사람에게 미소를 지어보세요.

인사할 때 살짝 미소를 지으면 나도, 상대도 짧은 순간 행복해집니다. 미소는 뇌의 스트레스 반응을 낮추는 효과가 있습니다.

마지막으로, 자기 자신에게 따뜻한 말을 건네보세요.

거울을 보며 "오늘도 충분히 잘하고 있어"라고 자신에게 말해보세요. 자기자비는 선한 마음을 자신부터 향하게 하는 시작입니다.

선을 행하는 것은 거창하거나 특별한 일이 아닙니다. 선은 일상의 아주 작은 순간 속에서, 마음을 담아 실천할 수 있는 평범한 선택입니다. 오히려 선이란 거창한 계획보다는, 오늘 하루 안에서 내가 할 수 있는 '작은 실천'으로부터 시작됩니다. 누군가에게 먼저 인사하는 일, 엘리베이터 문을 잡아주는 손길, 피곤해 보이는 동료에게 따뜻한 말 한마디를 건네는 것, 또는 지하철에서 무거운 짐을 들어주는 행동처럼 사소해 보이는 순간들이 바로 선의 본질을 드러냅니다. 그 순간들이 모여 우리의 삶을 조금씩 더 따뜻하게 바꾸어 나갑니다. 작은 선을 실천하는 것도 마찬가지입니다. 거창한 변화를 시도하기보다, 지금 이 자리에서 내가 할 수 있는 한 가지를 실천하는 것, 그것이 결국 삶을 변화시키는 시작점이 됩니다.

선을 실천한다는 것은 타인을 돕는 것에 그치지 않고, 나 자신과의 관계를 회복하는 일이기도 합니다. 누군가에게 따뜻한 행동을 건네는 그 순간, 우리는 동시에 스스로의 존재를 긍정하게 됩니다. "나는 누군가에게 좋은 영향을 줄 수 있는 사람이다"라는 감정은 자존감과 자기 효능감을 회복하는 데 중요한 역할을 합니다. 또한 선은 훈련이 필요한 감정입니다. 누구나 선한 의지를 가지고 태어나지만, 그것을 지속적으로 실천하기 위해서는 의식적인 선택과 반복이 필요합니다. 기분이 좋을 때만 선을 베푸는 것이 아니라, 지치고 여유 없을 때에도 나의 가치를 지키기 위해 선택하는 태도, 그것이야말로 진짜 '선의 실천'입니다.

선을 베푼다고 해서 반드시 인정이나 보상을 받는 것은 아닙니다. 때로는 선한 행동이 오해받거나 주목받지 못할 수도 있습니다. 그러나 선은 타인의 반응과는 무관하게, 나의 내면에 의미 있는 흔적을 남깁니다. 매일의 작고 조용한 선의 선택은 결국 내 삶의 무게중심을 더욱 깊고 단단하게 만들어 줍니다. 오늘 하루, 자신에게 이렇게 물어보시기 바랍니다.

"지금 내가 할 수 있는 작은 선은 무엇일까?"

그 물음은 하루의 방향을 잡아주고, 더 나아가 내가 어떤 사람으로 살아가고 싶은지를 되새기게 합니다. 선을 행하는 삶은 완벽한 사람이 되기 위한 노력이 아닙니다. 오히려 불완전한 내가 오늘 할 수 있는 '작은 선택'을 놓치지 않겠다는 다짐입니다. 그리고 그 다짐이 반복될수록, 우리는 점점 더 인간답고 따뜻한 존재로 성장해 나갑니다.

결국 선을 행한다는 것은 삶의 방식에 대한 선택입니다. 더디더라도 따뜻한 길을 선택하는 것, 더 많이 가진 사람이 아니라 더 많이 나누는 사람이 되기로 마음먹는 것, 그것이 우리가 실천할 수 있는 선의 본질입니다. 오늘 하루, 거창하지 않아도 좋습니다. 마음을 담은 작은 행동 하나가 누군가의 하루를 바꾸고, 당신의 내면을 치유하는 출발점이 될 수 있습니다. 선은 먼 곳에 있는 것이 아니라, 지금 이 순간 내가 품을 수 있는 따뜻한 마음 안에 있습니다.

10
그림자를 껴안을 때,
진짜 내가 보이기 시작한다

혹시 이유 없이 누군가를 볼 때 불편한 감정을 느껴본 적 있으신가요? 별다른 말이나 행동이 없었는데도 마음이 언짢아지고, 그 사람을 피하고 싶었던 경험이 있다면, 그 안에 나 자신도 모르는 '그림자'가 반응한 것일 수 있습니다. 그림자란 내가 인정하고 싶지 않거나 숨기고 싶은 내면의 감정과 모습입니다. 열등감, 결핍, 질투, 수치심처럼 드러내고 싶지 않은 감정들이 여기에 해당합니다. 이런 감정들은 없는 척해도 사라지지 않습니다. 오히려 무의식 속에 숨어 있다가 중요한 순간에 우리를 움츠러들게 만들고, 관계를 어색하게 하며, 삶의 방향을 흔들기도 합니다. 직장인 A씨는 회의 시간에 동료들이 자신의 의견을 잘 듣지 않는 것 같아 자주 서운함을 느낍니다. 그런데 이 감정을 곱씹다 보면, 그 안에는 '인정받고 싶은 욕구'가 숨어 있습니다. 어린 시절 충분히 칭찬받지 못했던 기억이, 지금까지 영향을 미치고 있는 것입니다. 또 B씨는 친구들의 SNS를 보면 불편한 감정이 올라온다고 말합니다. 겉으로는 "나 참 속이 좁다"며 자책하지만, 사실은 자기 삶에 대한 아쉬움과 비교심이 질투라는 형태로 튀어나오는 것입니다. 이처럼 우리가 누군가를 미워하거나 불편해하는 이유 중 일부는, 그 사람 안에서 나의 그림자를 보기 때문입니다. 내가 받아들이지 못한 내 모습이 남을 통해 드러나고, 그 모습이 불편해서 피하고 싶은 것입니다. 결국 타인을 통해 나를 마주하게 되는 셈이지요.

새로운 일을 앞두고 늘 '나는 잘 못할 거야'라는 생각이 드는 사람도 있습니다. 이때 중요한 건 '왜 그런 생각이 드는가'를 질문해 보는 것입니다. 실패 경험, 거절당했던 기억, 누군가의 무심한 말 한마디가 나를 '자신감 없는 사람'으로 만들었을 수 있습니다. 이 감정을 들여다보는 것이 바로 그림자와 마주하는 과정입니다. 그림자는 단점이나 부끄러운 면이 아닙니다. 오히려 나를 더 깊이 이해하게 만들고, 삶을 단단하게 해주는 힘이 될 수 있습니다. 숨기고 싶다고 사라지는 게 아니라, 이해할 때 비로소 나를 도와주는 자원이 됩니다. 누구나 웃고 있으면서도 속으로는 질투하고, 강해 보이지만 사실은 인정받고 싶어하는 마음을 품고 살아갑니다. 이런 모습은 결코 이상하거나 부끄러운 게 아닙니다. 인간이라면 자연스럽게 경험하는 내면의 흔들림입니다. 그림자를 인정한다는 건 내가 완벽하지 않다는 사실을 받아들이는 일입니다. 그러면 나의 감정도, 타인의 감정도 좀 더 너그러이 이해할 수 있습니다. 반복되는 감정의 패턴, 관계의 갈등 속에서 우리는 늘 선택할 수 있습니다. 외면할 것인가, 마주할 것인가. 그 선택이 삶의 방향을 바꿉니다.

감정을 억누르기보다, '왜 나는 지금 이 감정이 드는가?'를 묻는 연습을 해보세요. 하루에 하나씩, 혹은 충분한 시간을 가지고 글로 적으며 자신과 대화를 나눠보자.

(1) 나는 어떤 상황에서 가장 위축되거나 자신감이 떨어지는가?
(2) 남들의 시선이 유난히 신경 쓰이는 영역은 어디인가?
(3) 나는 어떤 사람을 보면 유난히 불편하거나 질투심이 생기는가?
(4) 나는 나 자신을 어떤 기준으로 평가하고 있는가?
(5) 어릴 적 자주 들었던 말 중, 아직도 마음에 남아 있는 것은 무엇인가?
(6) 나는 실패했을 때 스스로에게 어떤 말을 건네는가?
(7) 남들 앞에서 나를 과장하거나 숨기려 했던 경험이 있는가?
(8) '나는 충분하지 않다'고 느껴질 때, 내 안에서는 어떤 감정이 올라오는가?
(9) 내가 부러워하는 사람은 누구이며, 그 이유는 무엇인가?
(10) 내가 진짜 나답다고 느끼는 순간은 언제인가?
(11) 내가 가장 숨기고 싶은 성격이나 감정은 무엇인가?
(12) 어떤 사람을 보면 이유 없이 불편하거나 싫은 감정이 드는가? 왜 그런 감정이 생긴다고 생각하는가?

(13) 나는 어떤 상황에서 쉽게 방어적으로 바뀌는가? 그때 내가 지키려는 것은 무엇인가?
(14) 누군가를 강하게 비난하거나 비판했을 때, 그 안에 내 모습이 숨어 있지는 않았는가?
(15) 내가 항상 옳다고 주장하거나 고집을 부리는 순간, 그 밑에 어떤 감정이 숨어 있었는가?
(16) 과거에 했던 말이나 행동 중, 지금 생각해도 부끄럽거나 후회되는 것이 있다면 무엇인가? 질문 속에 내 진짜 마음이 담겨 있습니다.

불편한 감정이 올라올 때, 그 감정을 억누르기보다 잠시 멈춰서 들여다보면 좋겠습니다. 그 감정은 때때로 내 삶이 보내는 중요한 신호일 수 있습니다. 불안, 분노, 슬픔 같은 감정들은 단지 불편한 것이 아니라, 나 자신에게 말을 걸어오는 또 하나의 방식입니다. 그 감정을 무시하지 않고 귀 기울일 때, 비로소 나를 깊이 이해할 수 있는 문이 열립니다.

진정한 자유는 나의 그림자, 즉 내가 숨기고 싶었던 내 모습까지도 껴안을 때 시작됩니다. 누구나 마음속에는 남에게 보이고 싶지 않은 열등감, 두려움, 질투, 분노와 같은 감정들이 자리하고 있습니다. 그러나 그 감정들을 무조건 억누르고 외면하려 할수록, 오히려 그것들은 우리의 무의식에서 더 강력하게 작용하게 됩니다. 완벽하지 않은 나, 때로는 이기적이고 불안하며 실수도 많은 나를 부끄러워하지 않고 있는 그대로 바라보는 순간, 우리는 비로소 자신에게 가장 정직해질 수 있습니다. 자기 내면을 온전히 바라보는 용기, 그것이 진짜 변화의 시작입니다. 진정한 자기 수용은 좋은 면만을 받아들이는 것이 아니라, 있는 그대로의 나—빛과 그림자 모두를 끌어안는 데에서 비롯됩니다.

그림자는 결코 우리를 망치기 위해 존재하는 것이 아닙니다. 오히려 그것은 우리에게 아직 들여다보지 못한 내면의 진실을 보여주는 거울입니다. 자신의 그림자와 마주하지 않는 사람은 그것을 외부에 투사하게 됩니다. 우리가 인정하지 않은 내면의 어두운 감정은 결국 타인을 향한 비난이나 불편함, 혹은 반복되는 갈등의 형태로 삶에 드러나게 됩니다. 그러므로 이제는 그 그림자와 손을 잡아 보시길 바랍니다. 두려움을 느낄 수 있지만, 그 그림자 안에는 나를 더 깊이 이해하게 해줄 귀중한 메시지가 담겨 있습니다. 우리가 외면해왔던 그 감정들과 대화하고, '왜 나는 그런 감정을 느끼는가', '그 감정이 나에게 어떤 의미를 갖는가'를 스스로에게 물어보는 시간을 가져보시기 바랍니다.

자신의 그림자와 화해하지 못하는 한, 인간은 결코 온전해질 수 없습니다. 우리가 진정으로 자유로워지는 순간은, 나 자신의 결핍을 인정하고도 여전히 나를 사랑할 수 있을 때입니다. 그것은 약함의 고백이 아니라, 강함의 증거입니다. 그림자와 마주하는 일은 쉽지 않습니다. 때로는 수치심을 느끼고, 스스로가 작아지는 것 같을 수도 있습니다. 그러나 바로 그 지점에서 우리는 인간으로서의 깊이를 갖게 됩니다. '나는 왜 그때 그런 선택을 했을까', '왜 나는 그런 말에 쉽게 상처받을까' 하는 질문들은 단지 과거를 되돌아보는 것이 아니라, 앞으로 더 성숙한 방향으로 나아가기 위한 내적 성찰의 과정입니다.

자신을 있는 그대로 이해하려는 태도는, 타인을 이해하는 능력으로도 이어집니다. 나의 부족함을 인정한 사람만이 타인의 실수에도 관대할 수 있으며, 깊은 관계를 형성할 수 있습니다. 결국 자기 그림자를 껴안는 일은, 세상과 화해하는 준비이기도 합니다.

오늘 하루, 자신의 내면을 조용히 들여다보는 시간을 가져보시기 바랍니다. 내가 껄끄럽게 느끼는 감정은 무엇인지, 자꾸만 회피하게 되는 상황은 어떤 것인지 천천히 되묻는 연습을 해보세요. 그 감정의 뿌리를 이해하고 수용하는 순간, 우리는 더 이상 그것에 끌려다니지 않게 됩니다. 자신을 받아들이는 일이 곧 자신을 구하는 일입니다. 그리고 그 여정은 지금 이 순간, 그림자에게 손을 내미는 그 자리에서 시작됩니다. 더 깊고 온전한 내가 되어가기를 응원합니다.

11
진짜 관계는 외로움이 아닌 진심에서 시작된다

 외로움은 때로 고통스럽지만, 그 시간 속에서 우리는 관계의 본질과 상대의 진심을 새롭게 들여다보게 됩니다. 바쁘고 소란스러운 일상에서는 보이지 않던 감정의 결이, 조용한 고요 속에서 또렷하게 드러납니다. 외로움은 누가 곁에 없는지를 알려주는 게 아니라, 누가 내 안에 남아 있는지를 보여주는 감정입니다. 외로움은 마음의 확대경입니다. 외로움을 단순히 고립감으로 보지 않고, 내면의 자기 탐색이 시작되는 지점으로 해석하기도 합니다. 외로움은 타인과 함께 있지 않아서가 아니라, 그들과 진정한 대화를 나누지 못할 때 시작됩니다. 즉, 감정이 연결되지 않을 때 외로움은 시작됩니다.

그렇기 때문에 외로운 시간일수록 '누가 내 곁에 있는가'보다는 '누가 나의 마음을 이해하려 했는가'를 더 깊이 떠올리게 됩니다. 말 한마디가 따뜻했던 사람, 침묵 속에서도 자리를 지켜준 사람, 이유 없이 나를 걱정했던 사람—그 진심들이 오히려 고요 속에서 또렷하게 드러납니다.

사회생활의 본질은 관계입니다. 우리는 다양한 사람들과 연결되며 살아갑니다. 그러나 그들과의 관계 속에서 우리는 종종 그 사람을 '알고 있다'고 착각합니다. "어느 모임의 임원이면 괜찮은 사람이지", "사회에서 활동하는 사람이면 최소한의 검증은 된 거 아냐?"와 같은 말은 듣기엔 그럴듯하지만, 실제 관계에서 벌어지는 일들을 보면 반드시 그렇지만은 않습니다. 우리는 사람을 그가 하는 말로가 아니라, 위기 상황에서의 태도로 알아볼 수 있습니다. 그리고 우리들의 실제 역할과 인상(인성)은 다릅니다. 만약 '같다'라고 생각한다면, 생각한 만큼 상처를 받습니다. 관계의 본질은 '결핍' 속에서 드러납니다. 혼자 있는 시간을 견디지 못하는 사람은 종종 타인을 감정적으로 '이용'하거나, 외로움을 덮기 위해 관계를 소비하게 됩니다. 그러나 진정한 연결은, 혼자 있을 수 있는 능력을 가진 사람이 타인과 맺는 깊이 있는 관계 속에서 비로소 가능해집니다. 그 외로움 속에서, 우리는 진짜 중요한 사람이 누구인지, 그 사람이 어떤 방식으로 나에게 다가왔는지를 되짚어보게 됩니다. 그 사람이 없을 때 느끼는 공허함은 곧 그 사람이 있을 때 채워졌던 정서의 온도를 반영합니다. 우리가 자주 잊고 있었던 마음의 빛이, 외로움이라는 그림자 속에서 더욱 선명해지는 것입니다.

인간이 상황 속에서 사회적 역할을 수행하면서도, 그 이면에는 실제 성격이나 태도가 숨겨져 있습니다. '사회적 인상 관리'는 우리가 타인에게 보여주고자 하는 이미지이며, 특히 공적 역할이나 직책은 그 사람의 일부일 뿐 전부를 대표하지 않습니다. 즉, 임원이거나 활발한 사회활동을 한다는 것이 그 사람의 도덕성, 책임감, 정서적 성숙을 보장하지는 않습니다. 우리가 '괜찮다'고 느끼는 사람은, 때로는 역할에 의해 포장된 모습일 수 있습니다. 따라서 사회적 지위만으로 관계를 판단하기보다, 그 사람의 말과 행동, 그리고 갈등 상황에서의 태도를 함께 보려는 노력이 필요합니다. 사람의 진가는 그가 약자에게 어떻게 대하는가를 보면 알 수 있습니다.

우리의 뇌는 익숙함을 신뢰합니다. 인간의 뇌가 낯선 사람보다 익숙한 사람을 더 신뢰하고 안정감을 느끼도록 설계되어 있다고 봅니다. 도파민과 옥시토신 같은 신경전달물질은 관계 형성에 긍정적인 느낌을 부여하지만, 이것이 꼭 올바른 판단으로 이어지는 것은 아닙니다. 특히 반복적으로 만나는 사람이나 같은 집단에 속한 사람일 경우, 우리 뇌는 자연스럽게 그 사람을 '안전하다'고 간주하게 됩니다. 그러나 이러한 신경학적 반응은 상대방의 진정한 성향이나 가치관을 검증하는 기준이 될 수 없습니다. 즉, 익숙함과 신뢰는 다르며, 익숙하다는 이유로 신뢰해도 된다는 판단은 오류로 이어질 수 있습니다. 신뢰는 기억이 아니라, 확인의 결과입니다.

우리가 현재 맺는 관계가 과거 주요 관계경험에 의해 영향을 받습니다. 즉, 우리가 누군가를 판단할 때, 무의식적으로 과거의 중요한 인물—예컨대 부모, 교사, 형제—의 이미지가 투사되기도 합니다. 이 과정에서 우리는 그 사람이 실제로 어떤 사람인지보다, 나에게 익숙하거나 충족되지 못한 욕구를 채워줄 수 있는 사람인지에 따라 판단하게 됩니다. 이로 인해 '착한 사람일 것 같다', '왠지 믿을 수 있을 것 같다'는 감각은 과거의 내면 대상이 만든 이미지일 수 있습니다. 관계 속에서 반복적으로 실망을 겪는 사람이라면, 이 투사의 기제를 점검할 필요가 있습니다. 내가 당신에게 느끼는 감정의 절반은 당신이 아니라, 나의 과거에서 온 것임을 잊지 말아야 합니다.

'이 정도면 괜찮다'는 말 속에는 합리화와 자기 교만이 들어있습니다. 적어도 저에게는 그랬습니다. 친구가 이런 말을 했습니다. "너의 사람을 만들 때는 그 기준이 까다로웠으면 해." 이 말은 관계를 선택하는 기준이 느슨하면 결국 스스로 상처받게 된다는 경고처럼 들립니다. 사회적으로 인정받는 사람이라 해서 나와 잘 맞는다는 보장은 없습니다. 깨어 있는 상태로 타인을 관찰하고, 동시에 나 자신이 그 관계에 어떤 기대를 품고 있는지 성찰하는 것이 중요합니다. 진짜 관계는 외로운 시간 속에서 만들어집니다. 그때 비로소 상대의 진심이 보이기 때문입니다. 나만의 사람을 만든다는 것은, 그저 나와 취미가 같거나 분위기가 잘 맞는 사람을 선택하는 것이 아니다. 나의 가치를 이해하고, 어려울 때도 그 가치를 지키며 나를 지지해줄 수 있는 사람인지 따져보는 과정입니다. 노력 없는 관계는 없습니다. 관계가 익숙해졌다고 해서 더 이상 노력하지 않으면, 그것은 관계의 성장이 멈추는 것이 아니라 퇴보를 의미합니다. 관계 속에서 진짜 '괜찮은 사람'을 만나기 위해서는 사회적 포장보다 본질을, 익숙함보다 진심을, 외적 기준보다 내면의 신호를 읽어낼 수 있는 심리적 민감성이 필요합니다.

"갈등이 생겼을 때, 이 사람은 나의 말에 귀를 기울일 수 있는가?"
"상대가 불리한 상황에서도 자신의 책임을 회피하지 않는가?"
"이 사람이 타인을 대하는 태도는 일관적인가?"

이러한 질문들은 단순히 타인을 판단하거나 평가하기 위한 기준이 아닙니다. 오히려 이는 내가 관계 속에서 지켜야 할 경계이며, 스스로를 보호하고 건강한 인간관계를 맺기 위한 중요한 심리적 필터입니다. 우리는 관계 안에서 자주 상처받고, 때론 자신을 잃어버리기도 합니다. 특히 가까운 관계일수록 갈등 상황에서의 태도는 그 사람의 인격과 감정 조절 능력을 고스란히 드러냅니다. 그렇기 때문에 관계를 이어가는 데 있어 '평소의 모습'보다 '위기의 순간에 보이는 태도'를 관찰하는 것이 훨씬 중요합니다.

진정으로 성숙한 사람은 갈등 속에서도 상대의 감정을 인정하고, 자신의 책임을 회피하지 않습니다. 또한, 타인과의 관계에서 일관된 태도를 유지하며, 누구에게나 존중을 담아 대화하려 노력합니다. 이런 태도는 단지 예의의 문제가 아니라, 정서적 성숙과 자기반영 능력의 표현입니다. 이와 같은 기준은 내가 사람을 대할 때의 감수성, 직관, 그리고 삶의 가치관이 반영된 결과입니다. 어떤 사람을 가까이 두어야 할지, 어떤 관계는 멀리해야 할지를 가늠할 수 있는 내면의 '심리적 나침반'이기도 합니다. 그리고 이 나침반은 단지 타인을 향한 것이 아니라, 나 스스로에게도 묻는 질문이 됩니다.

"나는 갈등이 생겼을 때 상대의 이야기에 귀를 기울이고 있는가?"
"나는 책임을 인정하고, 회피하지 않으려 노력하는가?"
"나는 관계 속에서 일관된 태도를 유지하고 있는가?"

이는 자기 성찰과 경계 설정의 과정입니다. 타인을 통해 나를 비추어 보고, 나의 감정적 안전을 지키기 위해 필요한 행동을 의식적으로 선택하는 일입니다. 인간관계의 질은 결국 이런 성찰적 태도와 정서적 책임감 위에서 비로소 건강하게 성장합니다.

나를 지키는 질문은, 곧 내가 어떤 삶을 살아가고 싶은지를 보여주는 삶의 철학이기도 합니다. 이런 질문들을 꾸준히 품고 살아간다는 것은, 스스로를 소중히 여긴다는 뜻입니다. 그리고 그 존중의 태도는 곧 타인에게도 전해집니다. 서로가 서로를 존중하며 경계를 지키는 관계에서, 우리는 더 안전하고 성숙한 연결을 만들어갈 수 있습니다. 관계는 무조건적인 포용이나 희생이 아닌, 서로의 성장을 돕는 공간이어야 합니다. 그 공간을 건강하게 지키기 위해서, 우리는 질문하고, 점검하고, 때론 멀어지는 용기도 내야 합니다. 그렇게 할 때, 비로소 우리는 진심이 오가는 관계를 선택할 수 있게 됩니다. 오늘 하루, 마음속에 이런 질문들을 조용히 떠올려 보시기 바랍니다.

"나는 어떤 사람과 관계를 맺고 싶은가?"
그리고
"나는 그 관계에서 어떤 사람이 되고 싶은가?"

그 질문이 지금의 나를 지키고, 앞으로의 관계를 바꾸는 첫걸음이 되어줍니다.

『나는 왜 늘 참는가』를 마치며

'마음에도 계절이 있다'는 말을 자주 떠올립니다. 누군가는 봄이 오면 이유 없이 울컥하고, 또 누군가는 가을이 되면 쓸쓸해진다고 말합니다. 계절은 단지 날씨의 흐름이 아니라, 우리 마음의 결을 조용히 두드리는 파동처럼 다가옵니다. 특별한 일이 없어도 문득 마음이 무거워지고, 설명할 수 없는 감정이 스며들 때가 있습니다. 햇살이 따뜻하고, 바람이 부드러워도, 우리의 마음은 여전히 어떤 계절에 머물러 있을 때가 있습니다.

오래전 기억, 익숙한 냄새, 스쳐 지나간 말투 하나에 가슴이 먹먹해질 때가 있습니다. 그럴 때면 저도 모르게 제 안의 계절을 들여다보게 됩니다. 겉으로는 별일 아닌 듯 보이는 감정들 아래, 말없이 쌓여 있던 기억이 숨 쉬고 있는지도 모릅니다. 자기 안의 고요한 슬픔은, 언젠가 이해받기를 기다리는 또 하나의 목소리인 듯 합니다. 마음의 계절은 억지로 바꿀 수 없습니다. 다만, 그 계절을 있는 그대로 인정하고 바라볼 때, 비로소 계절은 천천히 흐르기 시작합니다. 지금 당신의 마음이 어떤 계절에 머물러 있든, 그 계절 또한 지나가리라는 믿음을 잊지 않으셨으면 합니다.

예전의 저는 '타인에게 상처 주지 말자'는 강박 속에서 살고 있었습니다. 누군가 제 말이나 행동에 상처받았다고 하면, 저는 곧바로 죄책감에 빠졌고, 그 감정에서 쉽게 빠져나오지 못했습니다. 누구보다 저 자신을 가혹하게 대했던 탓입니다. 하지만 이제는 압니다. 그 마음조차도 제 불완전함을 인정하지 못했던, 어쩌면 교만이었음을요. 잘못이 있다면 사과하고, 책임지면 됩니다. 더는 스스로를 짓누르지 않아도 됩니다. 그렇게 살아가는 지금이 훨씬 편안하고, 따뜻합니다.

우리는 완전해야 사랑받는 것이 아니라, 불완전함에도 불구하고 사랑받을 수 있다는 것을 배워야 하며 그러한 것들에 대해서 진심을 다하여 가르쳐야 합니다. 감정을 억누르며 살아가던 시절이 있었습니다. 작은 자극에도 무조건 참고, 그 감정들은 말없이 쌓여 어느 순간 무감각이 되어버렸습니다. 저는 '사람은 본래 선하다'는 믿음을 오래도록 붙들고 있었습니다. 그러나 삶은 저에게 그 믿음만으로는 설명되지 않는 복잡함을 가르쳐주었습니다. 그럼에도 불구하고 저에게는 남다른 인간애가 있습니다. 그래서 저는 제가 좋습니다.

얼마 전 어머니께서 넘어지시며 쇄골이 부러지는 사고를 당하셨습니다. 수술 후에는 일시적인 섬망과 치매 증상이 나타났고, 요양병원에 모셔야 한다는 이야기를 들으며 제 마음은 깊이 흔들렸습니다. '내가 어머니의 마음을 한 번이라도 진심으로 헤아린 적이 있었을까?' '태연한 척 바라보며 오히려 거리를 두고 있었던 건 아니었을까?'—수많은 생각들이 밀려왔습니다. 그런데 5개월 전, 어머니는 팔꿈치 수술 과정에서 신경이 잘못 연결되어 손가락 통증이 지속됐고, 결국 다시 신경을 연결하는 수술을 받게 되었습니다. 연이어 수술을 겪는 어머니를 바라보며, 왜 그리도 측은했는지요. 하지만 저는 그 감정을 쉽게 꺼내지 못했습니다. 수술방의 서늘한 공기와 차가운 빛이 제 기억 속에 깊이 남아 있어, 그 두려움이 저를 꽉 움켜쥐고 있었기 때문입니다. 목이 메었고 눈물이 났지만, 이상하게도 그 슬픔은 조용했습니다.

"엄마, 미안해요. 정말 미안해요."

눈물은 소리 없이 흘렀고, 제 안에 오래도록 쌓여 있던 슬픔도 목련꽃처럼 조용히 떨어졌습니다. '부모는 열 자식을 품어도, 자식은 부모 하나를 품기 어렵다'는 말이 가슴 깊이 와닿습니다. 그 말은 단순히 가족의 관계를 말하는 것이 아니라, 우리 모두의 불완전함을 인정하라는 메시지처럼 느껴집니다. 부모도, 자식도 완전할 수 없습니다. 각자의 방식으로 최선을 다하지만, 그 최선이 서로의 기대와는 다를 수 있음을 우리는 시간이 흐르며 조금씩 깨닫게 됩니다. 저는 너무나 착한 언니와 오빠들 덕분에 제 자리에서 제 역할에 집중할 수 있었습니다. 그들의 묵묵한 책임감과 헌신이 있었기에, 저는 제 삶을 살 수 있었고 제 일에 몰두할 수 있었습니다. 하지만 그런 감사함과 동시에, 그들의 마음에도 말하지 못한 수많은 짐과 서운함이 있었을지도 모른다는 생각에 미안한 마음도 함께 떠오릅니다.

어머니의 모습을 떠올리면 마음이 먹먹해집니다. 힘없이 고개를 숙이고 눈시울이 붉어진 채 아무 말 없이 계시던 그 모습은 제 마음 깊숙한 곳에 오래도록 남아 있습니다. 어머니는 말이 없으셨지만, 그 침묵 속에 담긴 감정들은 오히려 더 큰 울림으로 전해졌습니다. 세월 앞에서 점점 작아지는 어머니의 등을 바라보며, 저는 삶의 흐름 앞에서 인간이 얼마나 무력할 수 있는지를 느낍니다. 이제는 압니다. 우리 모두 불완전합니다. 하지만 사랑은 그런 불완전함 속에서도 여전히 숨 쉬고 있다는 것을요. 진정한 사랑은 완벽한 존재를 향한 감탄이 아니라, 불완전한 존재를 있는 그대로 받아들이는 용기에서 비롯된다는 사실도 점점 깨달음도 익어가는 것 같습니다.

삶을 살아오면서, 진짜 이해는 책이 아닌 경험에서 비롯된다는 사실을 깨달았습니다. 머리로 아는 것과 마음으로 체득하는 것 사이에는 분명한 차이가 있습니다. 그래서 늘 기억하려 합니다. 제가 아는 세상보다 모르는 세상이 훨씬 더 크다는 것을요. 이 깨달음은 저를 겸손하게 만들고, 타인의 삶에도 귀 기울이게 했습니다. 감정은 억누르거나 급히 해소한다고 사라지지 않습니다. 그것을 외면하지 않고, 있는 그대로 견디며 통합해 가는 과정이 필요합니다. 그 여정 속에서 사고는 유연해지고, 삶의 방향 또한 조금씩 변화합니다. 개인의 감정과 생각은 결코 혼자만의 것이 아닙니다. 우리는 늘 관계 속에서 영향을 주고받으며 살아갑니다. 저는 인간의 기질과 성향이 집단 안에서 어떻게 반응하고 섞이는지를 바라보며, 다시 질문하게 되었습니다. "나는 지금, 나의 감정과 생각으로 어떤 세계를 만들고 있는가?"

'진실을 추구한다는 건 어떤 의미일까?', '진실이란 과연 무엇일까?' 그 질문들은 생각이라는 또 다른 여정을 안겨주었습니다. 생각은 견디기 힘든 감정을 소화해내는 과정이라는 것을요. 고통을 견디기 어렵다고 해서 그 자리에 멈추지 않았습니다. 왜냐하면 내적인 성장이 기다리고 있었고, 그 성장이 언젠가 누군가에게 작지만 분명한 등불이 될 수 있으리라 믿었기 때문입니다.

'나는 왜 참을 수밖에 없었을까?'라는 질문이 떠오르며, 말로 다 담기지 않는 감정의 무게에 짓눌릴 때가 있습니다. 이 책은 그런 질문에서 시작되었습니다. 감정은 우리를 흔들고 때로는 삶을 무겁게 하지만, 그 감정을 정확히 바라보고 이해할 수 있다면, 우리는 오히려 그 안에서 자유를 경험하게 됩니다. 감정은 억누를 대상이 아니라, 삶을 비추는 거울입니다. 수치심이든, 두려움이든, 분노든, 외로움이든, 그 모든 감정은 우리가 살아 있음을 증명하는 신호입니다. 우리의 무의식은 끊임없이 말하고 있습니다. 하지만 말로 표현되지 않은 감정은 행동으로 나타나게 되어 있습니다. 즉, 말하지 못한 감정은 사라지지 않습니다. 대신 몸과 관계, 삶의 굴곡 속에서 계속해서 모습을 드러냅니다.

감정에 이름을 붙이는 일은 단순한 표현이 아니라, 자기 자신과의 진실한 대화를 여는 열쇠입니다. 참아야만 했던 그 순간들을 되돌아보며 자신을 더 깊이 이해하고, 그 시간들이 괴로움이 아닌 성장의 계단이 되는 데 작은 길잡이가 되었기를 바랍니다. 내일의 당신은 오늘보다 더 평온하고, 더 단단해질 수 있습니다. 감정을 통해 우리는 배우고, 성장하며, 마침내 진정한 나 자신을 만나게 됩니다. 자신 안의 감정이 언젠가는 고요한 평화로 이어질 것을 믿어봅니다. 그리고 그 여정의 끝에서, 더 따뜻하고 단단한 자신을 만나게 되기를 기도합니다.

그래서 우리는 모두에게 소중한 존재입니다. 왜냐하면 어떤 날은 내가 은혜를 입기도 하고, 또 어떤 날은 내가 누군가에게 해를 입히기도 하기 때문입니다. 서로가 자의든 타의든 상처를 주기도 하고 받기도 하는 상호적인 존재이기에, 우리는 모두에게 친절해야 하며, 사랑해야 합니다. 그렇게 우리는 서로를 통해 자신을 더 잘 알아가고, 감정을 통해 관계를 더 깊이 이해하게 됩니다. 후회 없이 사랑하세요. 아낌없이 내어 준 마음은 결국 당신의 것이 됩니다. 나무 한 그루처럼 묵묵히 주는 삶을 살아가고자 합니다.

박경은 드림

나는 왜 늘 참는가
'좋은 사람'이 아니라 '나'로 살아가기 위한 심리학 수업

초판 1쇄 발행 2025년 6월 13일

지은이 박경은
펴낸이 장길수
펴낸곳 지식과감성#
출판등록 제2012-000081호

디자인 및 편집 유엔아이문화정보

주소 서울시 금천구 벚꽃로298 대륭포스트타워6차 1212호
전화 070-4651-3730~4
팩스 070-4325-7006
이메일 ksbookup@naver.com
홈페이지 www.knsbookup.com

ISBN 979-11-392-2655-3(03180)
값 18,000원

• 이 책의 판권은 지은이에게 있습니다.
• 이 책 내용의 전부 또는 일부를 재사용하려면 반드시 지은이의 서면 동의를 받아야 합니다.
• 잘못된 책은 구입하신 곳에서 바꾸어 드립니다.

지식과감성#
홈페이지 바로가기